RECUEIL
D'ARRÊTS, ORDONNANCES,
STATUTS
ET REGLEMENS,
CONCERNANT LA COMMUNAUTÉ
DES MAITRES QUEULX
CUISINIERS-TRAITEURS
DE LA VILLE, FAUBOURGS ET BANLIEUE DE PARIS;

FAIT en Octobre 1761, par les soins, la diligence & pendant la Comptabilité du Sieur MARCILLE, & des Sieurs ROUARD, LEPRETRE & COQUIN, Jurés en Charge.

A PARIS,
DE l'Imprimerie de LE BRETON, premier Imprimeur ordinaire du ROI, & de la Communauté.

M. DCC. LXI.

LETTRES-PATENTES
DU ROI HENRY IV.

PORTANT Etablissement des Maîtres Cuisiniers-Traiteurs en Communauté, & leurs Statuts.

Données à Paris au mois de Mars 1599.

A PARIS,

De l'Imprimerie de LE BRETON, premier Imprimeur ordinaire du ROI.

M. DCC. LXV.

LETTRES-PATENTES
DU ROI HENRY IV.

Portant établissement des Maîtres Cuisiniers-Traiteurs en Communauté, & leurs Statuts, données à Paris au mois de Mars 1599.

HENRY, par la grace de Dieu, Roi de France & de Navarre : A tous présens & avenir, SALUT. Par notre Edit de rétablissement & réglement général fait sur tous les Arts, Trafics, Métiers, & Maîtrises de ce Royaume, du mois d'Avril 1597, Nous aurions entre autres choses par le troisieme article d'icelui, ordonné que tous Marchands des villes, bourgs & bourgades, nous payeroient la finance à laquelle ils seroient pour ce taxés en notre Conseil, eu égard à la qualité dudit Métier & Art, pour être leurdit Métier juré : A quoi nos bien amés les Maîtres Queuls, Cuisiniers, & Portes-Chappes de notredite ville de Paris, désirant jouir dudit bénéfice & privilege, Nous auroient payé ès mains du Commis à la recette desdits deniers, la finance à laquelle ils auroient été taxés en notre Conseil, comme de ce appert des quittances dudit Commis ci-attachées avec ledit Edit, sous le contre-scel de notre Chancellerie ; & Nous auroient très-humblement supplié & requis leur en octroyer nos Lettres pour ce nécessaires. Savoir faisons ; que nous voulant leur subvenir en cet endroit, & faire dorénavant exercer ledit Métier avec bon ordre & police, & obvier aux abus & malver-

A ij

sations qui se sont commises par le passé, avons ledit Art & Métier de Maîtres Queulx, Cuisiniers & Portes-Chappes en notredite ville de Paris, fait, créé, érigé, & établi, faisons, créons, érigeons, & établissons, juré, voulons & nous plaît, que lesdits Maîtres Queulx, Cuisiniers & Portes-Chappes de notredite ville de Paris, jouissent des Privileges, Statuts & Ordonnances qui ensuivent.

ARTICLE PREMIER.

Premierement, que les Pâtissiers, Rotisseurs, Chaircuitiers, & autres personnes, de quelque métier qu'ils soient, ne pourront entreprendre dudit métier pour faire noces, festins ou banquets, tant en leurs maisons qu'en autres lieux, si ce n'est chacun de leur métier, à peine de l'amende.

II.

Item. Que ceux qui auront financé au Roi pour jouir de la création dudit Métier en Jurande, & dont le mémoire sera ci-attaché, seront reçus Maîtres sans faire chef-d'œuvre; ainsi seulement prêteront le serment pardevant notre Procureur au Châtelet, duquel serment leur sera délivré acte, comme il est amplement contenu par l'Edit de la création desdits Maîtres.

III.

Item. Que nul ne pourra être reçu à la Maîtrise dudit Métier des Maîtres Queulx, Cuisiniers & Portes-Chappes en ladite ville de Paris, que au préalable il n'ait fait chef-d'œuvre en la présence de deux Maîtres dudit Métier qui seront élus Jurés.

IV.

Item. Que le chef-d'œuvre qui sera fait par celui qui voudra être reçu Maître audit Métier, sera de chair & de poisson; le tout diversement & à ses dépens, selon les saisons de l'année, & sera fait en la maison de l'un desdits Jurés, auquel pourront assister douze Maîtres dudit Métier.

V.

Item. Que ceux qui désireront parvenir audit chef-d'œuvre

& Maîtrise, seront tenus de faire apparoir de leur obligé, & service fait aux Maîtres dudit Métier, le tems & espace de trois ans entiers; lesquels trois ans ils s'obligeront à l'un desdits Maîtres, pour parvenir au chef-d'œuvre ordonné ci-dessus, après lequel accompli, ils seront reçus Maîtres audit Métier; & ou toutesfois ne pourront achever leurdit apprentissage chez leur Maître, à cause de son décès, en ce cas ils pourront achever leurdit apprentissage chez un autre Maître dudit Métier.

VI.

Item. Que pour le regard des fils de Maîtres dudit Métier, ils seront reçus Maîtres sans faire chef-d'œuvre, après toutesfois avoir servi leur pere, ou l'un des Maîtres, le tems & espace de deux ans seulement, & payé les droits de Confrérie & de boëte, dont ils seront seulement tenus de prêter le serment pardevant notredit Procureur au Châtelet.

VII.

Item. Ne pourront lesdits Maîtres dudit Métier prendre pour chacune fois plus d'un Apprenti, pour faire avec eux leur Apprentissage, le tems ordonné ci-dessus.

VIII.

Item. Que les Ecuyers de Cuisine, Maîtres Queulx, Potagers, Hâteurs, Enfans de Cuisine du Roi, de la Reine, des Princes & Princesses, eux voulant retirer en ladite ville de Paris, & se présentant au Corps dudit Métier, seront reçus Maîtres quand bon leur semblera, faisant apparoir seulement leurs Lettres de retenue & certificat, comme ils auront été employés en l'état de la Maison de Sa Majesté, & autres.

IX.

Item. Que les Ecuyers de cuisine, Maîtres Queulx, Portes-Chappes, Hâteurs, Enfans de cuisine des Seigneurs, Présidens, Conseillers, eux voulant se retirer en ladite ville de Paris, & se présentant au Corps dudit Métier, seront reçus Maîtres audit Corps dudit Métier, faisant apparoir du fidele service qu'ils auront fait à leurs Maîtres le tems & espace de trois ans, & faisant aussi une simple expérience dudit Métier de Cuisinier, & payant les droits de Confrérie & de boete; & dont ils seront aussi tenus faire serment pardevant notredit Procureur.

X.

Item. Que les Garçons de cuisine portant la hotte, pourront, lorsque bon leur semblera, aller travailler pour les Bourgeois en leurs maisons, seulement à leurs journées; & ne pourront autrement entreprendre dudit Métier de Cuisinier, soit en noces ou festins, à peine de l'amende qui sera jugée en la maniere accoutumée.

XI.

Item. Pour obvier aux abus & malversations qui se pourront commettre audit Métier, & entretenir icelui en bon ordre & police, comme est dit ci-dessus, sera élu pardevant notredit Procureur, quatre Maîtres dudit Métier, Jurés, lesquels exerceront leur commission, le tems & espace d'un an seulement, lequel fini, en sera élu deux autres en la place de deux des quatre qui seront dépossédés de leurdite commission, ledit tems d'un an fini & accompli, & les deux autres demeureront avec les deux derniers élus encore un an, pour donner la connoissance des affaires dudit Métier aux deux autres derniers élus; & toutesfois aucuns desdits Maîtres ne pourront parvenir à ladite Jurande qu'ils n'aient été Maîtres de Confrérie & Bâtonniers, selon l'avis des Maîtres anciens dudit Métier.

XII.

Item. Tous les Maîtres dudit métier de Cuisinier, reçus comme dit est, en vertu dudit Edit, seront tenus d'avertir les Jurés des malversations qu'ils pourront découvrir être faites par aucuns dudit Métier, à peine de l'amende arbitraire, à appliquer où on avisera. Pour iceux Statuts & Ordonnances contenues & déclarées esdits articles ci-dessus, tenir, garder & entretenir par lesdits Maîtres Queulx, Cuisiniers & Porte-chappes, de ladite Ville de Paris, sans y contrevenir en aucune façon. SI DONNONS EN MANDEMENT au Prevôt de Paris ou son Lieutenant, qu'appellé notre Procureur audit Châtelet de Paris; cette notre présente érection, création & établissement dudit Métier Juré de Maîtres Queulx, Cuisiniers, Portes-Chappes en notredite ville de Paris, ils fassent lire, publier & enregistrer, garder & inviolablement observer & entretenir de point en point, selon sa forme & teneur, & des Privileges, Statuts & Ordonnances y contenues, fassent, souffrent, & laissent lesdits Supplians jouir & user pleinement, paisiblement & perpétuellement à toujours, sans en ce leur faire, mettre, ou donner, ni souffrir leur être fait, mis ou donné aucun trouble ou empêchement au contraire; contraignant à ce faire & y obéir tous ceux qui pour ce seront à contraindre par toutes voies dûes & raisonnables, nonobstant oppositions ou appellations quelconques; pour lesquelles & sans préjudice d'icelles, ne voulons être différé; nonobstant aussi toutes Ordonnances, Mandemens, Défenses & Lettres à ce contraires, Arrêts de notre Cour de Parlement, même celui donné en faveur de Rotisseurs de notredite ville de Paris, le neuvieme jour d'Avril 1591, auxquelles Ordonnances & autres choses à ce contraires, Nous avons dérogé & dérogeons, & à la dérogatoire de la dérogatoire d'icelles: car tel est notre plaisir; & afin que ce soit chose ferme & stable à toujours, Nous avons fait mettre notre sceau à cesdites présentes. Donné à Paris au mois de Mars l'an de grace 1599, & de notre regne le dixieme.

Ces Statuts ont été confirmés par Lettres-patentes de Louis XIII. du mois de Décembre 1612, regiſtrées au Parlement le 18 Janvier 1614, & par mêmes Lettres-patentes de Louis XIV. du mois de Juin 1645.

Les premiers Statuts ont été recueillis & insérés dans les présentes, de la Jurande des sieurs Rahard, Alliette, Bancelin & Poulain, ce 20 Décembre 1764.

TABLE
PAR ORDRE DE DATE,

Des Pieces contenues dans ce Recueil, avec le Sommaire de leurs principales dispositions, arrangées suivant les Communautés contre lesquelles les Jugemens & Réglemens sont intervenus.

Réglemens généraux en faveur de la Communauté des Maîtres Traiteurs.

ORDONNANCE de Louis XIV. servant de Statuts aux Maîtres Queulx-Cuisiniers-Traiteurs de la ville, fauxbourgs & banlieue de Paris, regiſtrée au Parlement le 29 Janvier 1664. *Page* 1 — 9 Juillet 1663.

Lettres de confirmation des Statuts des Maîtres Traiteurs, regiſtrées en Parlement le 29 Janvier 1664. 13 — 1 Août 1663.

Arrêt d'enregiſtrement au Parlement desdites Lettres-Patentes. 16 — 29 Janv. 1664.

Lettres patentes portant réunion à la Communauté des Traiteurs, des Offices de Jurés d'icelle, créés par Edit du mois de Mars 1691; & permiſſion aux Jurés de recevoir à l'avenir les droits y énoncés sur les visites dûes par chaque Maître, enregiſtrement des brevets d'apprentiſſage, & sur chaque festin de nôce, par augmentation à ceux portés par les Statuts, enregiſtrées au Parlement le 12 Juillet 1693. 17 — 4 Juill. 1693.

Arrêt du Conseil portant réunion à la Communauté des Traiteurs de l'Office de Tréſorier-Receveur & Payeur des Deniers communs de ladite Communauté, & confirmation en l'hérédité de leurs Offices de Jurés, Syndics & Auditeurs de leurs comptes. 22 — 1 Mai 1703.

Déclaration du Roi en forme de Réglement, qui maintient & confirme la Communauté des Maîtres Traiteurs dans l'hérédité de leurs Offices de Syndics, Jurés & Auditeurs de leurs comptes, & y réunit l'Office de Tréſorier-Payeur & Receveur de leurs deniers communs, créé par Edit du mois de Juillet 1702, & qui ordonne l'exécution des nouveaux articles de Statuts y portés. 24 — 15 Déc. 1704.

Arrêt d'enregiſtrement au Parlement de la Déclaration ci-deſſus. 31 — 14 Janv. 1705.

Sentence de Police rendue contradictoirement entre la Communauté des Maîtres Traiteurs & celle des Maîtres Couvreurs de Paris, portant défenſes auxdits Maîtres Couvreurs & à tous autres Corps & — 5 Juillet 1743.

iv   TABLE.
                 Communautés, même aux Bourgeois qui tiennent des jardins en so-
                 ciété, de prêter leurs Bureaux, Salles & Jardins pour y faire des fes-
                 tins de nôces & autres repas.   Page 32.
5 Mai 1745.   Arrêt du Conseil qui réunit à la Communauté des Maîtres Traiteurs les
                 quatre Offices d'Inspecteurs & Contrôleurs des Jurés, créés par Edit
                 de Février 1745.   34
16 Juill. 1748. Arrêt du Conseil qui ordonne que les droits attribués aux Offices d'Ins-
                 pecteurs & Contrôleurs des Jurés, créés par Edit de Février 1745,
                 réunis à la Communauté des Traiteurs, seront payés par ceux des
                 Maîtres Traiteurs qui sont aussi d'une autre Communauté où il se
                 perçoit un droit plus fort.   40
29 Avril 1749.   Arrêt du Conseil portant Réglement pour l'administration des deniers
                 communs de la Communauté des Maîtres Traiteurs, & pour la reddi-
                 tion des comptes de Jurande.   44
6 Sept. 1752.   Arrêt du Parlement rendu sur appel de Sentence du Châtelet du 21 Juin
                 1752, homologative d'une Délibération générale de la Communauté
                 des Traiteurs; par lesquels Sentence & Arrêt il est fait défenses à tous
                 Maîtres Traiteurs de faire le commerce & la profession de Traiteur
                 ailleurs que dans les maisons, salles & appartemens qu'ils occupent
                 personnellement, & de travailler de leur profession, tournir chez les
                 Marchands de vin, Hôtelliers, Cabaretiers, Aubergistes, & autres
                 gens de bouche qui ne sont pas Maîtres Traiteurs.   50
21 Juin 1752.   Sentence de Police énoncée, & dont est question par l'Arrêt ci-dessus.
                                                                              53
30 Janv. 1754.   Ordonnance de Police qui fait défenses à toutes personnes, de quelque
                 qualité, sexe & condition qu'elles soient, masquées ou non masquées,
                 de s'introduire par force dans les assemblées de nôces qui se feront
                 chez les Traiteurs & autres, de jour & de nuit, à peine d'être punis
                 comme perturbateurs du repos public.   54
19 Juin 1756.   Arrêt du Parlement qui fait défenses à tous Maîtres de la Communauté
                 des Maîtres Traiteurs, autres que les Jurés en Charge, de faire des
                 visites chez les Maîtres Traiteurs, sous les peines y portées. 56
4 Sept. 1752.   Arrêt du Parlement, portant Réglement pour l'élection des Jurés de la
                 Communauté des Maîtres Traiteurs, & pour les réceptions des Maî-
                 tres de ladite Communauté.   61
15 Juill. 1760. Arrêt du Parlement qui homologue une Délibération de la Commu-
                 nauté des Maîtres Traiteurs, du 25 Octobre 1759, au sujet de l'élec-
                 tion des Jurés de ladite Communauté; ordonne l'exécution de ladite
                 Délibération, & de l'Arrêt de la Cour du 4 Septembre 1752.   65
17 Mai 1706.   Arrêt du Conseil d'Etat du Roi, qui casse & annulle un privilége de
                 Traiteur à la suite du Grand-Conseil.   69
17 Janv. 1707.   Arrêt du Conseil d'Etat du Roi, portant débouté de l'opposition formée
                 à l'Arrêt ci-dessus.   72
7 Août 1719.   Arrêt du Parlement, qui, sans s'arrêter à l'intervention des Suisses pri-
                 vilégiés du Roi, de Monseigneur le Duc d'Orléans & de Monseigneur

le Duc de Berry, ni à leur prise de fait & cause, confirme les condamnations prononcées par Sentence de Police contre Charles Villemenot, Fermier du privilege d'un Suisse, pour avoir reçu en sa maison des compagnies de nôces, & entrepris sur la profession des Traiteurs. *Page 78*

Arrêts, Sentences & Réglemens rendus contre le Corps des Marchands de vin à Paris.

Sentence du Châtelet de Paris, & Arrêt confirmatif d'icelle, rendus au profit de la Communauté des Maîtres Traiteurs, contre Jean Barmand & Joseph Ropra, Suisses de Nation & Marchands de vin associés, qui, sans s'arrêter aux privileges prétendus par les Suisses, de se choisir tel art, métier & profession que bon leur semble dans la ville de Paris & par tout le Royaume, sans faire d'apprentissage ni se faire recevoir Maîtres, ni à la demande desd. Suisses à fin de jouir dudit privilege, dont les Suisses sont déboutés, ordonne l'exécution des Statuts, Arrêts & Réglemens de la Communauté des Traiteurs; pour y être contrevenus par lesdits Barmand & Ropra, & avoir fait le métier de Traiteur, les condamne en des dommages-intérêts, en l'amende & en tous les dépens. 81 — 26 Février & 21 Juin 1720, & 28 Février 1725.

Déclaration du Roi, regiftrée à la Cour des Aides le 18 Janvier 1681, qui maintient les Marchands Taverniers & autres de la ville & fauxbourgs de Paris, en la faculté d'acheter au-delà de vingt lieues le vin nécessaire pour leur commerce, & de le faire venir en icelle, à la charge d'en mettre le tiers sur l'Etape; leur permet de donner à boire dans leurs maisons & caves, & de fournir de tables, sieges, nappes, serviettes & viandes à ceux qui prendront leurs repas chez eux, en payant pour le droit de huitieme & augmentation 6 liv. 15 sols pour muid, jauge de Paris, du vin qu'ils débiteront; *sans néanmoins qu'ils puissent avoir des Cuisiniers chez eux, étalages de viandes, loger ni tenir chambres garnies.* 88 — 29 Novembre 1680.

Arrêt d'enregistrement en la Cour des Aides de la Déclaration ci-dessus, & aux mêmes charges & restrictions. 91 — 18 Jan. 1681.

Arrêt du Parlement, rendu en faveur de la Communauté des Maîtres Traiteurs, contre Henri Dubleau, Etienne Regnault & .... Regnoult, Cabaretiers à Paris, qui ordonne l'exécution de Sentences de Police, portant condamnation contre ledit Dubleau de dommages-intérêts & dépens, pour avoir reçu chez lui des Compagnies de nôces; déclare l'Arrêt commun avec les Gardes Marchands de vin, &c. 91 — 14 Mai 1701.

Arrêt du Parlement, rendu entre Michel Filastreau, Marchand de vin, & les Gardes Marchands de vin, Intervenans, qui ordonne l'exécution de pareilles Sentences rendues contre ledit Dubleau; & à l'égard des Marchands de vin, leur défend, entre autres choses, de — 1 Août 1705.

TABLE.

recevoir chez eux les festins de nôces, recevoir en leurs maisons les Compagnies de nôces, ni leur y fournir aucunes choses. *Page* 98

29 Mai 1708. Lettres-patentes, portant confirmation des Statuts de la Communauté des Maîtres Traiteurs, nonobstant la Déclaration obtenue par les Marchands de vin le 12 Juillet 1707, &c. 104

30 Oct. 1708. Arrêt du Conseil, qui renvoye les Marchands de vin au Parlement, pour procéder sur leur opposition à l'enregistrement des Lettres ci-dessus. 107

19 Déc. 1709. Arrêt du Parlement, qui ordonne l'enregistrement desdites Lettres, & permet aux Traiteurs de faire des visites chez les Marchands de vin, 111

5 Août 1711. Arrêt du Parlement, rendu en faveur de la Communauté des Traiteurs contre les Jurés Vendeurs & Contrôleurs de vin à Paris. 116

9 Août 1713. Arrêt du Conseil, qui déboute lesdits Jurés vendeurs de vin de leur demande en cassation de l'Arrêt ci-dessus. 122

11 Mai 1736. Sentences de Police, rendues contre les sieurs Lecomte & Chatelet,
30 Avril 1745. Marchands de vin, pour avoir reçu des nôces & festins, 128 & *suiv.*

18 Déc. 1745. Arrêt du Parlement, rendu contre les sieurs Denan & autres Marchands de vin, & les Gardes Marchands de vin, portant défenses aux Marchands de vin de tenir ni loger en chambres garnies, même de recevoir aucunes Compagnies de nôces ou de lendemain de nôces, 134

17 Mai 1746. Arrêt de la Cour de Parlement, qui confirme trois Sentences de Police, rendues contre trois Marchands de vin, sans avoir égard à l'intervention des Gardes-Marchands de vin, pour avoir logé en chambres garnies, &c. 136

19 Août 1749. Sentence du Bureau de la Ville, rendue sur Délibéré, qui décharge le sieur Aubry, Maître Traiteur, de la demande contre lui formée par le Fermier de l'Etape à vin de la Place de Grève. 145

2 Sept. 1752. Sentence de Police rendue contradictoirement, qui condamne le sieur Desaigles, Marchand de vin, en 20 liv. de dommages-intérêts envers la Communauté des Maîtres Traiteurs, pour avoir reçu chez lui une compagnie de nôces, & avoir prêté sa maison à un Maître Traiteur. 146

4 Août 1761. Arrêt du Parlement, qui maintient les Maîtres Traiteurs dans le droit & possession d'avoir dans leurs caves les vins nécessaires pour la fourniture des repas, nôces, festins & banquets qu'ils entreprennent, soit dans leurs propres maisons, soit chez les Particuliers, & fait défenses aux Marchands de vin de les y troubler. 148

Arrêts, Réglemens & Sentences rendus contre la Communauté des Rôtisseurs.

28 Janv. 1614. Arrêt du Parlement, rendu entre les Jurés Rôtisseurs de Paris, Barthelemy Lefevre Maître Traiteur, & les Jurés de la Communauté des

TABLE

Maîtres Traiteurs, Intervenans, par lequel il est ordonné que les Maîtres Traiteurs pourront entreprendre toutes nôces, festins & banquets, tant en leurs maisons privées & salles publiques, qu'en maisons des particuliers que faire voudront, EMPLOYER ET FOURNIR TOUTES CHOSES NECESSAIRES POUR LESDITES NÔCES ET FESTINS, &c. *Page* 158

Sentences de Police rendues en faveur de la Communauté des Maîtres Traiteurs, contre plusieurs Maîtres Traiteurs ET RÔTISSEURS, portant défenses de demeurer chez les Maîtres Traiteurs, ni de s'associer avec eux, ni de mettre aucune indication de Traiteur. 161 *& suiv.* — 18 Juillet 1727.

Arrêt du Parlement en forme de Réglement, qui ordonne que sans qu'il soit besoin de l'Ordonnance du Lieutenant Général de Police, les Jurés-Traiteurs pourront se transporter chez les Maîtres Rôtisseurs pour y faire leurs visites, assistés d'un Commissaire seulement. 165 — 11 Juin 1714.

Arrêt du Parlement, qui fait défenses à plusieurs Maîtres Rôtisseurs de s'associer & demeurer en même maison avec aucun Maître Traiteur, & pareilles défenses à tous Maîtres Traiteurs de s'associer avec aucun Maître Rôtisseur. 167 — 21 Juin 1730.

Arrêt du Parlement rendu contre la Communauté des Maîtres Rôtisseurs, qui ordonne que les Maîtres Traiteurs continueront de piquer & larder de tout lard & avec toutes lardoires, toutes les viandes qui leur seront nécessaires dans leurs repas, ensemble de faire rôtir toutes viandes qui leur seront nécessaires dans les repas seulement qu'ils entreprendront. 169 — 30 Janvier 1751.

Sentence de Police, qui enjoint à un Maître Rôtisseur de souffrir la visite des Jurés Traiteurs, &c. fait défenses au sieur Larme fils, Maître Traiteur, de s'associer avec son pere ou autres personnes d'un autre Corps ou Communauté. 199 — Premier Septembre 1752.

Arrêts & Réglemens rendus contre la Communauté des Maîtres Chaircuitiers.

Arrêt du Parlement, qui maintient & garde les Maîtres Chaircuitiers dans le droit de faire & vendre, exclusivement aux Traiteurs, tous cervelas, &c. & maintient & garde les Maîtres Chaircuitiers & Maîtres Traiteurs dans le droit de faire & débiter concurremment les pieds à la Sainte-Manehould, &c. 202 — 30 Juin 1735.

Arrêt du Parlement, rendu en faveur du sieur Valençon, Maître Pâtissier-Traiteur, contre les Jurés & Communauté des Maîtres Chaircuitiers, qui déclare nulle une saisie faite par lesdits Jurés Chaircuitiers de douze pieces de lard frais par lui achetées à la Halle. 203 — 13 Mars 1745.

Arrêt du Parlement, rendu au profit des Jurés & Communauté des Maîtres Traiteurs à Paris, & la veuve dudit Valençon, qui maintient les Traiteurs dans le droit de vendre en détail, concurremment — 6 Mars 1756.

viij TABLE.

avec les Maîtres Charcuitiers, les pieds à la Sainte Menehoud, &c. & d'acheter chez les Epiciers des jambons de Bayonne & Mayence, pour employer dans les repas seulement, sans qu'ils puissent en vendre en gros ni en détail.

Arrêt & Réglement contre la Communauté des Pâtissiers.

15 Janvier 1753. Arrêt du Parlement, rendu en faveur des Jurés & Communauté des Maîtres Traiteurs à Paris, & Jean-Baptiste Nantier, l'un desd. Maîtres Traiteurs, contre les Jurés & Communauté des Maîtres Pâtissiers; qui maintient la Communauté des Traiteurs dans le droit d'avoir un Four dans leurs maisons, & d'y faire les pâtisseries nécessaires pour les repas qui leur sont commandés. 210

3 Mai 1751. Sentence de Police, qui fait défenses aux Aubergistes d'entreprendre sur la Profession des Traiteurs, & de se servir de casserolles & ustensiles détamés, &c. 223

Prononcés de différentes Sentences, contre les Jurés de la Communauté des Maîtres Rôtisseurs. 225

ARTICLES,

ARTICLES, STATUTS,
ORDONNANCES ET REGLEMENS

des Jurés, anciens Bacheliers, Maîtres Queux, Cuisiniers, Porte-Chappes & Traiteurs de la Ville, Fauxbourgs, Banlieue, Prévôté & Vicomté de Paris.

Tirés des Statuts à eux accordés par le feu Roi Henri le Grand, suivant les Lettres Patentes du mois de Mars 1599, registrées pardevant le Prévôt de Paris, ou son Lieutenant Civil, sur les Conclusions du Procureur de Sa Majesté au Châtelet le 29 dudit mois, confirmés par le feu Roi Louis XIII. de glorieuse mémoire, au mois de Décembre 1612, & par Sa Majesté à présent regnante, au mois de Juin 1645.

ARTICLE PREMIER.

L'EXPERIENCE que les Jurés, anciens Bacheliers, Maîtres Queux, Cuisiniers - Traiteurs & Porte-Chappes de la Ville, Fauxbourgs, Banlieue, Prevôté & Vicomté de Paris, se sont acquise dans la disposition de leurs Festins pour la satisfaction des goûts les plus délicats, a passé pour si constante, qu'outre qu'ils demeureront en la possession des anciens Priviléges, dont le feu Roi Henri le Grand, d'heureuse mémoire, Auteur de leur établissement, les a honorés; ils ne pourront dorénavant, soit en général ou en particulier, être traduits pour leurs Causes, Procès & différends civils & criminels ailleurs qu'au Châtelet en premiere instance; & en cas d'appel, au Parlement de Paris, nonobstant toutes restrictions, Mandemens & Ordonnances au contraire. A cet effet, eux ni leurs Veuves ne se pourront associer ni demeurer avec quelques personnes que ce puisse être, pour faire ladite Profession, qu'avec les Maîtres d'icelle seulement.

II.

En interprétant le deuxiéme Article desdits Statuts du mois de Mars 1599, ceux que l'on proposera dorénavant pour la direction des affaires desdits Maîtres, seront appellés Jurés; ils se comporteront avec honneur en leurs fonctions, & préféreront les intérêts de leur Communauté à toutes considérations, à peine de démission.

III.

Suivant ledit deuxiéme Article desdits Statuts du mois de Mars 1599, il y aura quatre Jurés de ladite Communauté, dont deux seront tous les ans, au 15 Octobre, élûs à la pluralité des voix de tous lesdits Maîtres, par-devant le Procureur de Sa Majesté audit Châtelet, à condition toutefois qu'ils auront été avant Administrateurs de la Confrairie, & passé par la charge de Bâtonnier d'icelle; prêteront le Serment en ses mains de bien & fidellement observer les présens Statuts, les faire inviolablement exécuter par tous lesd. Maîtres, être ponctuels à toutes les Visites ordinaires & extraordinaires, faire leurs rapports dans les vingt-quatre heures de toutes les contraventions & abus qu'ils découvriront contre l'honneur, la gloire & l'avantage de leur Communauté, & d'en poursuivre la punition jusqu'à Jugement diffinitif, sans que pour raison de ce ils soient tenus de prendre aucun visa, pareatis, ni Mandement des Hauts-Justiciers résidens en ladite Ville, Fauxbourgs, Banlieue, Prévôté & Vicomté de Paris.

IV.

Comme par le onziéme Article des Statuts dudit mois de Mars 1599, il y a eu une précaution particuliere pour la nomination desdits Jurés, afin que ladite Communauté fût conservée en la possession des avantages que le feu Roi Henry IV, Grand Pere de Sadite Majesté, lui a glorieusement procurés;

en expliquant icelui, lesdits Jurés feront tous les ans, de trois mois en trois mois, quatre visites chez lesdits Maîtres, sans rien prendre des anciens Bacheliers, & feront incessamment celles nécessaires pour le bien de ladite Communauté, à peine de démission.

V.

Afin que lesdits Jurés puissent heureusement réussir en leurs fonctions à l'avantage de ladite Communauté, lesdits Maîtres en général & en particulier seront tenus de les avertir de toutes les malversations, abus & fautes qu'ils découvriront contraires aux Privileges, Franchises & Droits de ladite Communauté, à peine de trois cent livres d'amende, dont moitié appartiendra à Sadite Majesté, & le surplus à ladite Confrairie, conformément au douzieme Article desdits Statuts du mois de Mars 1599.

VI.

Pour maintenir l'ordre que l'on a jusqu'à présent religieusement gardé en la nomination de quatre Administrateurs de ladite Confrairie, sous l'Invocation de la Nativité de la très-sainte Vierge, établie en l'Eglise des saints Innocens, il en sera tous les ans au 8 Septembre, jour de ladite Fête, élu deux à la pluralité des voix desdits Maîtres, pour, pendant deux ans seulement, avoir soin de toutes choses concernant ladite Confrairie, en recevoir les deniers, & en rendre compte, sans aucuns frais, en présence de tous les anciens Bacheliers & Maîtres d'icelle; le tout par-devant le Procureur de Sa Majesté audit Châtelet.

VII.

La résolution prise sur le Registre de ladite Communauté le 28e. jour d'Août 1646, confirmée par Sentence du Prevôt de Paris, ou son Lieutenant Civil, du 5 Août 1662, sera exécutée selon sa forme & teneur; ce faisant, les Administrateurs de ladite Confrairie, après leurs Comptes vûs, examinés & arrêtés, au lieu de festins qu'ils avoient coutume de faire, afin d'entretenir le zele que l'on doit avec révérence observer pour l'honneur de la Nativité de la très-sainte Vierge, Patrone de ladite Communauté, feront un présent à ladite Confrairie de soixante-quinze livres en argent & deniers comptans, pour survenir à la décoration d'icelle, & autres choses les plus nécessaires au Service Divin.

VIII.

Lesdits Maîtres, leurs Veuves & Compagnons payeront tous les ans le Droit de lad. Confrairie, à raison de 20 s. par chacun an d'iceux, à peine d'amende, dont les plaintes seront portées par-devant le Procureur de Sa Majesté audit Châtelet.

IX.

Pour que le Service Divin soit fait à ladite Confrairie avec plus de pompe, chacun desdits Maîtres & Veuves fournira un Cierge blanc de deux livres pesant, qui sera mis à la Chapelle d'icelle, le jour de la Fête de ladite Communauté, à peine d'amende.

X.

Les Administrateurs de ladite Confrairie se rendront tous les Dimanches à la Messe d'icelle, sans qu'ils en puissent être dispensés, sinon en cas de maladie ou autre empêchement légitime, & tiendront un fidele Registre, tant de ceux qui rendront le Pain-benit, que de ceux qui auront payé leur Droit de Confrairie.

XI.

Huit jours avant la Fête de la Nativité de la très-sainte Vierge, lesdits Administrateurs feront avertir lesdits Jurés de faire faire par la Ville les proclamations ordinaires pour ladite Confrairie.

XII.

Lesdits Jurés, anciens Bacheliers, & tous les Maîtres de ladite Communauté se trouveront au Service Divin le jour de la Nativité de la très-sainte Vierge, sans qu'ils en puissent être dispensés, sinon en cas de maladie ou autre excuse légitime; & sont conviés de se rendre autant exacts qu'ils pourront à se trouver au Service Divin, qui se fera aux autres jours de ladite Confrairie.

XIII.

En interprétant le deuxieme Article desdits Statuts du mois de Mars 1599, tous les Maîtres jusqu'à présent reçus en ladite Communauté, jouiront des Privileges d'icelle, sans qu'aucun autre s'en puisse mêler directement ou indirectement, à peine d'amende arbitraire; & pourront entreprendre toutes Nôces, Festins, Banquets & autres choses dépendantes de leur Art, en toute l'étendue de ladite Ville, Fauxbourgs, Banlieue,

Prevôté & Vicomté de Paris, sans exception ; même se pourront établir en toutes les Villes du Royaume, en faisant seulement registrer leurs Lettres aux Greffes des Jurisdictions des lieux qu'ils auront choisis pour y faire leur demeure.

XIV.

Conformément au cinquieme Article des mêmes Statuts du mois de Mars 1599, nul ne pourra dorénavant être reçu Maître, qu'il n'ait fait son Apprentissage de trois années completes. A cet effet, en passera Brevet par-devant Notaires dudit Châtelet, en présence au moins de deux Jurés, justifiera de sa Religion Catholique, Apostolique & Romaine ; ensemble de sa fidélité, prudhommie & bonnes mœurs, & rapportera ledit Brevet bien & dûement déchargé de celui dudit Maître sous lequel il aura fait son Apprentissage, & registré par-devant le Procureur de Sa Majesté audit Châtelet.

XV.

Ayant aucunement égard au septiéme article desdits Statuts du mois de Mars 1599, & en expliquant icelui, défenses & inhibitions très-expresses sont faites auxdits Maîtres de ne prendre chacun entr'eux un second Apprentif, que lors de la derniere année de l'expiration du Brevet du premier, à peine de deux cens livres d'amende, dont moitié appartiendra à Sadite Majesté, & le surplus auxdits Jurés, à condition toutefois que des cent cinquante livres à eux attribuées, il y aura vingt livres pour ladite Confrairie.

XVI.

Inhibitions & défenses très-expresses sont pareillement faites auxdits Maîtres de donner aucunes contre-Lettres, ni faire pactions directement ou indirectement au préjudice dudit Brevet, ni dudit temps ; même d'accorder aucuns gages auxdits Apprentifs, à peine d'être déchus de la faculté d'avoir des Apprentifs, de cent cinquante livres d'amende, moitié applicable à Sadite Majesté, le surplus en faveur de ladite Confrairie, & de tous dépens, dommages & intérêts.

XVII.

Pour l'ordre des affaires de ladite Communauté, il y aura un Registre, dans lequel par celui desdits Jurés qui sera nommé à cet effet par les anciens Bacheliers seulement entr'eux, sans aucuns frais, toutes les Délibérations de ladite Communauté seront écrites, comme aussi autant de Brevets des Apprentifs, lesquels lors seront tenus de payer trois livres pour être employées aux affaires communes, dont lesdits Maîtres qui auront reçu lesdits Apprentifs seront responsables en leurs noms, & toutes les autres affaires de conséquence concernant le bien de ladite Communauté.

XVIII.

Nul desdits Maîtres, s'il n'est domicilié, résidant actuellement en son ménage, & dépendant de soi, sans être au service, gages, ni appointemens de quelques personnes que ce puisse être, ne pourra prendre des Apprentifs, en passer les Brevets, ni les obliger, à peine de nullité d'iceux, deux cens livres d'amende, dont moitié appartiendra à Sadite Majesté, & le surplus au profit desdits Jurés, à condition qu'ils en donneront trente livres à ladite Confrairie. Et à cet effet, de dix ans l'on ne passera aucuns Brevets d'Apprentifs, pour rétablir l'honneur de ladite Communauté, & la reduire au point de sa perfection entiere.

XIX.

Si aucun présentement desdits Maîtres se trouve avoir plus de deux Apprentifs, iceux acheveront leur temps, conformément à leurs Brevets, sans qu'à l'avenir lesdits Maîtres en puissent prendre au-dessus du nombre ci-dessus prescrit, à peine d'être destitués de tous honneurs, grades & dignités de ladite Communauté.

XX.

Si l'Apprentif n'acheve entierement sous son Maître le temps porté par son Brevet, il demeurera déchu de parvenir à ladite Maitrise; & en cas qu'il commette aucune action lâche, honteuse & indigne du respect qu'il doit à sondit Maître, à sa famille & aux personnes ses alliées, son procès lui sera fait & parfait aux dépens de ladite Communauté, à la diligence desdits Jurés, à peine de démission.

XXI.

Les Veuves desdits Maîtres pourront continuer les mêmes fonctions, comme si leurs maris étoient vivans, tant qu'elles demeureront en viduité seulement, & sous elles les Apprentifs acheveront le temps restant de leurs apprentissages.

XXII.

En interpretant les trois & quatrieme Articles desdits Statuts du mois de Mars 1599, & conformément à divers avis du Procureur de Sa Majesté audit Châtelet, confirmés par Sentence dudit Prevôt de Paris, ou son Lieutenant Civil, & Arrêts dud. Parlement donnés à cet effet, défenses & inhibitions très-expresses sont faites à toutes personnes généralement quelconques, de tel Art, Métier & Condition qu'elles puissent être, d'entreprendre aucunes Nôces, Festins, Banquêts, Colations & autres choses dépendantes dudit Art, tenir Salles & Maisons propres à cet effet ; même d'en louer, ni exposer écriteaux ou plats de gelée, qu'elles n'ayent fait Chef-d'œuvre en Chair & en Poisson, selon les saisons, à leurs dépens, ainsi que les Jurés en Charge leur auront ordonné, en la maison de l'un d'eux alternativement, en présence desdits Anciens, Bâcheliers & Maîtres Administrateurs de ladite Confrairie seulement, à chacun desquels Jurés l'Aspirant sera tenu de donner six livres, outre les droits de Boëte & de Confrairie, par l'ordre du Procureur de Sa Majesté audit Châtelet.

XXIII.

Suivant le sixiéme Article desd. Statuts du mois de Mars 1599, tous les fils desdits Maîtres seront admis à la Maîtrise, sans être tenus d'aucun Chef-d'œuvre ni expérience, pourvu toutefois qu'ils ayent servi leurs peres, ou l'un desdits Maîtres, l'espace de deux ans seulement, & payeront la moitié des droits desdits Jurés, ceux de ladite Confrairie & de la Boëte de ladite Communauté.

XXIV.

Pour satisfaire audit sixiéme Article desdits Statuts du mois de Mars 1599, lesdits fils de Maîtres prêteront, après leur Reception, le serment entre les mains du Procureur de Sa Majesté audit Châtelet, en présence desdits Jurés & anciens Bacheliers seulement.

XXV.

Mais parce qu'il est d'une conséquence avantageuse pour ladite Communauté qu'elle ne puisse dorénavant recevoir d'atteinte, & qu'elle éclate glorieusement contre les efforts de ceux qui se sont déclarés ses ennemis, défenses sont faites à tous les Maîtres d'icelle, de louer ou prêter leurs Maisons, Salles & autres Appartemens, aux Privilegiés-Potagers suivant la Cour, ni autres Cuisiniers & personnes de telles conditions qu'elles soient : comme aussi de prêter, louer ou laisser leurs vaisselles d'argent, d'étain, pots, broches, linges & autres ustenciles concernant leur Art, pour s'en servir, quoiqu'ils fussent Maîtres Rotisseurs, Pâtissiers, Taverniers, Cabaretiers, ou de quelqu'autre Art & Métier non exprimé au présent Article, à peine d'amende, sinon à ceux qui ont pouvoir d'entreprendre.

XXVI.

Pareilles défenses & inhibitions très-expresses sont faites auxdits Maîtres, sous lesdites peines, d'employer ni faire travailler sous eux aucuns Cuisiniers, de quelques Maisons qu'ils puissent être protegés ; mais en cas que leur emploi soit si grand qu'ils ayent besoin d'aide, ils auront recours à quelques-uns de leurs Confreres & Maîtres de leurdite Communauté.

XXVII.

L'Arrêt contradictoire dudit Parlement de Paris, du 18 Janvier 1614, intervenu en conséquence de la Sentence du Prevôt de Paris, ou son Lieutenant Civil, donnée sur les Conclusions du Procureur de Sa Majesté audit Châtelet le 16 Novembre 1611, sera pour l'avenir exécuté selon sa forme & teneur ; ce faisant, lesdits Maîtres Queulx, Cuisiniers & Porte-chappes de ladite Ville, Fauxbourgs, Banlieue, Prevôté & Vicomté de Paris, pourront, à l'exclusion de toutes personnes généralement quelconques, entreprendre tous Festins, Nôces, Banquêts, Collations & autres Repas dépendans de leur Art, en toutes Maisons Royales & autres, même chez les Particuliers, fourniront à cet effet toutes choses nécessaires, qu'ils prendront ainsi qu'il est ordonné par ledit Arrêt.

XXVIII.

Sans déroger au premier Article desdits Statuts du mois de Mars 1599, les Maîtres Pâtissiers, Rotisseurs, Cabaretiers, Chaircuitiers, & autres de tous Métiers, ne pourront entreprendre sur la possession desdits Maîtres Queulx, Cuisiniers & Porte-chappes, pour faire Nôces, Festins, Banquets, Colations, Ambigus & autres Repas, soit en leurs maisons ou ailleurs, qu'aux termes dudit Article.

XXIX.

Et afin que ladite Communauté demeure dans l'estime que l'on a conçue à son égard, outre que les Maîtres dudit Art, qui se sont établis dans lesdits Fauxbourgs, sans aveu desdits
Jurés,

Jurés, quoiqu'ils eussent résidé en iceux trois années entieres, ne pourront se dire Maîtres de la Communauté en ladite Ville, Fauxbourgs, Banlieue, Prevôté & Vicomté de Paris, ni être admis en icelle, qu'ils n'ayent satisfait aux droits, & fait expérience à eux prescrite par lesdits Jurés, en présence desdits anciens Bacheliers, sans même qu'ils puissent rien entreprendre, soit en ladite Ville ou ailleurs, à peine de confiscation, quinze cens livres d'amende, applicable moitié en faveur de Sadite Majesté, & le surplus au profit de ladite Confrairie, & de tous dépens, dommages & intérêts, nonobstant autres Reglemens au contraire. Aussi en exécution de la Sentence dudit Prevôt de Paris, ou son Lieutenant Civil, du 18 Novembre 1648, les Ecuyers de Cuisine, Potagers, Hâteurs & Enfans de Cuisine de la Maison de Sadite Majesté, ne pourront directement ou indirectement se mêler dudit Art, en faire aucunes fonctions, ni entreprendre sur icelui, sous les peines telles que de raison.

XXX.

Défenses dès-à-présent très-expresses sont faites à tous Marchands de Vin, Taverniers, Cabaretiers & autres, de contrevenir à l'Arrêt dudit Parlement de Paris, du 8 Août 1662; ce faisant, de ne se mêler de l'Art desdits Maîtres Queulx, Cusiniers & Porte-chappes, à peine d'amende arbitraire.

XXXI.

Il y a toujours eu tant de respect pour les Ecuyers de Cuisine, Potagers, Hâteurs & Enfans de Cuisine du Roi, des Reines, Princes & Princesses, que conformément au VIIIe. Article desdits Statuts du mois de Mars 1599, lorsqu'ils se présenteront pour être admis en ladite Communauté, ils y seront reçus en faisant apparoir de leurs Lettres & Certificats de leur emploi sur les Etats des Maisons de Sadite Majesté, Reines, Princes & Princesses, sans qu'il soit besoin de formalités plus expresses, à la charge néanmoins de payer les droits, & prêter le serment entre les mains du Procureur de Sa Majesté audit Châtelet.

XXXII.

Suivant aussi le neuviéme Article desdits Statuts du mois de Mars 1599, les Ecuyers de Cuisine, Queulx, Porte-chappes, Hâteurs & Enfans de Cuisine des Seigneurs, Présidens & Conseillers audit Parlement de Paris, seront admis au Corps de lad,

Communauté, en rapportant des Certificats valables de leurs agréables services pendant le temps de trois ans entiers, & en faisant l'expérience que lesdits Jurés leur prescireront, en la présence desdits anciens Bacheliers, payeront les droits desdits Jurés, de Confrairie & Boëte, & prêteront serment pardevant le Procureur de Sa Majesté audit Châtelet, qui dorénavant jouira dudit Privilege.

XXXIII.

Ayant égard au Xe. Article desdits Statuts du mois de Mars 1599, les Garçons de Cuisine, portant la hotte, pourront aller travailler chez les Bourgeois en leurs maisons, à leurs journées seulement, sans rien entreprendre dépendant dudit Art, soit pour Nôces, Festins, Banquets, Colations, Ambigus ou autrement, à peine d'être privés de la faculté de porter à l'avenir la hotte, & de douze livres d'amende, dont moitié appartiendra auxdits Jurés, & le surplus à ladite Confrairie.

XXXIV.

Le consentement général passé entre lesdits Maîtres le 29 dudit mois de Mars 1599, sera ponctuellement exécuté selon sa forme & teneur; ce faisant, chacun d'iceux contribuera pour sa part & portion égale, à tous les frais qu'il faudra faire pour la conservation des Privileges, intérêts & différends de ladite Communauté : Comme aussi chacun d'iceux sera tenu de délivrer sept sols six deniers en la Boëte de ladite Confrairie, pour chacune des Nôces qu'il entreprendra, dont le recouvrement sera fait par lesdits Administrateurs, que les anciens Bacheliers & Maîtres de la Confrairie nommeront entr'eux tous les ans à cet effet; lesquels en rendront compte à l'amiable entr'eux, & mettront le fonds, si aucun il y a, entre les mains de leurs successeurs; ou s'il se trouve qu'il y ait plus mis que reçu, leursdits successeurs leur en feront le remboursement.

XXXV.

Chacun desdits Maîtres sera tenu de satisfaire au payement desdits sept sols six deniers pour chacune desdites Nôces, conformément à ladite Transaction du 19 Mars 1599, sans y faire fraude ni tromperie, à peine de punition en cas de récidive.

XXXVI.

Ils s'aideront les uns aux autres sur les prieres qu'ils s'en feront respectivement, en toutes Nôces, Festins, Banquets & autres choses dépendantes dudit Art, aux termes de ladite Transaction du 19 Mars 1599.

XXXVII.

Les anciens Bacheliers seront dorénavant appellés à tous Chef-d'œuvres, expériences & autres assemblées généralement quelconques, par lesdits Jurés en Charge, à peine de démission.

XXXVIII.

Celui desdits Jurés que les anciens Bacheliers auront entr'eux élu pour écrire les délibérations de ladite Communauté, touchera les deniers d'icelle, en rendra pareillement ses comptes, tous les ans en présence de trois autres Jurés ses Confreres & desdits anciens Bacheliers seulement; iceux seront arrêtés à l'amiable, sans frais, & le fonds restant sera délivré au successeur du Rendant compte, ou s'il lui est dû, il en sera remboursé par sondit successeur, de l'ordre du Procureur de Sa Majesté audit Châtelet.

XXXIX.

Nul d'entre lesdits Maîtres ne prendra d'Enseigne pareille à celle de son Confrere, ni approchante d'icelle, pour éviter tous les desordres qui en pourroient survenir, à peine d'être privés des honneurs de ladite Communauté, deux cens livres d'amende, moitié applicable en faveur d'icelle, & le surplus à ladite Confrairie, & de tous dépens, dommages & intérêts.

XL.

Il leur est aussi défendu d'entreprendre les uns sur les autres pour les marchés des Nôces, Festins, Banquets & autres choses dépendantes de leur Art, sous pareilles peines.

XLI.

Semblablement ils ne se serviront d'aucuns Compagnons qu'ils ne voyent le consentement des Maîtres sous lesquels ils auront demeuré, & qu'ils en soient satisfaits, à peine d'être blâmés en leur Assemblée générale, que lesdits Jurés convoqueront à cet effet par la permission qu'ils prendront, en la maniere accoutumée, du Procureur de Sa Majesté audit Châtelet.

XLII.

Tous Privilegiés, généralement quelconques, seront réduits au nombre porté par le Réglement arrêté au Conseil de Sadite Majesté en l'année 1640; ce faisant, lorsqu'icelle sera hors la Ville de Paris, ils seront visités par lesdits Jurés, de l'autorité dudit Prevôt de Paris, ou son Lieutenant Civil, sur les conclusions du Procureur de Sadite Majesté audit Châtelet.

XLIII.

Parce que lesdits Maîtres, pour mériter l'honneur de leur établissement en Communauté, ont financé dans les coffres du feu Roi Henri le Grand leur Auteur ; qu'ils ont reconnu le défunt Roi Louis XIII. à son avénement à la Couronne ; qu'ils ont satisfait au droit qu'ils doivent à Sadite Majesté, aussi-tôt que le Ciel lui a mis la Couronne sur la Tête, & qu'ils lui ont payé en son épargne, dès le 6 Octobre 1658, la somme de quinze cens livres en conséquence de sa Déclaration du mois d'Août 1647, regiſtrée audit Parlement le 4 Septembre ensuivant, confirmé par Arrêt du Conseil de Sadite Majesté, intervenu le même mois, & d'autres en exécution ; dorénavant toutes Lettres créées & à créer en faveur d'Avénemens à la Couronne, Majorités, Mariages, Entrées dans les Villes du Royaume, Naissances de Dauphins, Titres d'Enfans de France, premier Prince du Sang, Couronnemens, Entrées & Régences des Reines, & pour quelqu'autres considérations, sujets & prétextes que ce puisse être, demeureront cassées, révoquées & annullées, sans qu'il s'en puisse obtenir à leur égard ; & en cas qu'aucunes fussent expédiées par surprise ou autrement, Sadite Majesté, dès-à-présent, les déclare nulles, avec défenses à tous ses Juges & autres d'y avoir aucun égard, nonobstant tous Réglemens, Restrictions, Ordonnances & Mandemens au contraire du présent Article, qui sera exécuté sans qu'il soit besoin de plus exprès commandement.

XLIV.

Et parce que lesdits Jurés sont obligés à une assiduité indispensable, que journellement il faut qu'ils veillent à la conservation des droits de ladite Communauté, & qu'ils sont tenus de faire leurs rapports pardevant le Procureur de Sa Majesté audit Châtelet, de tous les abus qu'ils découvrent, ou dont ils reçoivent avis, ils demeureront dorénavant exempts de toutes Commissions ordinaires ou extraordinaires de Justice & de Ville, Tutelles, Curatelles & autres généralement quelconques, pendant qu'ils seroient en Charge seulement.

XLV.

Meme, afin que tous les Maîtres dudit Art puissent être réduits dans l'exécution légitime des Commandemens de l'Eglise, très-expresses inhibitions leur sont faites d'entreprendre aucuns Festins, Banquets, Colations & autres choses dépendantes dud. Art, en viande ni chair défendue pendant le saint temps de Carême, Vigiles, Jeûnes & autres jours maigres réservés, & qui sont de commandement, à peine de punition exemplaire : A l'effet dequoi lesdits Jurés feront toutes Visites, tant chez les Maîtres dudit Art, que tous autres généralement quelconques, qui pourroient impunément entreprendre pendant ledit temps & jours réservés, des Festins, Banquets, Colations & autres choses dépendantes dudit Art, en viande & chair, dont ils feront leur rapport pardevant le Procureur de Sa Majesté audit Châtelet, pour y être pourvu ainsi que de raison.

Vu par Nous Conseiller du Roi en ses Conseils, Lieutenant Civil en la Prevôté & Vicomté de Paris, & Procureur du Roi au Châtelet, les nouveaux Statuts & Ordonnances dressés pour la Communauté des Jurés, anciens Bacheliers & Maîtres Queulx, Cuisiniers & Porte-chappes de la Ville & Fauxbourgs de Paris, contenant XLV. Articles : Notre avis est, sous le bon plaisir du Roi & de Nosseigneurs, que lesd. Articles & nouveaux Statuts peuvent être accordés auxdits Maîtres Cuisiniers, comme n'ayant rien de contraire aux Réglemens de Police. FAIT ce neuviéme Juillet mil six cent soixante-trois. Signé, DAUBRAY DE RYANTZ.

Regiftré, oüi & ce confentant le Procureur Général du Roi, pour joüir par les Impetrans de l'effet & contenu en iceux, fuivant l'Arrêt de ce jour. A Paris en Parlement, le vingt-neuf Janvier mil six cens foixante-quatre. Signé, DU TILLET.

CONFIRMATION de Statuts pour les Maîtres Queulx & Cuisiniers de la Ville de Paris.

LOUIS, par la Grace de Dieu, Roi de France & de Navarre : A tous présens & à venir, SALUT. Nos chers & bien-amés les Jurés, anciens Bacheliers & Maîtres Queulx,

Cuisiniers, Porte-chappes de notre bonne Ville, Fauxbourgs, Banlieue, Prevôté & Vicomté de Paris, Nous ont très-humblement fait remontrer que la fidélité qu'ils doivent indispensablement garder dans les dispositions des Festins, Banquets, Colations & autres choses dépendantes de leur Art, & dont ils se sont dignement acquittés jusqu'à présent, leur a donné l'entrée près des personnes des Rois nos prédécesseurs : Nous avons même eu confiance en leur ministere, & avons reconnu que leur adresse, leur industrie & la bonne conduite qu'ils ont religieusement observée, leur pouvoient faire espérer la confirmation des graces dont ils ont été honorés par le feu Roi Henri le Grand, de glorieuse mémoire, notre Ayeul, par ses Lettres-Patentes du mois de Mars mil cinq cent quatre-vingt-dix-neuf ; ce qui les a engagés de faire dresser de nouveaux Statuts sur les anciens, afin d'avoir lieu de les faire pratiquer ; ce qui est de la derniere conséquence pour la tranquillité de leur Communauté, & que dorénavant le Public pût être fidelement servi dans le besoin particulier qu'il peut avoir de leurs fonctions : Nous requérans à cet effet nos Lettres sur ce nécessaires. A CES CAUSES, & pour laisser aux Exposans des marques de la bienveillance que Nous avons conçue en leur faveur : De l'avis de notre Conseil, qui a vû lesdits anciens Statuts accordés par le défunt Roi Henri IV, conformément à ses Lettres-Patentes du mois de Mars mil cinq cent quatre-vingt-dix-neuf. Relief d'adresses à notre Parlement de Paris pour l'enregistrement d'iceux, du vingt-huit Novembre ensuivant. Sentence de notre Prevôt de Paris, portant l'enregistrement desdits Statuts au Greffe de notre Châtelet de Paris, du vingt-neuf dudit mois de Mars mil cinq cent quatre-vingt-dix-neuf. Quittance de la somme de cinquante livres payée par les Exposans le seize Juin mil six cent douze aux Parties-Casuelles, & pour le Droit d'Avénement à la Couronne du feu Roi Louis le Juste, de glorieuse mémoire, notre très-honoré Seigneur & Pere. Lettres de Confirmation desdits Statuts, par lui accordées au mois de Décembre de ladite année. Autres Lettres de Confirmation que Nous avons concédées en faveur desdits Exposans au mois de Juin mil six cent quarante-cinq. Autres Lettres de Surannation du vingtieme Juillet mil six cent quarante-sept. Lesdits nouveaux Statuts, Arrêt de noredit Parlement de Paris du dix-huit Janvier mil six cent quatorze, & Sentence dud. Châtelet pour la justification des VII & XXVII. Articles desdits nouveaux Statuts. Autre Sentence dud. Châtelet du dix-huit Novembre mil six cent quarante-huit, concernant le XXIX. Article desdits nouveaux Statuts. Arrêt de notredit Parlement du huit Août mil six cent soixante-deux, concernant le XXX. Article des mêmes Statuts. Et une Transaction passée le dix-neuf dudit mois de Mars mil cinq cent quatre-vingt-dix-neuf, à l'égard des XXXIV, XXXV. & XXXVI. Articles desdits nouveaux Statuts. Et l'avis des Lieutenant Civil, & notre Procureur audit Châtelet sur lesdits Statuts, donné suivant l'ordre de notredit Conseil, en conséquence de la Requête desdits Exposans du neuf Juillet dernier, le tout ci-attaché sous le contre scel de notre Chancellerie : De nos graces spéciales, pleine puissance & autorité Royale, NOUS, par ces Présentes, signées de notre main, avons dit, statué & ordonné, disons, statuons & ordonnons, voulons & nous plaît que lesdits Statuts, en nombre de XLV. Articles, soient dorénavant exécutés selon leur forme & teneur. SI DONNONS EN MANDEMENT à nos amés & féaux Conseillers les Gens tenans notre Cour de Parlement de Paris, Prevôt dudit lieu, ou son Lieutenant, ou autre qu'il appartiendra, que cesdites Présentes ils fassent lire, publier & registrer, icelles observer & garder de point en point selon leur forme & teneur, & lesdits Exposans jouir & user pleinement & paisiblement desdits Statuts à toujours & perpétuellement, contraignant de ce faire & obéir tous ceux qu'il appartiendra, nonobstant tous Edits, Ordonnances, Arrêts, Reglemens, Restrictions, Mandemens, Défenses & Lettres à ce contraires ; auxquelles & aux dérogatoires des dérogatoires Nous avons dérogé & dérogeons par cesdites Présentes ; aux copies desquelles collationnées par l'un de nos Conseillers de la Maison & Couronne de France & de nos Finances, Nous voulons que foi soit ajoutée comme à l'Original : CAR tel est notre plaisir. Et afin que ce soit chose ferme & stable à toujours, Nous avons fait mettre notre scel à cesdites Présentes, sauf en autres choses notre droit & l'autruy en toutes. Donné à Paris au mois d'Août l'an de grace mil six cent soixante-trois, & de notre Regne le vingt-un.

Signé, LOUIS. *Et sur le repli*, par le Roi, PHELYPEAUX. Et scellées sur lacs de soie du grand Sceau de cire verte.

Et sur ledit repli est écrit : Visa, SEGUIER, pour servir aux Lettres de Confirmation des Statuts des Maîtres Queulx & Cuisiniers de la Ville & Fauxbourgs de Paris.

Et encore sur ledit repli est écrit : Registrées, ouï & ce consentant le Procureur Général du Roi, pour être exécutées & jouir par les Impétrans de l'effet contenu en icelles, selon leur forme & teneur, suivant l'Arrêt de vérification de ce jour. A Paris en Parlement le 29 Janvier 1664. *Signé*, DU TILLET.

Et à côté desdites Lettres est encore écrit : Registrées au Greffe des Expéditions de la grande Chancellerie, par moi Conseiller-Secrétaire du Roi, Greffier desdites Expéditions. A Paris le 26ᵉ jour d'Août 1664. *Signé*, BOUCHET.

Extrait des Registres du Parlement.

VU par la Cour les Lettres-Patentes du Roi, données à Paris au mois d'Août mil six cent soixante-trois, signées LOUIS, & sur le repli, par le Roi PHELYPEAUX, & scellées sur lacs de soie au grand sceau de cire verte, obtenues par les Jurés, anciens Bacheliers & Maîtres Queulx, Cuisiniers, Porte-chappes de cette Ville de Paris, par lesquelles, & pour les causes y contenues, ledit Seigneur auroit dit, statué & ordonné, veut & lui plaît que les Statuts des Impétrans, au nombre de XLV. Articles, soient dorénavant exécutés selon leur forme & teneur, & ainsi que plus au long le contiennent lesdites Lettres à la Cour adressantes. Requête desdits Jurés, anciens Bacheliers & Maîtres Queulx, Cuisiniers & Porte-chappes de cette Ville de Paris, afin d'enregistrement desdites Lettres. Arrêt du vingt-neuf Décembre mil six cent soixante-trois, par lequel, avant procéder à l'enregistrement desdites Lettres, Articles & Statuts, auroit été ordonné qu'elles seroient communiquées au Lieutenant Civil, & Substitut du Procureur Général du Roi au Châtelet, pour donner leur avis sur icelles, pour ce fait, rapporté & communiqué audit Procureur Général, être ordonné ce que de raison. L'avis desdits Lieutenant Civil

&

& Substitut du Procureur Général du Roi au Châtelet, en exécution dudit Arrêt. Conclusions dudit Procureur Général. Ouï le rapport de Mc Charles Benoise, Conseiller du Roi en lad. Cour. Tout considéré : LADITE COUR a ordonné & ordonne que lesdites Lettres, Articles & Statuts seront registrés au Greffe d'icelle, pour être exécutés & jouir par les Impétrans de l'effet & contenu en icelle, selon leur forme & teneur. FAIT en Parlement ce 29 Janvier 1664. Collationné. Signé, ROBERT.

Les Maîtres sont avertis de tenir un Registre fidele des Nôces qu'ils feront, pour le présenter aux Jurés lorsqu'ils iront en Visite.

RÉUNION à la Communauté des Maîtres Queulx, Cuisiniers, des Offices de Jurés d'icelle.

LOUIS, par la grace de Dieu, Roi de France & de Navarre : À tous ceux qui ces présentes Lettres verront, SALUT. Les Jurés, Corps & Communauté des Maîtres Queulx, Cuisiniers & Porte-chappes de notre bonne Ville & Fauxbourgs de Paris, nous ont très-humblement fait remontrer qu'ayant, par notre Edit du mois de Mars 1691, érigé en titres d'Offices héréditaires les Gardes des Marchands & les Jurés des Arts & Métiers, ils ont un notable intérêt non-seulement que ces Charges soient exercées par des personnes de probité & d'expérience dans leur vacation, & que ceux qui en abuseront puissent être dépossédés, mais encore que ceux de leurs Corps qui peuvent s'en bien acquitter puissent y parvenir à leur tour, au lieu qu'ils en seroient exclus, si ceux que nous en aurions pourvûs n'en pouvoient être dépossédés. Par ces considérations & le desir de nous marquer leur zele pour notre service, & leurs soumissions à nos volontés, ils nous ont fait offrir de payer au Trésorier de nos revenus casuels, la somme de trois mille livres, s'il nous plaisoit unir à leur Communauté lesdits Offices de Jurés créés par notre Edit du mois de Mars 1691, pour être exercés par ceux qui nous seront par eux présentés pour le tems qu'ils aviseront entr'eux, en vertu des Provisions que

Nous leur en ferons expédier, & leur laisser pour l'avenir, lorsque le tems de l'exercice de ceux que Nous en aurons pourvûs sera expiré, la faculté de Nous présenter de nouveaux Officiers, pour prendre de Nous la confirmation de leur nomination; comme aussi de permettre aux Jurés, conformément à leur Délibération, d'emprunter au nom de la Communauté, à constitution de rente ou autrement, ladite somme de trois mille livres, & de faire déclaration des noms de ceux qui l'auront prêtée, dans la Quittance de Finance qui leur sera délivrée par le Trésorier de nos revenus casuels, d'obliger & hypotéquer auxdites rentes tous les biens & effets de la Communauté, & spécialement lesdits Offices, droits & émolumens y attribués, & autres qu'il leur sera permis de lever. A cet effet, ordonner qu'il sera payé à l'avenir; sçavoir, par chaque Maitre, soit qu'il fasse acte de Maitrise, ou qu'il travaille comme Compagnon chez les autres Maitres, 3 liv. par chacun an, outre les 20 s. qui se payent par les Maitres pour les droits de visite: Pour chaque Brevet d'Apprentissage, 20 s. outre les trois livres qui se payent ordinairement; pour chaque Festin de Nôces, douze sols six deniers outre les anciens Droits; & qu'il sera permis de recevoir dix Maitres sans qualité, à la charge que les deniers provenans desd. Réceptions, ne pourront être employés qu'au rachat desdites rentes. Et voulant favorablement traiter ladite Communauté des Maitres Queulx, Cuisiniers & Porte-chappes de notre bonne Ville de Paris, & leur donner des marques de notre protection. A CES CAUSES, de l'avis de notre Conseil, qui a vû la Délibération de ladite Communauté, & de notre certaine science, pleine puissance & autorité Royale, Nous avons par ces Présentes, signées de notre main, uni & incorporé, unissons & incorporons au Corps de Communauté des Maitres Queulx Cuisiniers & Porte-chappes de notre bonne Ville & Fauxbourgs de Paris, les Offices de Jurés de leur Communauté, créés par notre Edit du mois de Mars 1691, en payant par eux, suivant leurs offres, entre les mains du Trésorier de nos revenus casuels en exercice, la somme de 3000 liv. dans un mois; ce faisant, voulons que lesdits Offices soient exercés en vertu des Provisions que Nous ferons expédier à ceux qui seront nommés par ladite Communauté pour le tems qui sera par elle avisé; après l'expiration duquel, ladite Communauté pourra Nous présenter de nouveaux Officiers, afin d'obtenir de Nous la confirmation de leur nomination, & continuer à l'avenir à toutes les mutations d'Officiers que voudra faire ladite Communauté, au nom de laquelle Nous permettons aux Jurés de présent en Charge, d'emprunter à constitution de rente ou autrement ladite somme de 3000 liv. & de faire déclaration des noms de ceux qui l'ont prêtée, dont il sera fait mention dans la Quittance de Finance qui leur sera délivrée par le Trésorier de nos revenus casuels, auquel tous les biens & effets de ladite Communauté seront obligés & hypotéqués, & spécialement les Offices de Jurés, droits & émoulumens y attribués, & autres ci-après déclarés, que Nous permettons aux Jurés de percevoir à l'avenir. Sçavoir, de chaque Maitre pour chacune des quatre visites, quinze sols, outre les cinq sols qui appartiennent aux Jurés ; lesquels quinze sols d'augmentation seront payés également par tous les Maitres, soit qu'ils fassent acte de Maitres, ou qu'ils travaillent comme compagnons chez les autres Maitres, ou qu'ils servent en des maisons particulieres : Voulons qu'il soit payé vingt sols pour l'enregistrement des Brevets d'Apprentissage, outre les trois livres portées par l'Article XVII. des Statuts de la Communauté, à l'effet duquel payement, les Maitres qui auront passé lesdits Brevets seront tenus de les faire registrer sur le livre de la Communauté, dont mention sera faite sur le dos desdits Brevets dans un mois du jour de leur date, à peine de nullité d'iceux, & de vingt livres d'amende contre les Maitres qui les auront passés, applicables à ladite Communauté. Sera aussi payé 12 f. 6 d. d'augmentation par chaque Festin de Nôces que feront les Maitre de ladite Communauté, outre les 7 f. 6 d. portés par les Articles XXXIV. & XXXV. des Statuts de la Communauté ; pour la sûreté duquel Droit les Maitres seront tenus de donner avis aux Jurés des Festins de Nôces qu'ils feront, au plus tard dans trois jours. Voulons qu'aux réceptions il soit appellé douze anciens Maitres chacun à leur tour, & qu'il soit payé à chacun d'eux trente sols pour leur présence ; & pour parvenir au rachat des rentes qui seront constituées à l'effet des Présentes, permettons aux Jurés de ladite Communauté de recevoir jusqu'au nombre de dix Maitres sans qualité & sans faire chef-d'œuvre, à la charge que les deniers provenans de leurs réceptions, seront employés au payement du sort principal desdites rentes. Voulons qu'après qu'elles auront été entierement acquittées, les Droits d'augmentation sur les visites, sur les Brevets d'Apprentissage, & sur les Festins de Nôces, ne soient plus levés, & qu'ils demeurent réduits aux Droits anciens & accoutumés. SI DONNONS EN MANDEMENT à nos amés & féaux Conseillers les Gens tenans notre Cour de Parlement à Paris, que ces Présentes ils ayent à faire registrer, & du contenu en icelles jouir les Jurés, Corps & Communauté des Maitres Queulx, Cuisiniers & Porte-chappes de notre bonne Ville & Fauxbourgs de Paris, pleinement & paisiblement, selon leur forme & teneur : CAR tel est notre plaisir. En témoin dequoi Nous avons fait mettre notre Scel à cesdites Présentes. Donné à Versailles le quatrieme jour de Juillet l'an de grace mil six cent quatre-vingt-treize, & de notre Regne le cinquante-unieme. *Signé*, LOUIS. *Et plus bas*, par le Roi, PHELYPEAUX. Et scellé. *Et plus bas est écrit* : Vû au Conseil, PHELYPEAUX.

Registré, ouï & ce requérant le Procureur Général du Roi, pour être exécuté selon sa forme & teneur, & copie collationnée envoyée au Châtelet de cette Ville de Paris, pour y être lûe, publiée & registrée : Enjoint au Substitut du Procureur Général du Roi audit Siège d'y tenir la main, & d'en certifier la Cour dans la huitaine, suivant l'Arrêt de ce jour. A Paris, en Parlement, le douzieme Juillet mil six cent quatre-vingt-treize. Signé, DU TILLET.

Quittance du Trésorier des Revenus Casuels.

J'AY reçu des Jurés, Corps & Communauté des Maitres Queulx, Cuisiniers & Porte-chappes de la Ville & Fauxbourgs de Paris, la somme de trois mille livres, pour jouir de l'union & incorporation faite par la Déclaration du quatrieme Juillet 1693, audit Corps & Communauté des quatre Offices héréditaires de Jurés, créés par Edit du mois de Mars 1691, ensemble des droits & émolumens attribués par icelui, & être lesdits Offices exercés en conséquence des Provisions qui en seront expédiées à ceux qui seront nommés par ladite Communauté, pour tel tems qu'il sera par elle avisé ; après l'expiration duquel ladite Communauté présentera de nouveaux Officiers, afin d'obtenir la confirmation de leur nomination, & continuer à l'avenir à toutes les nominations d'Officiers que voudra faire ladite Communauté, le tout ainsi qu'il est plus au long porté par ladite Déclaration. Ladite somme de trois mille livres à moi payée par les mains de Bertrand Delille & Louis Bacquenois, Jurés de ladite Communauté ; de laquelle somme ils ont déclaré avoir emprunté celle de 2000 liv. du Sr Henri Boursin, Maitre Queulx, Cuisinier à Paris, par Contrat passé devant Aumont le jeune & son Confrere, Notaires à Paris, le 25 Juin dernier, & que les mille livres restantes proviennent de la vente qu'ils ont faite de l'argenterie de ladite Communauté. La présente Déclaration ci insérée à l'effet du privilége, hypotheque & préference audit Prêteur sur lesdits Offices, en conséquence de l'Arrêt du Conseil du 21 Mars 1690. Fait à Paris le cinquieme jour d'Août mil six cent quatre-vingt-treize. *Signé*, MILLIEU, *avec paraphe*.

Enregistrée au Contrôle Général des Finances par nous Conseiller du Roi en tous ses Conseils, & au Conseil Royal, Contrôleur Général des Finances de France. A Versailles le 15 Août 1693. Signé, PHELYPEAUX.

Collationné aux Originaux par Nous Conseiller-Secrétaire du Roi, Maison, Couronne de France & de ses Finances.

ARREST DU CONSEIL D'ETAT DU ROI,

Du premier Mai mil sept cent trois.

Concernant les Offices de Trésorier-Receveur & Payeur des Comptes de la Communauté des Maitres Queulx-Cuisiniers-Traiteurs de la Ville & Fauxbourgs de Paris.

Extrait des Registres du Conseil d'Etat du Roi.

SUR ce qui a été représenté au Roi, en son Conseil, par la Communauté des Maitres Cuisiniers-Traiteurs de la Ville de Paris, qu'ayant eu connoissance de l'Edit du mois d'Août 1701, donné en faveur des Propriétaires d'Offices héréditaires, pour les confirmer en l'hérédité d'iceux, & de l'Edit du mois de Juillet 1702, portant création d'un Trésorier-Receveur & Payeur des deniers communs des Corps des Marchands & Communautés d'Arts & Métiers du Royaume, ils ont cru qu'il leur seroit plus commode & plus avantageux de supplier, comme ils font, très-humblement Sa Majesté de leur permettre de lever & d'acquérir au profit de leur Communauté, l'Office de Trésorier-Receveur & Payeur de leurs deniers communs, offrans à cet effet de payer à Sa Majesté, ou à M°. Jean Garnier, chargé du recouvrement de la Finance qui doit provenir de la confirmation de l'hérédité & de la vente desdits Offices de Trésoriers, la somme de 3000 liv. & les 2 s. pour livre ; sçavoir, 920 liv. & les 2 s. pour livre, pour être confirmés dans l'hérédité des Offices de Jurés-Syndics de leur Communauté, créés par Edit du mois de Mars 1691, d'Auditeurs de leur compte créés par Edit du mois de Mars 1694, quoiqu'ils soutinssent que lesdits Offices ne subsistant plus, ils ne pouvoient être sujets audit Droit, & la somme de

2080 liv. & les 2 f. pour livre, pour ledit Office de Tréforier Receveur & Payeur de leurs deniers communs, à condition qu'il fera & demeurera pour toujours uni & incorporé à leur Communauté, aux Droits, Priviléges & Exemptions y attribués, & de jouir de 52 liv. de gages actuels & effectifs par chacun an. Et Sa Majefté voulant traiter favorablement ladite Communauté : Oui le Rapport du Sieur Fleuriau d'Armenonville, Confeiller ordinaire au Confeil Royal, Directeur des Finances. LE ROI EN SON CONSEIL a accepté & accepte les offres des Maitres Cuifiniers-Traiteurs de la Ville de Paris; & en conféquence ordonne qu'en payant par eux ès mains dudit Garnier, fes Procureurs ou Commis, la fomme de 3000 liv. fur les quittances du Tréforier des revenus cafuels, ou fur fes récépiffés, portant promeffe de fournir lefdites quittances, & les 2 f. pour livre fur celles dudit Garnier, en onze payemens égaux, le premier comptant, & les dix autres de deux en deux mois; le premier defdits dix payemens échéant au premier Juillet prochain, de la fomme de 272 liv. 14 f. 7 d. chacun, & les 2 f. pour livre; ils feront maintenus & confirmés en l'hérédité de leurs Offices de Jurés-Syndics & d'Auditeurs de leurs Comptes : Ordonne, Sa Majefté, que ledit Office de Tréforier-Receveur & Payeur de leurs deniers communs, fera & demeurera pour toujours uni & incorporé à leur Communauté, & qu'ils jouiront des Droits, Priviléges & Exemptions y attribués, & en outre de 52 liv. de gages actuels & effectifs par chacun an, à commencer du premier Janvier dernier, auquel effet l'emploi en fera fait dans les Etats de la recette générale des Finances de la Généralité de Paris, à commencer en la préfente année; permet, Sa Majefté, à ladite Communauté d'emprunter lefdites fommes en tout ou en partie : Ordonne que ceux qui prêteront leurs deniers à cet effet, auront privilége & hypotéque fpéciale fur ledit Office, droits & gages y attribués, fans qu'il foit befoin de faire mention du prêt dans la quittance de Finance, fi bon ne femble aux Prêteurs : Ordonne, Sa Majefté, que les Jurés feront toutes les diligences néceffaires pour parvenir au payement de ladite fomme de 3000 liv. & les 2 f. pour livre, à peine d'en répondre en leurs propres & privés noms; & en cas de conteftation entre les Maitres qui compofent ladite Communauté, Privilégiés ou non Privilégiés, pour la répartition des sommes qu'ils doivent en payer chacun pour leur part, circonstances & dépendances, elles seront réglées par le Sr d'Argenson, Conseiller en ses Conseils, Maître des Requêtes ordinaire de son Hôtel, & Lieutenant Général de Police, que Sa Majesté a commis à cet effet, auquel elle enjoint de tenir la main à l'exécution du présent Arrêt, qui sera exécuté; ensemble tout ce qui sera par lui ordonné en conséquence, nonobstant oppositions, appellations ou autres empêchemens quelconques, dont, si aucuns interviennent, Sa Majesté s'est réservée la connoissance, & icelle interdite à toutes ses Cours & Juges. Fait au Conseil d'Etat du Roi, tenu à Versailles le premier jour de Mai mil sept cent trois. Collationné. *Signé*, DU JARDIN, *avec paraphe.*

Collationné à l'Original en parchemin : Ce fait, rendu par les Conseillers du Roi, Notaires au Châtelet de Paris, soussignés, le huitieme jour de Janvier mil sept cent quatre. Signé, VERANY & DUPORT.

DECLARATION DU ROI,
EN FORME DE RÉGLEMENT,

Du quinze Décembre mil sept quatre.

En faveur de la Communauté des Maîtres Queulx-Cuisiniers-Traiteurs de la Ville & Fauxbourgs de Paris.

Regiſtrée en Parlement le 14 Janvier 1705.

LOUIS, par la grace de Dieu, Roi de France & de Navarre : A tous ceux qui ces présentes Lettres verront ; SALUT. Par notre Edit du mois d'Août 1701, Nous avons ordonné que tous les Officiers de notre Royaume, dont les Offices sont héréditaires & en survivance, demeureroient maintenus & confirmés dans l'hérédité d'iceux, à la charge
de

de Nous payer par chacun d'eux, les sommes pour lesquelles ils seroient compris dans les rôles qui seroient arrêtés à cet effet en notre Conseil, & les deux sols pour livre d'icelles, qui leur tiendroient lieu d'augmentation de finance : Et par Arrêt de notre Conseil du 11 Juillet 1702, Nous avons ordonné que ledit Edit seroit exécuté à l'égard des Communautés & Officiers, tant de Judicature qu'autres, qui ont fait réunir à leurs Corps & Communautés des Offices, droits ou taxations héréditaires, nonobstant la prétention où ils étoient de n'être point dans le cas de cette confirmation ; en conséquence desdits Edits & Arrêts, les Jurés & Communautés des Maitres Queulx-Cuisiniers-Traiteurs de notre bonne Ville de Paris, ont été employés pour la somme de mil sept cent trente-quatre livres, & les deux sols pour livre, à cause des Offices de Syndics, Jurés & d'Auditeurs des Comptes de leur Communauté, créés ès années 1691 & 1694, dont Nous leur avons ci-devant accordé la réunion. Et comme par autre notre Edit du même mois de Juillet 1702, Nous avons créé pour chaque Corps des Marchands & Communautés d'Arts & Métiers de notre Royaume, un Trésorier-Receveur & Payeur de leurs deniers communs, lesdits Cuisiniers prenant occasion de ladite taxe de confirmation d'hérédité, laquelle ils auroient prétendu toujours ne pas devoir ; mais voulant en cela Nous marquer leur soumission ; & considérant qu'il ne pouvoit y avoir rien de plus avantageux pour leur Communauté, que d'y réunir pareillement ledit Office de Trésorier, avec les taxations & droits y attachés, & les gages tel qu'il Nous plairoit d'y attribuer, ils Nous auroient très-humblement fait supplier leur vouloir accorder ladite réunion, & Nous contenter d'une somme de trois mille livres de principal, & de trois cens livres pour les deux sols pour livre, tant pour la finance dudit Office de Trésorier, que pour la taxe de confirmation d'hérédité desdits Offices de Syndics & Auditeurs, laquelle proposition & offre, Nous avons bien voulu accepter ; & en conséquence, avons ordonné, par Arrêt de notre Conseil du premier Mai 1703, qu'en payant par eux lesdites sommes dans certains termes, ils jouiroient du bénéfice de ladite confirmation d'hérédité, & dudit Office de Trésorier, qui demeureroit uni & incorporé à leur Communauté, avec lesdits Droits, Priviléges &

D

Exemptions y attribués, & de cinquante-deux livres de gages actuels & effectifs par chacun an, à commencer du premier Janvier 1703 ; même leur avons permis d'emprunter lesdites sommes en tout ou partie, & accordé aux Prêteurs le privilége & hypotheque spéciale sur ledit Office, gages & droits y attribués ; pour l'exécution desquelles offres, & attendu qu'ils ne sont pas assurés de trouver à emprunter dans le public des deniers suffisans pour les remplir ; comme ils n'ont rien tant à cœur que de Nous marquer leur zele & leur obéïssance à nos volontés, ils croyent qu'ils seront obligés de lever, par forme de prêt, sur eux-mêmes ce qui leur pourra manquer, laquelle levée ils ne peuvent faire sans notre permission ; d'ailleurs, jugeant nécessaire de pourvoir à ce que les arrérages des sommes qu'ils emprunteront du public, ou qu'ils léveront par répartition, soient exactement payés, & même qu'il puisse y avoir de tems à autre du revenant bon, pour l'employer à l'extinction du principal ; ce qui ne se peut faire qu'en imposant quelques droits nouveaux sur les Visites, & sur les Réceptions, & en se prescrivant entr'eux des Réglemens qui les maintiennent dans une exacte discipline, & empêchent les abus qui détruisent ordinairement les Communautés les mieux établies, ils ont pris, sous notre bon plaisir, le vingt-cinq Mai dernier, une Délibération contenant quelques dispositions qu'ils desireroient qu'il Nous plût autoriser : Et voulant favorablement traiter ladite Communauté des Maîtres Cuisiniers-Queulx-Traiteurs de notre bonne Ville de Paris, leur donner des marques de la satisfaction que Nous avons de leur obéïssance, & leur faire ressentir les effets de notre protection. A CES CAUSES, & autres à ce Nous mouvans, après avoir fait examiner en notre Conseil les articles & propositions que lesdits Maîtres Cuisiniers-Traiteurs ont fait rédiger par écrit, ensemble leurs Statuts, ladite Délibération prise en leur Communauté le vingt-cinq Mai dernier ; ensemble ledit Arrêt de notre Conseil du premier Mai 1703, & de notre certaine science, pleine puissance & autorité Royale, Nous avons par ces Présentes, signées de notre main, conformément à notre Edit du mois d'Août 1701, à l'Arrêt de notre Conseil du 11 Juillet 1702, & à celui du premier Mai 1703, maintenu & confirmé, maintenons & confirmons ladite Communauté des Maîtres Cuisiniers-

Queulx-Traiteurs de notredite Ville de Paris dans l'hérédité de leurs Offices de Syndics, Jurés & d'Anditeurs de leurs Comptes, dont Nous leur avons ci-devant accordé la réunion; & de la même autorité que dessus, avons uni & incorporé, unissons & incorporons à ladite Communauté l'Office de Trésorier, Payeur & Receveur de leurs deniers communs, créé par notre Edit du mois de Juillet 1702, pour jouir par eux des Droits, Priviléges & Exemptions y attribués, & en outre de cinquante-deux livres de gages actuels & effectifs par chacun an, à commencer du premier Janvier 1703, sans que pour raison dudit Office, ils soient obligés de prendre aucunes Lettres de Provisions, ni qu'ils soient ci-après tenus d'aucune taxe de confirmation d'hérédité ni autres, dont Nous les avons déclarés exempts par cesdites Présentes ; à la charge de payer par eux, tant pour ladite confirmation d'hérédité des Offices de Syndics & d'Auditeurs de leurs Comptes, que pour ledit Office de Trésorier, la somme de trois mille livres de principal, sur les quittances du Trésorier de nos revenus casuels, & en attendant l'expédition d'icelles, sur les récépissés de M^e. Jean Garnier, chargé du recouvrement, ou de ses Procureurs ou Commis, portant promesse de les fournir, & la somme de trois cens livres pour les deux sols pour livre, sur les quittances dudit Garnier, lesdites deux sommes faisant ensemble celle de trois mille trois cens livres, payable dans les termes portés par ledit Arrêt de notre Conseil du premier Mai 1703 ; à l'effet de quoi permettons aux Jurés-Syndics de ladite Communauté, à présent en Charge, d'emprunter, conformément audit Arrêt, ou d'imposer sur tous les Maitres de ladite Communauté, par forme de prêt, le plus équitablement que faire se pourra, ladite somme de trois mille trois cens livres, suivant l'état de répartition qui en sera arrêté par le Sr d'Argenson, Maitre des Requêtes, Lieutenant Général de Police de notredite Ville & Fauxbourgs de Paris ; lequel état Nous entendons être exécuté selon sa forme & teneur, & les dénommés en icelui contraints au payement des sommes pour lesquelles ils y seront employés, par les voyes & ainsi qu'il est accoutumé pour nos deniers & affaires. Voulons que ceux qui prêteront à ladite Communauté ayent privilége & hypotheque spéciale sur lesdits gages & droits attribués audit Office de Trésorier ; comme aussi sur les deniers qui seront levés par augmentation, en conséquence des Présentes, & généralement sur tous les biens & effets & revenus de ladite Communauté, & que les arrérages leur en soient payés d'année en année à raison du denier vingt. Et pour donner à ladite Communauté non-seulement les moyens de payer annuellement lesdits arrérages, mais encore d'acquitter de tems à autre quelque partie du principal, ensorte qu'elle soit liberée le plus promptement qu'il sera possible, comme aussi pour maintenir la discipline qui doit être entr'eux, & empêcher les entreprises qui se font sur leur Profession, Nous avons, par ces mêmes Présentes, dit, statué & ordonné, disons, statuons & ordonnons, voulons & Nous plaît ce qui ensuit :

ARTICLE PREMIER.

Qu'il soit permis aux Maîtres de ladite Communauté de recevoir dix Maîtres sans qualité, pour des deniers qui proviendront desdites Réceptions, acquitter ladite somme de trois mille livres & les deux sols pour livre, par eux empruntée.

II.

Que les Jurés de ladite Communauté feront quatre visites par an dans les maisons de tous les Maîtres Cuisiniers-Traiteurs, dont il leur sera payé à chacun quinze sols d'augmentation pour chaque visite, outre les cinq sols qui leur appartiennent, & lesquels quinze sols d'augmentation seront payés également par tous les Maîtres de ladite Communauté, soit qu'ils fassent acte de Maitrise, qu'ils travaillent comme Compagnons, ou qu'ils servent dans des maisons particulieres ; & faute de payement pendant deux ans, seront déchus de la Maitrise, ceux des Maîtres qui ne travaillent pour eux-mêmes, & ce pour toujours.

III.

Que tous ceux desdits Maîtres Cuisiniers qui feront des Festins ou Nôces, en tiendront un fidele Registre, à peine d'amende, & payeront à ladite Communauté par chacun Festin, douze sols six deniers par augmentation, lesquels ne subsisteront plus, & ne pourront être perçus sitôt que ladite Communauté aura acquitté ladite somme de trois mille livres, & les deux sols pour livre.

IV.

Que lesdits Maitres Cuisiniers-Traiteurs, ni leurs veuves, conformément à l'Article premier de leurs Statuts, ne puissent s'associer ni demeurer avec quelques personnes que ce puisse être pour faire ladite Profession, qu'avec les Maitres seulement.

V.

Que les anciens Maitres seront appellés aux Receptions desdits Maitres sans qualité, & autres qui seront reçus, & qu'il sera payé à chacun ancien, pour tout droit de présence, trente sols, conformément à l'Arrêt de notre Conseil du 4 Juillet 1693, portant réunion des Offices de Syndics-Jurés à ladite Communauté.

VI.

Voulons que l'Article vingt-deux de leurs Statuts soit exécuté selon sa forme & teneur; & suivant icelui, faisons défenses & inhibitions très-expresses, à toutes personnes généralement quelconques, de tel Art, Métier & condition qu'elles puissent être, d'entreprendre aucunes Nôces, Festins, Banquets, Colations, & autres choses dépendantes dudit Art, tenir Salles & Maisons propres à cet effet, même d'en louer, ni exposer écriteaux ou plats de gelée, qu'elles n'ayent fait chef-d'œuvre en chair & en poisson, selon les saisons, à leurs dépens, ainsi que les Jurés en Charge leur auront ordonné, en la maison de l'un d'eux alternativement, en présence desdits anciens Bacheliers, & Maitres Administrateurs de la Confrairie seulement, à chacun desquels Jurés l'Aspirant sera tenu de donner six liv. outre les droits de Boëte & de Confrairie, par l'ordre du Substitut de notre Procureur Général au Châtelet de Paris.

VII.

Que l'Arrêt de notre Cour de Parlement Paris, rendu contradictoirement le 4 Mai 1701 entre ladite Communauté, & les Marchands de Vin de notredite Ville de Paris, sera exécuté selon sa forme & teneur.

VIII.

Et d'autant qu'il est du bien public que la Police de notredite Ville & Fauxbourgs de Paris, soit uniforme, & observée également, permettons aux Jurés de ladite Communauté de faire leurs visites dans les maisons des Maitres Cuisiniers du Fauxbourg Saint Antoine, dans l'Enclos du Temple, Saint Denis de la Chartre, Saint Jean de Latran, Saint Germain des Prés, ruë de l'Ourſine & autres Lieux Privilegiés de notre Ville & Fauxbourgs de Paris, ou prétendus tels : Comme auſſi de ceux qui exercent la Profeſſion à titre de Privilege du Prevôt de notre Hôtel, ou autrement. Ne pourront néanmoins leſdits Jurés prétendre aucun droit de viſite deſdits Cuiſiniers à titre de Privilege, ni de ceux qui exercent la Profeſſion dans des Lieux Privilegiés, à moins que leſdits Cuiſiniers ne fuſſent auſſi Maîtres de ladite Communauté.

Voulons au ſurplus, que les Statuts des Maîtres Cuiſiniers, Queulx, Traiteurs de notredite Ville & Fauxbourgs de Paris; enſemble les Déclarations, Arrêts & Règlemens rendus en conſéquence, en faveur de ladite Communauté, ſoient exécutés ſelon leur forme & teneur, en ce qu'ils ne ſoient point contraires à ces Préſentes. Si donnons en Mandement à nos amés & feaux Conſeillers les Gens tenans notre Cour de Parlement à Paris, que ces Préſentes ils ayent à faire lire, publier & regiſtrer, & du contenu en icelles faire joüir & uſer leſd. Maîtres Cuiſiniers de ladite Ville & Fauxbourgs de Paris, ſelon leur forme & teneur : CAR TEL EST NOTRE PLAISIR. En témoin dequoi, Nous avons fait mettre notre Scel à ceſdites Préſentes. DONNÉ à Marly le quinziéme jour de Décembre, l'an de Grace mil ſept cent quatre, & de notre Regne le ſoixante-deuxiéme. *Signé*, LOUIS. *Et plus bas* : Par le Roi, PHELYPEAUX. *Et en marge eſt écrit* : Vû au Conſeil, CHAMILLART.

Regiſtrées, oüi le Procureur Général du Roi, pour joüir par lad. Communauté de leur effet & contenu, & être exécutées ſelon leur forme & teneur, ſuivant & aux charges portées par l'Arrêt de ce jour. A Paris, en Parlement, le quatorziéme jour de Janvier mil ſept cent cinq.

Signé, DU TILLET.

ARRÊT DE LA COUR DE PARLEMENT,

Du 14 Janvier 1705.

Qui ordonne l'exécution de la Déclaration du Roi, ci-dessus.

Extrait des Regiftres de Parlement.

VU par la Cour les Lettres Patentes du Roi données à Marly, le 15 Décembre 1704, fignées LOUIS, & plus bas, Par le Roi, PHELYPEAUX, & fcellées du grand Sceau de cire jaune, obtenues par les Jurés & Communauté des Maitres Queulx, Cuifiniers-Traiteurs de la Ville de Paris, par lefquelles pour les caufes y contenues, le Seigneur Roi a maintenu & confirmé les Impetrans dans l'hérédité de leurs Offices de Syndics, Jurés & d'Auditeurs de leurs Comptes, dont la réunion leur a été ci-devant accordée, & a uni & incorporé à ladite Communauté l'Office de Tréforier-Payeur & Receveur de leurs deniers communs, créé par Edit du mois de Juillet 1702, à la charge de payer la fomme de trois mille livres, & les deux fols pour livre ; à l'effet dequoi le Seigneur Roi permet aux Jurés-Syndics de ladite Communauté, à préfent en Charge, d'emprunter ou d'impofer fur tous les Maitres de ladite Communauté, ladite fomme de trois mille livres, & les deux fols pour livre d'icelle : Veut ledit Seigneur Roi, qu'il foit permis aux Maitres de ladite Communauté de recevoir dix Maitres fans qualité ; que les Jurés de ladite Communauté faffent quatre vifites par an dans les maifons de tous lefdits Maitres Cuifiniers-Traiteurs, dont il leur fera payé par chacun quinze fols d'augmentation par chaque vifite, outre les cinq fols qui leur appartiennent ; que tous ceux defdits Maitres Cuifiniers qui feront des Feftins ou Nôces, payeront à lad. Communauté par chaque Feftin douze fols fix deniers par augmentation, lefquels ne fubfifteront plus, & ne pourront être perçus fitôt que ladite Communauté aura acquitté ladite fomme de trois mille livres, & les deux fols pour livres, ainfi que plus au long le contiennent lefdites Lettres à la Cour adreffantes. Vû auffi la Délibération de ladite Communauté, du 25 Mai 1703, Requête afin d'enregistrement desdites Lettres, Conclusions du Procureur Général du Roi : Oui le rapport de M⁰. François Robert, Conseiller ; & tout consideré : LA COUR a ordonné & ordonne, que lesdites Lettres seront enregistrées au Greffe d'icelle, pour jouir par ladite Communauté de leur effet & contenu, & être exécutées selon leur forme & teneur, à la charge par ladite Communauté de rendre compte tous les ans de la perception desdits droits, pardevant le Lieutenant Général de Police, & du Substitut du Procureur Général du Roi au Châtelet. FAIT en Parlement le 4 Janvier 1705. *Collationné.*

Signé, DU TILLET.

SENTENCE DE POLICE,

Rendue en faveur de la Communauté des Maîtres Traiteurs de cette Ville de Paris.

Contre la Communauté des Maîtres Couvreurs de cette Ville. Et le sieur Jean Nion, Maître Traiteur & Rotisseur.

Portant défenses auxdits Maîtres Couvreurs, & à tous autres Corps & Communautés, même aux Bourgeois qui tiennent des Jardins en société, de prêter leurs Bureaux, Salles & Jardins pour y faire des festins de Nôces, & autres Repas.

PAR Procès-verbal fait par M⁰ Doublon, Commissaire-Enquêteur & Examinateur au Châtelet de Paris, à la requête des sieurs Jurés de la Communauté des Maîtres Traiteurs de cette Ville, le 28 Janvier 1743 ;

Appert, lesdits sieurs Jurés Traiteurs s'être transportés avec ledit sieur Commissaire Doublon, au Bureau des Maîtres Couvreurs de cette Ville, sis rue & Cloitre S. Julien le Pauvre, & y avoir trouvé une Compagnie de Nôce d'environ cinquante personnes assises autour de deux tables couvertes de viandes en ragoût, terrine, & plusieurs plats de rots & salades ; & en outre y avoir trouvé le nommé Nion, Traiteur, qui apprêtoit le dessert, composé de compotes & fruits.

A TOUS CEUX, &c. Salut : Sçavoir faisons, que sur la Requête faite en Jugement devant Nous à l'Audience de la Chambre de Police du Châtelet de Paris, par M⁰ le Rebours, Procureur

Procureur des sieurs Jurés, de présent en Charge, de la Communauté des Maîtres Traiteurs à Paris, Demandeurs aux fins du Procès-verbal fait par M° Doublon, Commissaire en cette Cour, le 28 Janvier de la présente année, & aux fins de l'Exploit d'assignation donnée en conséquence le 31 du même mois; ledit Exploit fait par Robert, Huissier à verge en cette Cour, dûement contrôlé & présenté, Défendeurs à la demande incidente portée aux défenses signifiées le 6 Février suivant, Demandeurs aux fins de leurs moyens & réponses des 11 & 21 dudit mois de Février, Défendeurs à la Requête du 15 Mars de la même année, & Demandeurs incidemment suivant leurs moyens & défenses du 22 dudit mois de Mars; & encore Défendeurs à la Requête du 9 Avril dernier, & Défendeurs incidemment suivant leurs moyens & défenses du 25 dud. mois d'Avril, le tout tendant aux fins y contenues, assistés de M° Frouart Avocat, contre M° Carlier, Procureur du sieur Jean Nion, Maître Traiteur-Rôtisseur, Défendeur & Demandeur, assisté de M° Rousselot, Avocat, & M° Ragoulleau, Procureur des sieurs Jurés, de présent en Charge, de la Communauté des Maîtres Couvreurs de Maisons à Paris, aussi Défendeurs & Demandeurs, assistés de M° Chartier, Avocat: Parties ouïes, lecture faite des pieces, NOUS disons que les Statuts & Réglemens de la Communauté des Maîtres Traiteurs seront exécutés; en conséquence, faisons très-expresses inhibitions & défenses aux Parties de Chartier, & à tous autres Corps & Communautés, & même aux Bourgeois qui tiennent des jardins en société, de louer ou prêter leurs Bureaux & Salles; comme aussi aux Maîtres Traiteurs d'emprunter ou louer lesdites maisons & salles, pour y recevoir aucunes Compagnies de Nôces & y faire des repas de Nôces & autres festins, à peine de tous dépens, dommages & intérêts envers les Parties de Frouart; & néanmoins attendu que la Compagnie de Nôces trouvée au Bureau des Maîtres Couvreurs étoit celle de la fille de leur Imprimeur, par grace pour cette fois seulement, & sans tirer à conséquence, déchargeons les Parties de Chartier & Rousselot des demandes formées contr'eux par les Parties de Frouart, en affirmant par les Parties de Chartier n'avoir point loué leur Bureau, & par la Partie de Rousselot, qu'il n'a point reçu d'argent, dépens compensés entre lesdites Parties; ce qui sera exécuté nonobstant

E

& sans préjudice de l'appel. En témoin de ce Nous avons fait sceller ces Présentes, qui furent faites & données par M. de Marville, Lieutenant Général de Police, tenant le Siege, le Vendredi cinq Juillet mil sept cent quarante-trois. Collationnée. *Signé*, LAMBERT, & scellée. *Signé*, SAUVAGE. Signifiée & baillé copie à M⁰ˢ Carlier & Ragoulleau, Procureurs, à domiciles, ce huit Août mil sept cent quarante-trois. *Signé*, PICQUE.

Ces Sentences ont été obtenues pendant la Jurande des sieurs Claude Meignien, Louis Potherat, Antoine Bergoignon, & Antoine Tinot, Maîtres Traiteurs.

ARREST
DU CONSEIL D'ÉTAT DU ROI,
Du 5 Mai 1745.

QUI réunit à la Communauté des Maîtres Traiteurs, les quatre Offices d'Inspecteurs & Contrôleurs créés dans leur Communauté, par l'Edit du mois de Février 1745.

Extrait des Registres du Conseil d'Etat.

SUR la Requête présentée au Roi en son Conseil, par les Doyen, Jurés & Communauté des Maîtres Traiteurs à Paris; contenant qu'en exécution de l'Edit du mois de Février 1745, portant création des Offices d'Inspecteurs & Contrôleurs des Communautés d'Arts & Métiers, avec faculté auxdites Communautés de les réunir; les Supplians ont fait leur soumission de payer à Sa Majesté la somme de 8000 livres, à laquelle, pour raison desdits Offices, ils ont été taxés par le rôle arrêté au Conseil; mais le malheureux état de leur Communauté, & le discrédit où elle est tombée depuis les Procès qu'elle a eu au Parlement & au Conseil, lesquels ne sont pas encore finis, ne lui laisse aucune espérance de trouver des fonds d'emprunt jusqu'à la concurrence de ladite somme; d'un autre côté les principaux membres de ladite Communauté se sont épuisés pour soutenir lesdits procès, & sont créanciers de ladite Communauté de sommes considérables; ensorte qu'ils se trouvent hors d'état de faire de nouvelles avances: Il ne reste d'autre ressource aux Supplians que dans une somme de 9637 liv. 10 sols, qui a été déposée entre les mains de Me Jourdain, Notaire, suivant deux Procès-verbaux *des 30 Mai & 13 Juin 1739, en exécution d'un Arrêt du Parlement du 23 Mai de la même année:* cette somme provenoit des épargnes que les Jurés, avant 1738, avoient faites sur les receptions des Maîtres; elle fut enlevée du coffre-fort de la Communauté, en exécution dudit Arrêt; mais cet Arrêt, & vingt-deux autres de la même Cour, rendus à l'occasion de la même contestation, *ont été cassés par un Arrêt du Conseil Privé, du 24 Octobre 1743,* où lesdits Procès-verbaux de dépôt sont visés; par ledit Arrêt du Conseil, Sa Majesté, en évoquant le fond des contestations sur lesquelles lesdits Arrêts du Parlement étoient intervenus, s'est réservé de faire droit sur la demande des Supplians en rétablissement dans le coffre-fort de la Communauté, de ladite somme. Les Supplians n'ont demandé ce rétablissement que pour employer ladite somme à l'acquit des dettes qu'ils ont été obligés de contracter pendant lesdits Procès, ou à l'occasion d'iceux; mais comme ces dettes ne sont pas d'une nature aussi privilégiée que le payement de la Finance desdits Offices d'Inspecteurs & Contrôleurs, les Supplians ont été conseillés de supplier Sa Majesté d'ordonner que cette somme, ou ce qui reste d'icelle entre les mains dudit Me Jourdain, Notaire, sera portée au Trésor Royal en l'acquit de ladite Finance. En facilitant ainsi la réunion desdits Offices, les Supplians se mettent en état de jouir des droits qui leur ont été attribués par ledit Edit, *dont ils employeront le produit à fur & à mesure au payement de leurs autres dettes; ils consentent même que les oppositions qui ont été formées entre les mains dudit M^e. Jourdain, par aucuns de leurs prétendus Créanciers, tiennent en celles des Jurés de ladite Communauté, successivement en Charge, pour la sûreté des prétentions desdits Créanciers avec lesquels ils proposent de prendre des arrangemens particuliers, qui, en assurant leurs créances, procurent à la Communauté des facilités pour sa libération envers eux.* La somme de 9637 livres 10 sols déposée audit M. Jourdain, seroit plus que suffisante pour acquitter ladite Finance, si elle étoit encore entiere ; mais en exécution d'aucuns des Arrêts qui ont été caffés, & nonobstant les oppositions des Supplians, il en a été enlevé plus de 2000 livres, pour la restitution desquelles les Supplians ont protesté de se pourvoir ; cependant il s'en faudra peu que par la remise qui sera faite au Trésor Royal par ledit M. Jourdain, la Finance dûe par les Supplians ne soit acquittée ; au moyen de ce payement, il leur sera facile de trouver des fonds pour solder ce qui s'en défaudra ; & à cet effet, ils esperent que Sa Majesté voudra bien leur permettre d'emprunter, & en même-tems de constituer au profit des Créanciers, envers lesquels elle se trouvera obligée, la rente de ce qui leur sera légitimement dû : Requeroient à ces causes, qu'il plût à Sa Majesté, ayant égard à ladite Requête, ordonner qu'en conséquence de leur soumission, les Offices d'Inspecteurs & Contrôleurs établis dans leur Communauté par ledit Edit du mois de Février 1745, seront & demeureront réunis aux fonctions des Jurés de ladite Communauté successivement en Charge, pour par eux en jouir aux prérogatives, gages & droits attribués auxdits Offices ; & pour faciliter aux Supplians le payement de la Finance dudit Office, ordonner que M. Jourdain, Notaire, sera tenu de porter au Trésor Royal la somme qui reste en ses mains, de celle de 9637 liv. 10 sols à lui déposée ensuite des Procès-verbaux des 30 Mai & 13 Juin 1739, & que la quittance qui lui sera délivrée de ladite somme, sera par lui remise aux Supplians ; à quoi faire il sera contraint comme dépositaire ; quoi faisant déchargé, & ce nonobstant les oppositions qui se trouveront faites en ses mains, à quelque titre & sous quelque prétexte que ce soit, lesquelles tiendront ès mains desdits Jurés, sur les gages, droits & émolumens à eux attribués par ledit Edit, pour raison dudit Office ; à l'effet de quoi ledit M. Jourdain sera tenu de remettre aux Supplians lesdites oppositions, & eux tenus de s'en charger ; comme aussi ordonner que ledit M. Jourdain sera tenu, comme dépositaire, de leur remettre en originaux ou en copies collationnées, les quittances des sommes qu'il se trouvera avoir payées sur celle de 9637 liv. 10 s. à lui déposée & appartenante à la Communauté des Supplians, sauf à eux à poursuivre le rétablissement desdites sommes par les voyes & ainsi qu'il a été ordonné par ledit Arrêt du Conseil du 24 Octobre 1743, lequel sera au surplus exécuté selon sa forme & teneur; & pour parvenir au payement des sommes qui se trouveront dûes par les Supplians pour reste de ladite Finance, leur permettre d'emprunter; & en attendant qu'ils soient en état d'acquitter les autres dettes de la Communauté, leur permettre de faire des contrats de constitution à leurs Créanciers en la maniere accoutumée, & ordonner que l'Arrêt qui interviendra sera exécuté nonobstant toutes oppositions & autres empêchemens quelconques, pour lesquels ne sera différé. Vu ladite Requête, signée BONTOUX, Avocat ès Conseils, & autres pieces y jointes: OUI le rapport du sieur Orry, Conseiller d'Etat ordinaire & au Conseil Royal, Contrôleur Général des Finances.

SA MAJESTÉ EN SON CONSEIL a agréé & reçu la soumission faite le 9 Avril dernier, par la Communauté des Maîtres Traiteurs de la Ville de Paris, de payer la somme de 8000 livres pour la réunion des quatre Offices d'Inspecteurs & Contrôleurs créés dans ladite Communauté, par l'Edit du mois de Février 1745; & en conséquence a ordonné & ordonne qu'en payant ladite somme de 8000 livres dans les termes énoncés dans ladite soumission, lesdits Offices d'Inspecteurs & Contrôleurs des Jurés seront & demeureront réunis à ladite Communauté, *pour par elle jouir des gages, droits & prérogatives attribués auxdits Offices, dont les fonctions seront exercées par les Jurés successivement en Charge*, sans que ladite Communauté soit tenue de payer les deux sols pour livre de ladite somme, dont Sa Majesté lui fait don & remise; & pour faciliter le payement desdites 8000 livres, ordonne que le sieur Jourdain, Notaire, sera tenu de porter au Trésorier des revenus casuels, les deniers qui restent entre ses mains, *de la somme de neuf mille six cens trente-sept livres dix sols* appartenante à ladite Communauté des Traiteurs, & à lui déposée ensuite des Procès-verbaux des 30 Mai & 13 Juin 1739, & que la quittance qui lui sera délivrée par ledit Trésorier des revenus casuels, sera par lui remise aux Jurés de lad. Communauté, à quoi faire il pourra être contraint comme dépositaire; quoi faisant, il en sera bien & valablement déchargé, & ce nonobstant les oppositions qui se trouveront faites en ses mains à quelque titre & sous quelque prétexte que ce soit, lesquelles tiendront ès mains desdits Jurés, sur les gages, droits & émolumens attribués auxdits Offices réunis & autres revenus de la Communauté ; à l'effet dequoi ledit sieur Jourdain sera tenu de remettre auxdits Jurés lesdites oppositions, & eux tenus de s'en charger. Veut Sa Majesté que ledit sieur Jourdain soit pareillement tenu de remettre en originaux ou en copies collationnées, les quittances des sommes qu'il se trouvera avoir payées sur ladite somme de 9637 livres 10 sols à lui déposée, sauf à eux à poursuivre le rétablissement desdites sommes par les voyes de droit, & ainsi qu'il a été ordonné par l'Arrêt du Conseil du 24 Octobre 1743, lequel sera au surplus exécuté selon sa forme & teneur ; & dans le cas où les deniers qui restent entre les mains du sieur Jourdain, ne suffiroient pas pour acquitter lad. somme de 8000 livres, que la Communauté s'est engagée de payer pour la réunion desdits Offices d'Inspecteurs & Contrôleurs : *Permet Sa Majesté à ladite Communauté d'emprunter les sommes nécessaires pour parfaire ladite Finance, d'affecter & hypotéquer au profit de ceux qui prêteront leurs deniers, les gages & droits attribués auxdits Offices, & de passer à cet effet tous les contrats de constitution sur ce nécessaires ;* & sera le présent Arrêt exécuté nonobstant toutes oppositions & autres empêchemens quelconques, pour lesquels ne sera différé. Fait au Conseil d'Etat du Roi, tenu au Camp devant Tournay, le 15ᵉ jour de Mai 1745. Collationné. *Signé*, DE VOUGNY.

Cet Arrêt a été obtenu pendant la Comptabilité & Jurande des sieurs Louis Potherat, Antoine Bergoignon, Antoine Tinot

---

Réunion des Offices d'Inspecteurs & Contrôleurs créés par Edit de Février 1745.

J'AI reçu de la Communauté des Maîtres Cuisiniers Traiteurs de la Ville & Fauxbourgs de Paris, la somme de 8000 liv. pour la réunion à leur Corps & Communauté, des Offices d'Inspecteurs & Contrôleurs des Jurés de ladite Communauté, créés héréditaires par Edit du mois de Février 1745, vérifié où besoin a été ; pour, par ladite Communauté, exercer lesd. Offices sur la simple quittance de Finance, sans être tenue d'en obtenir aucunes Lettres de provision, & en jouir aux gages de quatre cens livres pour chacun an, sur le pied du dernier vingt de la Finance principale, dont l'emploi sera fait dans l'état de la Recette générale des Finances de la Généralité de Paris, à compter du premier Avril 1745 ; ensemble percevoir sur chaque Maître du Corps de ladite Communauté, le droit de visite fixé par le tarif arrêté au Conseil le 16 Février 1745, celui de six livres pour chaque réception à la Maîtrise, & de six livres pour chaque ouverture de boutique & exercice de profession, le tout ainsi qu'il est plus au long porté par ledit Edit. Laquelle Communauté m'a declaré que ladite somme provient de l'emprunt par elle fait à constitution de rente de la somme de 1163 livres du sieur Potherat, l'un des Jurés de la Communauté, par contrat passé devant M. Guesnon, Notaire à Paris, le 13 Décembre 1745, (la présente déclaration ci-insérée pour servir d'hypotheque audit prêteur, conformément à l'Arrêt du Conseil du 6 Avril de la même année,) & de la somme de 6837 livres, faisant partie des fonds appartenans à ladite Communauté, qui avoient été déposés à Me Jourdain, Notaire, en conséquence de différens Arrêts ; & duquel Me Jourdain, ladite somme a été retirée en exécution de l'Arrêt du Conseil du 15 Mai de ladite année 1745 : ladite somme à moi payée les 18 Juin & 22 Décembre audit an. Fait à Paris le sixiéme jour d'Avril 1746.

      Quittance du Trésorier des Revenus Casuels, de la somme de 8000 liv.

                                    BERTIN.

Enregistrée au Contrôle Général des Finances, par Nous Ecuyer, Conseiller du Roi, Garde des Registres dudit Contrôle, commis par M. de Machault, Conseiller ordinaire au Conseil Royal, Contrôleur Général des Finances. A Paris, le 9 Avril 1746.

              Signé, PERROTIN.

ARREST
DU CONSEIL D'ÉTAT DU ROI,

Du seize Juillet mil sept cent quarante-huit.

QUI ordonne que les Droits attribués aux Offices d'Inspecteurs & Contrôleurs des Jurés des Communautés, par l'Edit du mois de Février 1745, seront payés par ceux des Maîtres Traiteurs qui sont aussi d'une autre Communauté où il se perçoit un Droit plus fort.

Extrait des Registres du Conseil d'Etat.

SUR la Requête présentée au Roi en son Conseil par les Doyen, Jurés & Communauté des Maîtres Traiteurs à Paris ; contenant que par le Tarif arrêté en conséquence de l'Edit du mois de Février 1745, portant création des Offices d'Inspecteurs & Contrôleurs des Jurés dans les Communautés d'Arts & Métiers du Royaume, les Pâtissiers sont taxés à quatre livres dix sols, les Rotisseurs à quatre livres, & les Traiteurs à trois livres : Et il est dit à la fin du Tarif, que ceux qui exerceront les Arts & Professions énoncées audit Tarif dans les Villes de Lyon & autres grandes Villes, payeront les deux tiers des droits réglés pour la Ville & Fauxbourgs de Paris; que dans les Villes où il y a Evêché & Jurisdiction Royale, il sera payé la moitié dudit droit ; dans toutes les autres Villes, Bourgs & lieux le tiers, & que ceux qui exerceront plusieurs sortes de commerces, négoces ou professions, ne seront tenus de payer qu'un seul droit sur le pied du plus fort. Les Supplians ont réuni les Offices établis dans leur Communauté, mais ils sont obligés d'essuyer des contestations pour la perception desdits droits de la part de ceux des Maîtres Traiteurs, qui sont en même-tems Maîtres Pâtissiers ou Maîtres Rotisseurs, lesquels refusent de

payer

payer le droit de trois livres attribué aux Offices d'Inspecteurs & Contrôleurs à la Communauté des Traiteurs, sous prétexte que, selon la derniere disposition du Tarif, ceux qui exercent plusieurs commerces, négoces ou professions, ne sont tenus de payer qu'un seul droit sur le pied du plus fort, & qu'ils payent ce plus fort droit à une autre Communauté, dont ils sont aussi membres. Cet abus est infiniment préjudiciable aux droits de la Communauté des Supplians, puisque la plûpart des Maitres qui la composent sont aussi Patissiers ou Maitres Rotisseurs, & les a déterminés à faire assigner en la Police du Châtelet, les nommés Charron, Traiteur & Rotisseur, Duthé, Julienne & Renaux, Traiteurs & Patissiers, pour se voir condamner & contraindre chacun au payement de trois livres annuellement, en qualité de Traiteurs ; mais sur l'Instance à laquelle a donné lieu ladite assignation, les Parties ont été renvoyées à se pourvoir. C'est par cette raison que les Supplians représentent très-humblement à Sa Majesté, que la limitation portée par le Tarif desdits droits, ne peut être entendue que des Provinces où la même Communauté ou Confrairie est composée d'Artisans & Marchands qui font à la fois quantité d'autres commerces ou professions, où, par exemple, l'Epicier est en même-tems Chandelier, Vinaigrier, Limonadier, Grainier, &c. il n'eût pas été juste de taxer dans ces Villes sur le même Maitre autant de droits qu'il exerçoit de professions & de commerces différens dans la Communauté dont il étoit membre, & il étoit nécessaire de fixer l'imposition, eu égard à celle de ses professions qui étoit la plus imposée, c'est-à-dire, sur le plus fort pied. Cette restriction du Tarif doit donc s'entendre des différentes professions, qui ne forment cependant qu'un seul & même Corps de Communauté ; mais il n'est pas dit dans le Tarif que le Particulier qui sera Maitre de deux Communautés ne payera que dans une, & qu'il payera à celle où le plus fort droit se trouvera imposé, & que la quittance du droit qu'il avoit payé dans une Communauté lui tiendroit lieu de quittance du droit dû dans l'autre ; car alors c'eût été rendre ces droits inutiles à ceux à qui ils étoient attribués, & frustrer les acquéreurs des droits plus foibles au profit des acquéreurs des droits plus forts ; par exemple, l'Acquéreur des Offices établis dans la Communauté des Patissiers, eût privé l'Acquéreur des

Offices établis dans la Communauté des Traiteurs, de droits qui cependant lui étoient attribués, & dont il auroit payé la finance ; & selon la prétention de Duthé & consorts, la qualité de Patissier seroit une quittance du droit dû en qualité de Traiteur. Il est sensible que cet inconvénient opéreroit une privation injuste de droits, dont Sa Majesté a entendu que les Acquéreurs jouissent sur tous les membres inscrits dans le Catalogue de leur Communauté ; celui qui est tout à la fois Traiteur & Rotisseur, ou Patissier, tient la place de deux personnes, exerce deux Maitrises de deux Communautés distinctes, & doit conséquemment deux droits. Si les Rotisseurs, Patissiers ou Traiteurs ne formoient qu'une seule & même Communauté, il ne seroit dû qu'un seul droit sur le pied de quatre livres dix sols, comme le plus fort ; mais dès qu'ils sont deux Communautés, & qu'il y a eu des Offices pour l'une & pour l'autre, des finances & des titres distincts, & deux attributions de droits, ils sont dûs à chaque Communauté par le Maitre qui est membre de toutes deux ; c'est ainsi que ceux qui sont membres des deux Communautés, contribuent aux charges des deux Corps, parce qu'ils participent à deux Maitrises ; ils payent deux réceptions ; ils sont assujettis à deux droits de visite ; une qualité ne nuit point à l'autre, & la qualité de Patissier ne doit point nuire à la qualité de Traiteur. Aussi les Supplians esperent que Sa Majesté ne permettra pas que, par l'abus de la restriction portée par le Tarif des droits attribués aux Offices d'Inspecteurs & Contrôleurs, leur Communauté soit privée de ses droits par ceux qui se sont fait recevoir Traiteurs, étant déja Patissiers ou Rotisseurs, ou qui le sont devenus depuis leur réception à la Maitrise de Traiteur, & qu'elle déclarera tout Maitre Traiteur sujet au droit, encore qu'il soit aussi Maitre d'une autre Communauté ; autrement la Communauté des Traiteurs, dont presque tous les membres sont Maitres d'autres Communautés, seroit privée des droits qu'elle a acquis avec lesdits Offices d'Inspecteurs, par la seule raison que ces droits sont moindres que dans celle des Patissiers & des Rotisseurs, tandis que celles-ci en jouïroient à son exclusion, sans avoir plus de droit. A CES CAUSES, requéroient qu'il plût à Sa Majesté, ayante égard à ladite Requête, ordonner que l'Edit du mois de Février 1745, portant création des Offices d'Inspecteurs & Contrôleurs des Jurés des

Communautés, ensemble le Tarif des droits attribués auxdits Offices, arrêté au Conseil en conséquence dudit Edit, seront executés selon leur forme & teneur; ce faisant, ordonner que lesdits Charron, Duthé, Julienne, Renaux, & généralement tous les Maîtres Traiteurs, seront tenus de payer aux Jurés en Charge de leur Communauté le droit de trois livres attribué auxdits Offices réunis à ladite Communauté, sans qu'ils puissent se dispenser de payer ledit droit, sous prétexte qu'ils sont aussi Maîtres d'une autre Communauté où ledit droit est plus fort, ni que le payement dudit plus fort droit puisse leur tenir lieu de quittance du droit particulier attribué par ledit Edit aux Offices d'Inspecteurs des Jurés Traiteurs, & ordonner que l'Arrêt qui interviendra sera exécuté, nonobstant toutes oppositions & autres empêchemens quelconques. Vû ladite Requête, *signée* Bontoux, Avocat des Supplians, l'assignation donnée à leur requête le 3 Juillet 1743, aux nommés Charron, Julienne & Renaux, les procédures faites en la Police du Châtelet, en conséquence de ladite assignation, & autres pieces jointes à ladite Requête: Ouï le Rapport du Sieur de Machault, Conseiller ordinaire au Conseil Royal, Contrôleur Général des Finances. SA MAJESTÉ EN SON CONSEIL, a ordonné & ordonne que l'Edit du mois de Février 1745, portant création des Offices d'Inspecteurs & Contrôleurs des Gardes & Jurés dans les Corps & Communautés, ensemble le Tarif des droits attribués auxdits Offices, attaché sous le contre-scel dudit Edit, seront exécutés selon leur forme & teneur; en conséquence, que tous les Maîtres Traiteurs seront tenus de payer aux Jurés en Charge de leur Communauté le droit de trois livres attribué aux Offices réunis à ladite Communauté, sans qu'ils puissent s'en dispenser, même sous le prétexte du payement d'un plus fort droit à une autre Communauté, dont ils pourroient être membres; & sera le présent Arrêt exécuté, nonobstant toutes oppositions ou autres empêchemens quelconques, dont, si aucuns interviennent, Sa Majesté s'en est réservé, à Elle & à son Conseil, la connoissance, icelle interdisant à toutes ses Cours & Juges. Fait au Conseil d'Etat du Roi, tenu à Compiegne le seizieme jour du mois de Juillet mil sept cent quarante-huit. Collationné. *Signé*, BERGERET.
De la Jurande des Sieurs POTHERAT, BERGOGNON & TINOT.

ARREST
DU CONSEIL D'ÉTAT DU ROI,

Du 29 Avril 1749.

Portant réglement pour l'administration des deniers communs de la Communauté des Maîtres Cuisiniers-Traiteurs, & pour la reddition des comptes de Jurande.

Extrait des Regiſtres du Conſeil d'Etat.

VU par le Roi, en ſon Conſeil, l'Arrêt rendu en icelui le 24 Juin 1747, par lequel Sa Majeſté auroit ordonné que dans un mois, à compter de la notification qui ſeroit faite dudit Arrêt à chacune des Communautés d'Arts & Métiers de la Ville & Fauxbourgs de Paris, en leur Bureau, les Syndics & Jurés de chacune d'icelles ſeroient tenus de remettre entre les mains du Sieur Berryer, Procureur Général de la Commiſſion établie pour la liquidation des dettes & la réviſion des comptes deſdites Communautés, un état, tant de leurs revenus, que de leurs dettes & dépenſes annuelles, pour, leſdits états vûs & examinés, être par Sa Majeſté pourvû de tel réglement qu'il appartiendra. Vû auſſi les états de recette & dépenſe produits par les Jurés & anciens de la Communauté des Maîtres Cuiſiniers-Traiteurs, tout conſidéré. Oui le Rapport du Sieur de Machault, Conſeiller ordinaire au Conſeil Royal, Contrôleur Général des Finances, SA MAJESTE' ETANT EN SON CONSEIL, a ordonné & ordonne :

ARTICLE PREMIER.

Que tout Juré, Syndic ou Receveur comptable, entrant en charge dans la Communauté des Maîtres Cuiſiniers-Traiteurs, sera tenu d'avoir un Regiſtre journal, qui ſera coté & paraphé par le Sieur Lieutenant Général de Police à Paris, dans lequel il écrira de ſuite & ſans aucun blanc ni interligne, les recettes & dépenſes qu'il fera, au fur & à meſure qu'elles ſeront faites, ſans aucun délai ni remiſe, mettant d'abord la ſomme reçûe ou dépenſée en toutes lettres, & la tirant enſuite à la colonne des chiffres; & aura ſoin, à la fin de chaque page, de faire l'addition de tous les articles de chaque colonne, dont il rapportera le montant à la tête de la page ſuivante.

II.

Dans le cas où le Juré, Syndic ou Receveur comptable ſortant d'exercice, ſe trouveroit reliquataire envers ſa Communauté par l'arrêté de ſon compte, le Juré ou receveur comptable ſon ſucceſſeur, ſera tenu de pourſuivre le payement dudit débet par toutes voies dûes & raiſonnables, & de juſtifier deſdites pourſuites par pieces & procédures, ſuppoſé qu'il ne puiſſe en faire le recouvrement, à peine d'en répondre en ſon propre & privé nom, & d'être forcé du montant dudit débet dans la recette de ſon compte.

III.

Le produit des confiſcations & amendes prononcées au profit de la Communauté, ſera employé dans la recette des comptes, & juſtifié par le rapport des Sentences & Arrêts qui les auront prononcées; & au cas que le recouvrement deſdites amendes ne puiſſe être fait par l'inſolvabilité de ceux qui y ſeront condamnés, ledit Comptable en ſera repriſe, qui lui ſera allouée en juſtifiant de ſes diligences; n'entendant, Sa Majeſté, interdire les voies d'accommodemens à l'amiable entre les Parties, pourvû toutefois que leſdits accommodemens ſoient autoriſés par le Sieur Lieutenant Général de Police, auquel cas le Comptable ſera tenu d'en rapporter la preuve par écrit.

IV.

Il ne pourra être employé aucuns deniers de la Communauté pour les dépenſes de la Confrairie, de quelque nature qu'elles puiſſent être, au moyen de quoi la recette & la dépenſe concernant ladite Confrairie, ne pourra entrer dans les comptes de la Communauté; ſauf aux Maîtres de Confrairie, ou à ceux à qui l'adminiſtration en eſt confiée, à rendre un compte particulier à la Communauté de ce qu'ils auront reçu & dépenſé pour raison de leur exercice, sans que ledit compte puisse être cumulé avec celui des deniers de la Communauté, ni en faire partie.

V.

Ne pourront les Jurés délivrer aucunes lettres ou certificats d'apprentissage ou de réception à la Maîtrise, qu'au préalable ils n'ayent perçu en deniers comptans les droits attribués à la Communauté pour raison desdits brevets ou réceptions, sans qu'il leur soit permis de faire aucune modération, remise ni crédit desdits droits, à peine d'en répondre en leur propre & privé nom.

VI.

Ne pourront pareillement lesdits Syndics, Jurés ou Receveurs se charger en recette dans leurs comptes, des droits qui leur sont personnellement attribués, ainsi qu'aux anciens, sur les réceptions des Maîtres ou confections de chefs-d'œuvres, & les cumuler avec les droits appartenans à la Communauté, pour les porter ensuite en dépense ou reprise ; mais ils se chargeront seulement en recette des deniers de la Communauté.

VII.

Il sera fait tous les ans par les Jurés & anciens de la Communauté, un rôle de tous les Maîtres & Veuves, divisé en trois classes ; la premiere contenant les Maîtres & Veuves qui tiendront Boutique lors de la confection dudit rôle, & qui seront en état de payer les droits de visite ; la seconde contenant les Fils de Maîtres reçûs à la Maîtrise, & qui demeurent chez leur pere, ou chez d'autres Maîtres, en qualité de Garçons de Boutique ou Compagnons ; & la troisieme contenant les noms de ceux qui seront réputés hors d'état de payer lesdits droits, ou à qui il conviendra d'en faire remise d'une partie ; lequel rôle sera remis tous les ans entre les mains du Juré comptable qui entrera en charge, après avoir été affirmé par tous les autres Jurés & anciens : Et sera tenu ledit Juré comptable, de tenir compte à la Communauté du montant de la premiere classe, à moins qu'il ne justifie du décès des Maîtres arrivé pendant son année de comptabilité, par un état signé de tous les Jurés & de quatre anciens, & de compter pareillement des sommes qu'il aura pû recouvrer sur les Maîtres de la troisieme classe, le montant desquelles sera alloué dans la recette de son compte, sur le certificat des Jurés en charge.

VIII.

Ne pourront les Jurés faire aucun emprunt, même par voie de reconstitution, sans l'approbation par écrit du Sieur Lieutenant Général de Police.

IX.

Les frais de saisie ne seront alloués dans la dépense des comptes, qu'en représentant les Procès-verbaux dressés à l'occasion desdites saisies, les quittances des sommes qui auront été payées aux Officiers de Justice pour leurs vacations & droits d'assistance, & en justifiant par les comptables de l'événement desdites saisies, à peine de radiation : Et dans le cas où lesdits Procès-verbaux seroient produits dans quelques instances, en sorte que le comptable ne pût les représenter, il sera tenu d'y suppléer par des copies certifiées de l'Avocat ou du Procureur chargé de l'Instance.

X.

Ne pourront les Jurés interjetter appel des Sentences du Châtelet, soit pour fait de saisie ou autres cas tels qu'ils puissent être, sans s'être fait préalablement autoriser par une délibération expresse de la Communauté, convoquée à cet effet, à peine de radiation de tous les frais qu'auroient occasionnés lesdits appels.

XI.

Les à-comptes qui pourront être payés aux Procureurs ou autres Officiers de Justice, sur les frais des Procès existans, ne seront alloués que sur le vû des mémoires & quittances détaillées qui fassent connoître la nature des affaires & les Tribunaux où elles seront pendantes ; & lorsque lesdits Procès seront terminés, le Juré comptable qui fera le dernier payement aux Procureurs ou autres Officiers de Justice, sera tenu de faire énoncer dans la quittance finale qui lui sera délivrée, les sommes qui auront été payées à compte sur lesdits frais, avec la date des payemens, & les noms de ceux par qui ils ont été faits, & de rapporter toutes les pièces dudit Procès : quant aux frais de consultations, aux honoraires d'Avocats, à ceux des Secrétaires, des Rapporteurs, & autres de cette nature qui ne peuvent être justifiés par des quittances, il y sera suppléé par des mandemens ou certificats signés de tous les Jurés & de six anciens au moins, à peine de radiation.

XII.

Les frais de Bureau, consistans dans le loyer du Bureau d'Assemblée, les gages du Clerc, la fourniture de bois, chandelle, papier, plumes, cire, encre, impression & autres menues dépensés, seront détaillés & justifiés par des quitances, ou par des mandemens signés des Jurés & de six anciens, & ne pourront, sous quelque prétexte que ce soit, excéder la somme de onze cent livres.

XIII.

Ne pourront les Jurés, conformément à l'Article V. du présent Réglement, porter dans la dépense de leurs comptes aucuns droits ni attributions sur les réceptions des Maîtres.

XIV.

Les frais de carrosses & sollicitations ne seront alloués dans la dépense des comptes, que lorsqu'ils auront été faits dans des cas urgens & indispensables, & qu'ils se trouveront détaillés & justifiés par des mandemens ou certificats signés de tous les Jurés & de six anciens au moins, & ne pourront excéder la somme de cent livres.

XV.

Les étrennes & autres faux frais ne seront pareillement alloués, qu'autant qu'ils seront détaillés & justifiés par des mandemens ou certificats, tels que ceux énoncés dans l'article ci-dessus, & ne pourront excéder la somme de trois cent livres.

XVI.

Les Jurés sortant de charge seront tenus de présenter leurs comptes à la fin de leur exercice, aux Jurés en charge, & aux anciens auditeurs & examinateurs nommés suivant l'usage; à l'effet d'être lesdits comptes par eux vûs, examinés & contredits si le cas y échet, & arrêtés en la maniere accoûtumée, au plus tard trois mois après l'exercice du comptable fini, & ce nonobstant tous usages, dispositions de statuts ou autres reglemens à ce contraires, auxquels Sa Majesté a dérogé & déroge expressément par le présent Arrêt : Et seront lesdits comptes ensemble les pieces justificatives, remis aux Jurés en charge, qui seront tenus de leur part de les remettre dans un mois au plus tard au Greffe du Bureau de la revision, pour être procédé à ladite revision, après laquelle lesdits comptes & pieces seront rendus auxdits Jurés en charge, pour les déposer dans leurs archives.

XVII.

XVII.

Dans le cas où le comptable seroit réputé en avance par l'arrêté de la Communauté, il ne pourra cependant être remboursé par son successeur, qu'après la revision de son compte, & que lesdites avances auront été constatées & arrêtées par les Sieurs Commissaires du Conseil à ce députés ; à peine contre le Syndic, Juré ou Receveur qui auroit fait ledit remboursement, d'en répondre en son propre & privé nom.

XVIII.

Et d'autant qu'il pourroit se trouver des Syndics ou Jurés qui ne seroient pas en état de dresser & transcrire eux-mêmes leurs comptes en la forme & maniere qu'ils doivent être, sans le secours de personnes capables à qui il est juste d'accorder un salaire raisonnable ; permet Sa Majesté à chacun desdits comptables d'employer chaque année dans la dépense de son compte la somme de soixante livres pour la façon & expédition d'icelui.

XIX.

Enjoint Sa Majesté aux Sieurs Commissaires du Bureau établi pour la liquidation des dettes des Corps & Communautés & revisions de leurs comptes, & au Sieur Lieutenant-Général de Police, de tenir la main, chacun en droit soi, à l'exécution du présent Réglement, qui sera enregistré à ladite commission, & transcrit sur le registre de la Communauté des Maîtres Cuisiniers-Traiteurs, pour être exécuté suivant sa forme & teneur.

Fait au Conseil d'État du Roi, Sa Majesté y étant, tenu à Versailles le vingt-neuf Avril mil sept cent quarante-neuf.

Signé, DE VOYER D'ARGENSON.

Enregistré au Greffe en exécution du Jugement du 4 Juillet 1749.

ARREST
DE LA COUR DE PARLEMENT,

RENDU entre PIERRE MORET, Maître Traiteur à Paris, d'une part ; & LES JURÉS ET COMMUNAUTÉ DES MAITRES TRAITEURS A PARIS, d'autre part, Appellans respectivement d'une Sentence de Police du Châtelet de Paris, du 21 Juin 1752, qui homologue une Délibération faite en l'assemblée générale de lad. Communauté des Maîtres Traiteurs, le 23 Novembre 1746; par lesquels Sentence & Arrêt, il est fait défense à tous Maîtres Traiteurs de faire le commerce & la profession de Traiteur ailleurs que dans les Maisons, Salles & Appartemens qu'ils occupent personnellement ; & de travailler de leur Profession, fournir chez les Marchands de Vin, Hôteliers, Cabaretiers, Aubergistes, & autres gens de bouche, qui ne sont pas Maîtres Traiteurs, sous les peines portées par ladite Sentence.

Du 6 Septembre 1752.

LOUIS par la grace de Dieu Roi de France & de Navarre: Au premier Huissier de notre Cour de Parlement, ou autre sur ce requis : Sçavoir faisons qu'entre Pierre Moret, maître Traiteur à Paris, Appellant de Sentence du Siege de la Police du Châtelet de Paris du 21 Juin dernier, demandeur en Requête du 22 Juillet aussi dernier, tendante à ce que l'appellation & ce dont étoit appel fussent mis au néant, émendant il fût ordonné que l'article 13 des nouveaux Statuts de la Communauté des Traiteurs de Paris, seroit exécuté selon sa forme & teneur: en conséquence la Sentence dont est appel, & la délibération homologuée par icelle, fussent déclarées nulles; ce faisant il fût maintenu & gardé dans le droit & possession où il étoit, conformément audit article 13 des Statuts de la Communauté des Traiteurs de Paris, d'entreprendre & faire tout ce qui dépend de sa profession dans toute l'étendue de la Prévôté & Vicomté de Paris, sans aucune exception; & les Jurés & Communauté des Traiteurs de Paris fussent condamnés en tous les dépens des causes d'appel & demandes, & Défendeur d'une part; & lesdits Jurés & Communauté des Traiteurs de la ville & fauxbourgs de Paris, Intimés Défendeurs, & Demandeurs en Requête du 5 Août aussi dernier, tendante à ce qu'ils fussent reçus Appellans de la Sentence dudit jour 21 Juin dernier, en ce qu'il est dit que tous Maîtres Traiteurs pourront, lorsqu'ils seront mandés chez les Bourgeois ou autres particuliers, y travailler de leur profession, pour le compte & par les ordres desdits Bourgeois & autres particuliers, & qu'on pourroit induire de cette disposition, s'il seroit permis aux Traiteurs de travailler chez les marchands de Vin, Cabaretiers, Hôteliers, Aubergistes, & autres gens de bouche: ce qui est contraire aux articles 25 & 26 des nouveaux Statuts des Traiteurs, enregistrés en notredite Cour le 29 Janvier 1664, & à l'article 4 de notre Déclaration du 15 Décembre 1704, enregistrée en notredite Cour le 14 Janvier 1705, qui défend à tous Maîtres Traiteurs de s'associer avec quelques personnes que ce puisse être, pour faire ladite profession, qu'avec les Maîtres seulement, & donneroit lieu à des contravations continuelles; ce faisant, l'appellation & ce dont étoit appel fussent au néant; émendant quant à ce, il fût ordonné que tous Maîtres Traiteurs pourroient, quand ils seroient mandés chez les Bourgeois & autres particuliers, y travailler de leur profession, pour le compte & par les ordres desdits Bourgeois & autres particuliers; sans néanmoins que lesdits Maîtres Traiteurs pussent travailler ni rien fournir chez les Marchands de Vin, Cabaretiers, Hôteliers, Aubergistes, & autres gens de bouche, qui ne sont point maîtres Traiteurs, sous les peines portées par ladite Sentence; & entant que touche l'appel interjetté par ledit Moret de la Sentence du 21 Juin dernier, sans avoir égard à sa Requête du 22 Juillet aussi dernier, dans laquelle il seroit déclaré non-recevable, ou dont en tout cas il seroit débouté, il fût pareillement déclaré non-recevable dans son appel, ou en tout cas l'appellation fût mise au néant : il fût ordonné qu'à cet égard ce dont étoit appel sortiroit son plein & entier effet, & ledit Moret fût condamné en l'amende & en tous les dépens ; qu'il fût ordonné que l'Arrêt qui interviendroit, ainsi que ladite Sentence, seroit enregistré sur le registre des délibérations de la Communauté desdits Traiteurs, pour servir de loi à l'avenir & être exécutés selon leur forme & teneur, d'autre part. Après que Simon, Avocat des Jurés Traiteurs, & Bidault, Avocat de Pierre Moret, ont été ouis ; ensemble Le Febvre d'Ormesson, pour notre Procureur-Général :

NOTREDITE COUR reçoit les Parties de Simon, entant que de besoin, Appellans de la Sentence du 21 Juin 1752, en ce qu'il est dit que tous Traiteurs pourront, lorsqu'ils seront mandés chez les Bourgeois & autres particuliers, y travailler ; tient l'appel pour bien relevé, faisant droit sur ledit appel, a mis & met l'appellation & ce dont est appel au néant ; émendant quant à ce, ordonne que tous Maîtres Traiteurs pourront, lorsqu'ils seront mandés chez les Bourgeois & autres particuliers, y travailler de leur profession, pour le compte & par les ordres desdits Bourgeois & autres particuliers, sans néanmoins que les Maîtres Traiteurs puissent travailler & fournir chez les Marchands de Vin, Hôteliers, Cabaretiers, Aubergistes, & autres gens de bouche, qui ne sont pas Maîtres Traiteurs, sous les peines portées par ladite Sentence ; & entant que touche l'appel interjetté par la Partie de Bidault, a mis & met l'appellation au néant, ordonne que ce dont est appel sortira son plein & entier effet, condamne la Partie de Bidault en l'amende de douze livres, & aux dépens ; ordonne que le présent Arrêt & la Sentence seront registrés sur le Registre de la Communauté des Traiteurs : Mandons mettre le présent à exécution. DONNÉ en Parlement, le 6 Septembre, l'an de grace mil sept cent cinquante deux, & de notre regne le trente-huitieme. Collationné. Signé, RIGNAS. Par la Chambre, YSABEAU.

Suit la teneur de ladite Sentence.

A TOUS ceux qui verront ces Présentes : Gabriel Jérôme de Bullion, Chevalier, Comte d'Esclimont, Maréchal des Camps & Armées du Roi, Prevôt de Paris, Salut : Faisons sçavoir que vû la Requête à nous présentée par les Jurés de présent en charge de la Communauté des Maîtres Traiteurs de cette ville, à ce qu'il nous plaise homologuer la Délibération prise en l'assemblée générale de leurdite Communauté, tenue en leur Bureau le 23 Novembre 1746, pour être ladite délibération exécutée selon sa forme & teneur, & en conséquence ordonner qu'aucuns Maitres de ladite Communauté ne pourront à l'avenir faire le commerce & la profession de Traiteur, si ce n'est dans les Maisons, Salles, & Appartemens par eux occupés personnellement, & non ailleurs, sous quelque prétexte que ce soit, à peine de mille livres d'amende contre les contrevenans, & de 300 livres de dommages & intérêts envers ladite Communauté ; ladite Requête signée Lefebvre, Procureur, au bas de laquelle est notre Ordonnance du 27 May dernier, & soit montré au Procureur du Roi : Vû aussi une expédition de ladite Délibération, signée Billeheu & Bontems, Notaires au Châtelet, par extrait du Registre des délibérations & réceptions des Maîtres, Jurés, Anciens, & Bacheliers de lad. Communauté, faisant mention du contrôle de ladite Délibération, fait sur ledit Registre le 16 Février 1747 : ensemble les Conclusions du Procureur du Roi ; Tout considéré. NOUS ordonnons que ladite Délibération du 23 Novembre 1746, demeurera homologuée, pour être exécutée selon sa forme & teneur, & néanmoins aux limitations & restrictions ci-après : Faisons défenses à tous Maitres de ladite Communauté, de faire le commerce & la profession de Traiteurs, ailleurs que dans les Maisons, Salles & Appartemens qu'ils occupent personnellement, à peine contre les contrevenans d'être condamnés en tels dommages & intérêts que de raison envers ladite Communauté, & en telle amende qu'il appartiendra ; & néanmoins pourront lesdits Maitres, lorsqu'ils seront mandés chez les Bourgeois & autres particuliers, y travailler de leur profession, pour le compte & par les ordres desdits Bourgeois & autres particuliers : Et sera notre présente Sentence, à la diligence des Jurés, imprimée & affichée par-tout ou besoin sera, & exécutée nonobstant opposition ou appellation quelconque, & sans y préjudicier. En témoin de quoi, Nous avons fait sceller ces Présentes. Donné par Messire Nicolas-René Berryer, Chevalier, Conseiller d'Etat, Lieutenant-Général de Police au Châtelet, le 21 Juin 1752. Collationné. *Signé*, VIMONT.

A la poursuite & diligence des Srs MOREAU, MINET *&* CHAURIN, *Jurés en Charge.*

ORDONNANCE DE POLICE,

QUI fait défenses à toutes personnes, de quelque qualité, sexe & condition qu'elles soient, masquées ou non masquées, de s'introduire par force dans les Assemblées ou Nôces qui se feront chez les Traiteurs & autres, de jour ou de nuit, à peine d'être punis comme Perturbateurs du repos public.

Du trente Janvier mil sept cinquante-quatre.

SUR ce qui Nous a été remontré par le Procureur du Roi, qu'il arrive fréquemment des querelles & des desordres chez les Marchands de Vin Traiteurs de la Ville & Faubourgs de Paris, à l'occasion des Violons, ou autres Instrumens que l'on a coûtume d'y avoir lors des repas & festins de Nôces, ou autres assemblées qui se font chez lesdits Traiteurs ; & que ces abus proviennent de ce que la plûpart des jeunes gens & tapageurs de nuit croyent être autorisés par un prétendu usage, principalement dans le tems du Carnaval, à entrer même de force, dans tous les lieux où il y a des Violons, ce qui trouble la tranquillité de ces assemblées ; que souvent même ils y obligent les Violons à jouer pendant toute la nuit, & exercent des violences contre les Traiteurs, leurs femmes, enfans, & garçons lorsqu'ils veulent s'y opposer & les congédier. Pourquoi requeroit que sur ce il fût incessamment par Nous pourvû. NOUS, faisant droit sur le Requisitoire du Procureur du Roi, faisons très-expresses inhibitions & défenses à toutes personnes de quelque état, sexe, qualité & condition qu'elles soient, masquées ou non masquées, qui n'auront point été invitées aux repas, festins de Nôces & assemblées qui se feront chez les Marchands de Vin Traiteurs, de jour ou de nuit, d'y entrer sous prétexte qu'il y a des Violons, & d'user d'aucunes violences pour s'y introduire, à peine d'être traités & poursuivis comme Pertubateurs du repos public, & à cet effet arrêtés & conduits en prison. Défendons aussi très-expressément aux Violons & autres Joueurs d'instrumens qui se trouveront dans lesdites assemblées, de jouer à la requisition desdits contrevenans, à peine de cent livres d'amende, & de plus grande, s'il y échoit. Enjoignons aux Traiteurs-Marchands de Vin chez lesquels il se commettra de pareilles contraventions, d'en avertir les Commissaires de leur quartier, ainsi que les Officiers du Guet, à l'effet de faire arrêter & conduire en prison ceux qui les auront commises, pour être jugés suivant la rigueur des Ordonnances, à peine contre les Traiteurs qui n'en auront pas donné avis, de deux cens livres d'amende pour la premiere fois, & de plus grande en cas de récidive. Mandons aux Commissaires du Châtelet, & enjoignons aux Officiers du Guet de tenir exactement la main à l'exécution de la présente Ordonnance, qui sera imprimée, publiée, & affichée par-tout où besoin sera, & notamment dans les Maisons, Salles, & Jardins des Maitres Traiteurs-Marchands de Vin, à ce que personne n'en prétende cause d'ignorance. Ce fut fait & donné par Nous NICOLAS-RENE' BERRYER, Chevalier, Conseiller d'Etat, Lieutenant-Général de Police de la Ville, Prevôté & Vicomté de Paris, le 30 Janvier 1754.

Signé, BERRYER, & MOREAU,

LEGRAS, *Greffier.*

L'Ordonnance ci-dessus a été lûe & publiée à haute & intelligible voix, à son de trompe & cry public, en tous les lieux ordinaires & accoutumés, par moi Henri de Valois, Juré-Crieur ordinaire du Roi, de la Ville, Prevôté & Vicomté de Paris, étendue & Banlieue de ladite Ville, Prevôté & Vicomté, & Huissier à cheval en son Châtelet de Paris, y demeurant rue & Place de la haute Vannerie, Paroisse Saint-Gervais, soussigné, accompagné de Louis-François

Ambezar, Jacques Hallot, & Claude-Louis Ambezar, Jurés Trompettes, le 6 Février 1754, à ce que personne n'en prétende cause d'ignorance, & affichée ledit jour esdits lieux. Signé, DE VALOIS.

ARREST
DE LA COUR DU PARLEMENT,

QUI déclare nulle l'Ordonnance de Police du 6 Septembre 1749, ordonne que les Statuts & Réglemens de la Communauté des Traiteurs seront exécutés selon leur forme & teneur ; en conséquence fait défenses au sieur Potherat, & à tous autres Maîtres de la Communauté des Traiteurs, tant anciens que modernes & jeunes, autres que les Jurés en charge, de faire des Visites chez lesdits Maîtres Traiteurs, & par-tout ailleurs, à peine de nullité desdites Visites, & de demeurer garans, en leur propre & privé nom, de toutes pertes, dépens, dommages & intérêts ; & condamne ledit Potherat en tous les dépens envers toutes les Parties.

Du 19 Juin 1756.

LOUIS, par la grace de Dieu, Roi de France & de Navarre : Au premier des Huissiers de notre Cour de Parlement, ou autre notre Huissier ou Sergent sur ce requis, sçavoir faisons : Qu'entre Martin Moreau, ancien Maître Traiteur à Paris, appellant d'une Ordonnance de Police du Châtelet de Paris du 6 Septembre 1749, aux fins de son acte d'appel du 20 Septembre 1754, & anticipé d'une part ; & Louis Potherat, aussi ancien Maître Traiteur, intimé, & anticipant aux fins des Arrêt & Exploit du 28 des même mois & an, d'autre part ;
&

& entre ledit Louis Potherat, demandeur en Requête du 29 Décembre 1755, tendante à ce que le défendeur ci-après nommé fût déclaré purement & simplement non-recevable dans son appel, ou en tout cas que l'appellation fût mise au néant, & ordonné que ce dont étoit appel sortiroit son plein & entier effet, & ledit défendeur ci-après fût condamné en l'amende, & aux dépens des causes d'appel & demande, & défendeur, d'une part; & ledit Martin Moreau, défendeur & demandeur en Requête du 5 Janvier dernier, tendante à ce que sans s'arrêter à la Requête & demande du sieur Potherat du 29 Décembre 1755, dans laquelle il seroit déclaré non-recevable, ou dont en tout cas il seroit débouté, l'appellation & ce dont étoit appel fussent mis au néant; émendant, il fût fait défenses au sieur Potherat de se transporter ni faire aucune visite chez aucun des Maîtres de la Communauté ni autres Particuliers que ce soit, à l'effet de constater les contraventions qui se commettoient aux Statuts & Réglemens de la Communauté, à peine de 3000 liv. d'amende, & de tous dépens, dommages & intérêts; au surplus, il fût ordonné que les Statuts & Réglemens de la susdite Communauté seroient exécutés selon leur forme & teneur, & ledit Potherat condamné en tous les dépens des causes principales, d'appel & demande, d'autre part: & entre ledit Louis Potherat, demandeur en Requête du 8 dudit mois de Janvier, à ce que sans s'arrêter à la Requête & demande du sieur Moreau du 5 dudit mois, dans laquelle il seroit déclaré non-recevable, ou dont en tout cas il seroit débouté, les conclusions par lui prises par sa Requête du 29 Décembre 1755 lui fussent adjugées, & le sieur Moreau condamné en tels dommages & intérêts qu'il plairoit à notredite Cour fixer, pour l'avoir troublé dans les fonctions de Commission qui lui avoit été déférée par l'audience du Lieutenant de Police, & en outre en tous les dépens des causes d'appel & demande, même en ceux de l'instance d'appointé à mettre, d'une part; & ledit Martin Moreau, défendeur, d'autre part: & entre les Jurés & Communauté des Maîtres Queulx-Cuisiniers-Traiteurs de cette Ville de Paris, demandeurs en Requête du 17 dudit mois de Janvier dernier, tendante à ce qu'ils fussent reçus Parties intervenantes dans les contestations pendantes en notredite Cour entre le sieur Martin Moreau, ancien Maître & Juré de la

H

Communauté des Traiteurs, d'une part, & le sieur Potherat, aussi Maître & ancien Juré de ladite Communauté, d'autre; sur l'appel interjetté par ledit sieur Moreau de l'Ordonnance du Lieutenant de Police du Châtelet de Paris du 6 Septembre 1749, qu'il lui fût donné acte de l'emploi du contenu en leur Requête pour moyens d'intervention; qu'il leur fût pareillement donné acte de ce qu'ils adhéroient à l'appel dud. Moreau; faisant droit sur ledit appel, que l'appellation & ce dont étoit appel fussent mis au néant; émendant, qu'il fût ordonné que les Statuts de la Communauté des Traiteurs, confirmés par Lettres Patentes du mois d'Août 1663, regiſtrées en notredite Cour le 14 Janvier 1705, & les Arrêts & Réglemens de notredite Cour, seroient exécutés selon leur forme & teneur; en conséquence que ladite Ordonnance de Police dud. jour 6 Sept. 1749, & tout ce qui auroit suivi, fuſſent déclarés nuls; il fut fait défenses audit sieur Potherat, & à tous autres de la Communauté des Traiteurs, tant anciens que modernes, jeunes & autres que les Jurés en charge, de faire des visites, tant chez les Maîtres Traiteurs, que par-tout ailleurs, à peine de nullité desdites visites, & de demeurer garants & responſables en leur propre & privé nom de toutes pertes, dépens, dommages & intérêts; qu'il fût ordonné que l'Arrêt qui interviendroit seroit transcrit sur le Regiſtre des délibérations de leur Communauté, & ledit sieur Potherat condamné en tous les dépens par lui faits à l'encontre de toutes les Parties, d'une part, & les sieurs Moreau & Potherat, défendeurs, d'autre part : & entre ledit Louis Potherat, demandeur en Requête du 20 Janvier dernier, tendante à ce que les Jurés & Communauté des Maîtres Traiteurs fussent purement & simplement déclarés non-recevables dans leur intervention & demande, ou en tout cas qu'ils en fussent déboutés; au surplus, que les conclusions par lui prises contre le sieur Moreau lui fussent adjugées, & que ce dernier & les Jurés en charge de la Communauté des Traiteurs fussent condamnés chacun à leur égard aux dépens, d'une part, & les Jurés en charge de la Communauté des Traiteurs & le Sr Moreau, défendeurs, d'autre part; & entre ledit Sr Moreau, demandeur en Requête du 22 dudit mois de Janvier, à ce qu'il lui fût donné Acte de ce qu'aux frais, risques, périls & fortunes dudit Sieur Potherat, il employoit pour fins de non-recevoir &

défenses à la demande & intervention desdits Jurés de la Communauté des Traiteurs le contenu en sa Requête, & de ce qu'à son égard il s'en rapportoit à la prudence de nôtredite Cour de statuer ce qu'elle jugeroit à propos sur la demande qui interviendroit desdits Jurés ; qu'il lui fût pareillement donné Acte de ce qu'il sommoit & dénonçoit audit Sieur Potherat ladite Requête & intervention desdits Jurés dudit jour 17 dudit mois de Janvier, à ce qu'il n'en ignore, & eût à y défendre, ainsi qu'il aviseroit bon être, & de ce qu'il contresommoit & dénonçoit auxdits Jurés leurs propres Requête & demande, ensemble la présente Requête, & que ledit Sieur Potherat fût condamné aux dépens, d'une part ; ledit Sieur Potherat & les Jurés & Communauté des Maîtres Traiteurs, défendeurs, d'autre part : & entre lesdits Jurés & Communauté des Traiteurs, demandeurs en Requête du 23 dudit mois de Janvier, & de ce qu'il leur fût donné Acte de ce que pour répliques aux prétendues fins de non-recevoir & défenses dudit Sieur Potherat ils employoient le contenu en leur Requête ; ce faisant, sans s'arrêter auxdites fins de non-recevoir, les conclusions par eux ci-devant prises leur fussent adjugées, & l'Arrêt qui interviendroit déclaré commun avec ledit Sieur Moreau, & le Sieur Potherat condamné en tous les dépens, même en ceux par eux faits contre toutes les Parties, d'une part ; & entre ledit Sieur Moreau, demandeur en Requête du 27 dudit mois de Janvier, à ce qu'il lui fût donné Acte de ce qu'aux frais, risques, périls & fortunes de qui il appartiendroit, il sommoit & dénonçoit au Sieur Potherat la Requête des Jurés Traiteurs du 23 du présent mois de Janvier, à ce qu'il n'en ignore, & eût à y défendre, ainsi qu'il aviseroit bon être, & de ce qu'il contresommoit & dénonçoit auxdits Jurés Traiteurs leur propre Requête & demande, ensemble la présente Requête ; ce faisant, que les conclusions par lui ci-devant prises lui fussent adjugées, & le Sieur Potherat condamné aux dépens, tant en demandant, défendant, que des sommations, dénonciations & contresommations, d'une part ; & ledit Sieur Potherat & les Jurés de la Communauté des Maîtres Traiteurs, défendeurs, d'autre part : & entre ledit Louis Potherat, demandeur en Requête du 29 dudit mois de Janvier, à ce qu'il lui fût donné Acte de ce que pour réponses aux prétendus moyens portés par la

Requête des Jurés en charge de la Communauté des Maîtres Traiteurs du 23 Janvier 1756, il employoit le contenu en sa Requête ; ce faisant, sans s'arrêter ni avoir égard à la demande y portée, dans laquelle ils seroient déclarés non-recevables, ou dont en tout cas ils seroient déboutés, qu'il lui fût donné Acte de ce qu'il sommoit & dénonçoit au Sieur Moreau les Requêtes des Jurés en charge dudit jour 23 Janvier, ensemble l'intervention & demande portée par leur Requête du 17 dudit mois, qu'il lui fût pareillement donné Acte de ce qu'il dénonçoit auxdits Jurés en charge les Requêtes dudit Moreau des 22 & 27 Janvier 1756 ; ce faisant, sans avoir égard auxdites Requêtes, dans lesquelles ledit Sieur Moreau seroit déclaré non-recevable, ou dont en tout cas il seroit débouté, les conclusions par lui prises tant contre ledit Moreau que contre lesdits Jurés en charge lui fussent adjugées, & que ces derniers fussent condamnés chacun à leur égard aux dépens, d'une part ; & le Sieur Moreau & les Jurés en charge & Communauté des Traiteurs, défendeurs, d'autre part. Après que Fouché, Avocat de Moreau, Duponchel, Avocat de Potherat, & Simon, Avocat de la Communauté des Maîtres Traiteurs ont été ouis, ensemble Joly de Fleury, pour notre Procureur Général : NOTREDITE COUR reçoit les Parties de Simon, parties intervenantes ; au principal, faisant droit sur leur intervention & demande, ensemble sur l'appel de la Partie de Duponchel, a mis & met l'appellation & ce dont est appel au néant ; émendant, déclare l'Ordonnance dont est appel & tout ce qui a suivi nuls, ordonne que les Statuts de la Communauté des Parties de Simon, Lettres Patentes, Arrêts & Réglemens de notredite Cour seront exécutés selon leur forme & teneur ; en conséquence, fait défenses à la Partie de Duponchel & à tous autres Maîtres de ladite Communauté des Traiteurs, tant anciens que modernes, & jeunes, autres que les Jurés en charge, de faire des Visites tant chez lesdits Maîtres Traiteurs que par-tout ailleurs, à peine de nullité desdites Visites, & de demeurer garans & responsables en leurs propres & privés noms de toutes pertes, dépens, dommages & intérêts, ordonne que le présent Arrêt sera transcrit sur le Registre des délibérations de la Communauté des Traiteurs, condamne ladite Partie de Duponchel en tous les dépens faits par toutes les Parties, même en ceux faits les tns à l'encontre des autres; & néanmoins faisant droit sur les conclusions de notre Procureur Général, enjoint aux Parties de Simon à veiller avec soin à l'observation des Statuts & Réglemens de leur Communauté pour les Traiteurs ou autres Artisans donnant à manger, sous telle peine qu'il appartiendra. Si mandons mettre le présent Arrêt à exécution. Donné en Parlement le dix-neuf Juin, l'an de grace mil sept cent cinquante-six, & de notre Regne le quarante-unieme. Collationné DE SOUBZLEMOUTIER. Par la Chambre. *Signé*, DUFRANC, avec paraphe.

ARREST
DE LA COUR DE PARLEMENT,

RENDU entre ANTOINE AUBRY, Maitre Traiteur à Paris, Appellant d'une Sentence de Police du Châtelet de Paris du 5 Septembre 1749, d'une part; & les JURE's de la Communauté des Maitres Traiteurs à Paris, d'autre part, & autres Maitres Traiteurs, Intervenans : Portant Réglement pour l'Election des Jurés de ladite Communauté des Maitres Traiteurs, & pour les Receptions des Maitres de ladite Communauté; & qui condamne lesdits Aubry & Consorts & ses Adhérans, en la moitié de tous les dépens.

Du 4 Septembre 1752.

NOTREDITE COUR, faisant droit sur le tout, a mis & met l'appellation & ce au néant; émendant, ordonne que les Statuts, Arrêts & Réglemens concernant la Communauté des Traiteurs de Paris, seront exécutés; & en conséquence qu'à l'avenir, lorsqu'il s'agira de procéder à l'élection des Jurés de ladite Communauté des Traiteurs, il ne sera mandé que les Jurés, les Doyens & Anciens, conjointement avec vingt-cinq Modernes & vingt-cinq jeunes Maitres, pris chacun à leur tour, suivant l'ordre du Tableau, & établis; comme aussi ordonne que dorénavant dans le nombre des quatre Jurés qui sont à la tête de la Communauté, il y en aura toujours deux pris nécessairement dans les simples Traiteurs, ne faisant point d'autre profession; & que les deux autres Jurés pourront être pris ou parmi les Traiteurs simples, les Marchands de vin Traiteurs, Pâtissiers-Traiteurs, & Rôtisseurs-Traiteurs: ensorte qu'à chaque élection qui se fait tous les ans de deux Jurés, il y en aura toujours un choisi nécessairement parmi les Traiteurs simples, & un autre qui sera pris alternativement dans les trois autres genres de Traiteurs, ou parmi les Traiteurs simples, si la Communauté le juge à propos; bien entendu que l'on ne pourra élire pour Jurés de ladite Communauté des Traiteurs, aucuns de ceux qui auront passé les charges dans les autres Communautés: Ordonne que les Jurés en charge seront tenus de faire parapher les Listes des élections par le Substitut de notre Procureur Général au Châtelet, pour constater ceux qui auront été de chaque élection, & ceux qui devront être de la suivante: Fait défense auxdits Jurés de recevoir à l'avenir aucun Maitre Traiteur, qu'il n'ait fait apprentissage de trois ans chez les Maitres, ou qu'il n'ait servi ledit tems de trois ans chez Nous, la Reine, les Princes & les Princesses & Magistrats de la Cour, dont sera rapporté des brevets d'apprentissage dûement enregistrés, ou des certificats authentiques de service en bonne forme; le tout conformément aux Statuts de ladite Communauté, & Lettres-Patentes de 1663, enregistrés en notredite Cour le 29 Janvier 1664: Enjoint auxdits Jurés & Communauté des Maitres Traiteurs de se retirer pardevers Nous le plûtôt que les affaires de la Communauté leur permettront, pour obtenir des Lettres-patentes portant renouvellement de leursdits Statuts, s'il Nous plait leur en accorder, & les présenter à notredite Cour, pour y être enregistrés si faire se doit: Sur le surplus des autres demandes, fins & conclusions, met les Parties hors de Cour; condamne Antoine Aubry & Consorts, ses Adhérans, chacun à leur égard & personnellement, en la moitié de tous les dépens des causes principale & d'appel, d'intervention & demandes envers lesdits Jurés & Communauté des Traiteurs, lesquels ledit Aubry ne pourra employer dans ses comptes de Jurande, l'autre moitié compensée: Et sera le présent Arrêt imprimé & transcrit sur le Registre de lad. Communauté. MANDONS mettre le présent à exécution; de ce faire te donnons-pouvoir. DONNE' en Parlement le 4 Septembre l'an de grace 1752, & de notre regne le 38ᵉ. Collationné, *Signé* RE-GNARD, avec paraphe. Par la Chambre, *Signé* YSABEAU. Signifié le 4 Octobre 1752 à Messieurs NERET & MOREAU J. Procureurs, & scellé le 7 Septembre 1752.

A la poursuite & diligence des sieurs MOREAU, MINET, MORET CHAURIN, *Jurés en charge.*

EXTRAIT des Registres du Parlement.

Du 24 Avril 1760.

VU par la Cour la requête présentée par les Jurés, Corps & Communauté des Maîtres Traiteurs de Paris, à ce qu'il plût à la Cour ordonner que la Délibération de la Communauté des Traiteurs de cette ville de Paris du 25 Octobre 1759, dûement controlée, sera homologuée, pour être ladite Déclaration, ensemble l'Arrêt de la Cour du 4 Septembre 1752, exécutée selon sa forme & teneur : Vû les pièces attachées à ladite Requête signée Lecoq, Procureur ; Conclusions du Procureur Général du Roi, oui le Rapport de Mᵉ Claude Tudert, Conseiller ; tout consideré : LA COUR, avant faire droit, ordonne que ladite Délibération du 25 Octobre 1759, & la Requête des Supplians seront communiqués au Lieutenant Général de Police, & au Substitut du Procureur Général du Roi au Châtelet de Paris, pour donner leur avis sur l'homologation requise, pour, ledit avis rapporté & communiqué au Procureur Général du Roi, être par lui pris telles Conclusions qu'il appartiendra, & par la Cour ordonné ce que de raison. FAIT en Parlement le vingt-quatre Avril mil sept cent soixante. Collationné, *Signé*, LESEIGNEUR. *Signé*, DUFRANC.

EXTRAIT des Registres du Châtelet.

Du 4 Juillet 1760.

VU par Nous ANTOINE-RAIMOND-JEAN-GUALBERT-GABRIEL DE SARTINE, Chevalier, Conseiller du Roi en tous ses Conseils, Maître des Requêtes ordinaire de son Hôtel, Lieutenant Général de Police de la Ville, Prevôté & Vicomté de Paris ; & CLAUDE-FRANÇOIS-BERNARD MOREAU, Chevalier, Conseiller du Roi en ses Conseils, Procureur de Sa Majesté au Châtelet de Paris, premier Juge Conservateur des Privileges des Corps des Marchands, Arts, Métiers, Maîtrises & Jurandes de la Ville, Faubourgs & Banlieue de Paris, la Délibération faite en l'Assemblée des Jurés, Doyen, Anciens & Communauté des Maîtres Traiteurs de cette Ville, convoquée en leur Bureau en la manière ordinaire le 25 Octobre 1759, ladite Délibération dûement controllée & extraite des Registres de ladite Communauté par Caron & son Confrere, Notaires à Paris, le 21 Avril 1760, & l'Arrêt de la Cour du 24 Avril dernier, par lequel elle nous ordonne de donner notre avis sur ladite Délibération.

Pour satisfaire audit Arrêt :

NOUS avons l'honneur d'observer à la Cour, qu'après avoir pris communication des dispositions de ladite Délibération, nous n'y avons rien trouvé qui ne soit propre à entretenir le bon ordre & la police dans cette Communauté, & à y maintenir de plus en plus l'exécution du Réglement que la Cour a jugé à propos de faire par son Arrêt du 4 Septembre 1752, concernant l'élection des Jurés de ladite Communauté.

Par ces considérations, notre avis est, sous le bon plaisir de la Cour, que ladite Délibération peut être homologuée, pour être exécutée selon sa forme & teneur. FAIT le 4 Juillet 1760, *Signé*, DE SARTINE & MOREAU, en la minute des Présentes.

ARREST

ARREST
DE LA COUR DE PARLEMENT,

Qui homologue la Délibération des Maîtres Traiteurs de la Ville, Fauxbourgs & Banlieue de Paris, du 25 Octobre 1759.

Du 15 Juillet 1760.

LOUIS, par la grace de Dieu, Roi de France & de Navarre : Au premier Huissier de notre Cour de Parlement, ou autre notre Huissier ou Sergent sur ce requis, Sçavoir faisons que : Vu par notredite Cour la Requête présentée par les Jurés, Corps & Communauté des Maîtres Traiteurs à Paris, à ce que, sur l'avis du Lieutenant de Police & du Substitut du Procureur Général du Roi au Châtelet de Paris, du 4 du présent mois de Juillet, par eux donné en exécution de l'Arrêt de notredite Cour du 24 Avril dernier, il fût ordonné que la Délibération de la Communauté des Traiteurs de cette ville de Paris, du 25 Oct. 1759, dûement contrôlée le 30 dudit mois d'Octobre par Blondelu, & extraite du Registre des Délibérations de ladite Communauté, & dont copie jointe à ladite Requête est signée & collationnée par Caron & Dupré, Notaires, seroit homologuée, pour être ladite Délibération, ensemble l'Arrêt de notredite Cour du 4 Septembre 1752, exécutés selon leur forme & teneur, & l'Arrêt qui interviendroit enregistré & transcrit sur le Registre des Délibérations de ladite Communauté : Vu aussi les piéces attachées à ladite Requête signée Lecoq Procureur.

Suit la teneur de la Délibération.

Du 25 Octobre 1759, en l'Assemblée des sieurs Jurés, Doyen, Anciens & Communauté des Maîtres Traiteurs de Paris, convoqués en leur Bureau, place de Greve, par mandats en la maniere ordinaire, deux heures de relevée.

Sur ce qui a été représenté par les sieurs Jurés en charge, que par l'Arrêt rendu le 4 Septembre 1752 entre le sieur Aubry, l'un des anciens Jurés, & Consorts & la Communauté des Traiteurs, portant Réglement au sujet de l'élection des Jurés de ladite Communauté, il a été ordonné qu'il ne seroit mandé que les Jurés, Doyen & Anciens conjointement avec vingt-cinq modernes & vingt-cinq jeunes Maîtres pris chacun à leur tour, suivant l'ordre du Tableau, & établis ; que dans le nombre des Jurés de ladite Communauté il y en aura toujours deux pris nécessairement dans les simples Traiteurs ne faisant point d'autre profession ; & que les autres Jurés pourront être pris ou parmi les Traiteurs simples, les Traiteurs-Marchands de vin, les Traiteurs-Pâtissiers, & les Traiteurs Rôtisseurs : ensorte qu'à chaque élection qui se fait tous les ans des deux Jurés, il y en aura toujours un choisi nécessairement parmi les Traiteurs simples, & un autre qui sera pris alternativement dans les trois autres genres des Traiteurs, ou parmi les Traiteurs simples, si la Communauté le juge à propos ; & que l'on ne pourra élire pour Jurés de ladite Communauté aucun de ceux qui auront passé les charges dans les autres Communautés ; que toutes ces dispositions de l'Arrêt n'ont tendu qu'à procurer l'égalité entre les quatre différentes classes des Maîtres qui composent la Communauté, en donnant cependant la préférence à ceux qui ne sont que simples Traiteurs, & ne sont point attachés à d'autre Corps ; & en même tems à procurer à chacun des quatre Corps l'égalité de voix pour l'élection des Jurés : mais que d'un côté, loin que cette égalité de voix se trouve, il est arrivé tout le contraire par le grand nombre des Maîtres de la Communauté, qui sont en même tems Rôtisseurs, lesquels se sont toujours trouvés être les plus nombreux de chaque élection ; ensorte que depuis cet Arrêt, à l'élection du 19 Oct. 1752, il s'est trouvé parmi les cinquante jeunes & modernes, vingt-un Traiteurs-Rôtisseurs contre huit Traiteurs-Pâtissiers, neuf Traiteurs simples, & douze Traiteurs-Marchands de vin ; dans celle du seize Octobre 1753, il s'est trouvé trente Traiteurs-Rôtisseurs contre sept Traiteurs-Pâtissiers, cinq Traiteurs simples & huit Traiteurs-Marchands de vin ; à celle du 17 Octobre 1754, il s'est trouvé vingt-trois Traiteurs-Rôtisseurs contre quatre Traiteurs-Pâtissiers, dix Traiteurs-Marchands de vin, & seize Traiteurs simples; à celle du 17 Octobre 1755, il s'est trouvé vingt Traiteurs-Rôtisseurs contre treize Traiteurs simples, dix Traiteurs-Pâtissiers & sept Traiteurs-Marchands de vin; à celle du 21 Octobre 1756, il s'est trouvé dix-neuf Traiteurs-Rôtisseurs contre sept Traiteurs simples, onze Traiteurs-Pâtissiers & treize Traiteurs-Marchands de vin; à l'élection du 19 Octobre 1757, il s'est trouvé quinze Traiteurs-Rôtisseurs, douze Traiteurs-Pâtissiers, treize Traiteurs simples & dix Traiteurs-Marchands de vin; à celle du 19 Octobre 1758, vingt-un Traiteurs-Rôtisseurs, neuf Traiteurs-Pâtissiers, onze Traiteurs simples & neuf Traiteurs-Marchands de vin; & à celle du 22 Octobre 1759, vingt-deux Traiteurs-Rôtisseurs, quatre Traiteurs-Pâtissiers, quatorze Traiteurs simples & douze Traiteurs-Marchands de vin. D'un autre côté, comme par cet Arrêt il est ordonné que les vingt-cinq modernes & les vingt-cinq jeunes Maîtres, qui doivent être appellés aux élections, seront pris chacun à leur tour, suivant l'ordre du Tableau, quand la colonne des modernes étoit finie, on a été obligé de recommencer cette colonne par la tête, & de même à l'égard de celle des jeunes; mais celle-ci étant de moitié plus nombreuse, les modernes se trouvent nécessairement devoir être des élections deux fois contre les jeunes une seule fois; & cette colonne des modernes étant à présent de cent quarante-deux Maîtres dont il y en a soixante-onze Rôtisseurs, ce qui fait moitié juste, il est sensible que le Corps des Rôtisseurs sera toujours dominant aux élections; & comme le vœu de l'Arrêt, en fixant le nombre de ceux qui doivent être des élections, à cinquante, tant modernes que jeunes Maîtres, n'a pu être autre, sinon que ces cinquante voix fussent égales entre les quatre classes dont la Communauté est composée, c'est-à-dire douze par chaque Corps, les sieurs Jurés demandent l'avis de la Communauté.

La matiere mise en délibération, il a été arrêté que, pour se conformer au vœu de l'Arrêt du Parlement du 4 Septembre 1752, rétablir l'égalité des voix lors des élections, & prévenir les cabales qui se font annuellement lors d'icelles, les vingt-cinq modernes & vingt-cinq jeunes Maîtres, qui, suivant cet Arrêt, doivent concourir à l'élection des Jurés avec les Jurés en charge, Doyen & anciens Jurés de ladite Communauté, seront pris chacun à leur tour, suivant l'ordre du Catalogue, dans le nombre de ceux qui sont établis, mais qu'il y en aura toujours quatorze pris dans la classe des Traiteurs simples, douze dans celle des Traiteurs-Marchands de Vin, douze dans celle des Traiteurs-Rôtisseurs, & douze dans celle des Traiteurs-Pâtissiers ; qu'à cet effet, lorsqu'on fera les listes de ces cinquante Maîtres, & à commencer de l'élection prochaine, il sera choisi quatorze Traiteurs simples établis, de suite suivant le Catalogue, en sautant par-dessus ceux d'une autre classe qui pourroient interrompre ce nombre ; il sera choisi de même douze Traiteurs-Marchands de vin établis, de suite suivant le Catalogue, en sautant aussi par-dessus ceux d'une autre classe qui interromproient ce nombre ; & qu'il en sera fait de même pour les Traiteurs-Rôtisseurs au nombre de douze, & pour les Traiteurs-Pâtissiers aussi au nombre de douze ; & qu'aux élections suivantes les listes de ces cinquante Maîtres seront faites dans la forme ci-dessus, en commençant par ceux par-dessus lesquels il aura été sauté, & en les remettant par ordre du Catalogue dans leur classe & dans le nombre, en la forme ci-dessus, c'est-à-dire de quatorze dans la classe des Traiteurs simples, douze dans la classe des Traiteurs-Marchands de vin, douze dans celle des Traiteurs-Rôtisseurs, & douze dans celle des Traiteurs-Pâtissiers, toujours en sautant par-dessus ceux qui interromproient le nombre ci-dessus, lesquels seront pris d'année en année, & insérés dans le nombre de la classe dont ils sont, & suivant l'ordre du Catalogue.

Et pour faire homologuer la présente Délibération, les sieurs Jurés en charge & leurs successeurs sont autorisés à se pourvoir, tant au Parlement que par-tout où besoin sera, & de faire à ce sujet toutes avances & déboursés nécessaires qui leur seront alloués dans leurs comptes.

Fait & délibéré les jour & an que dessus. *Signé*, Lambert, Mondamer, Marcille, J. L. Rouard, Charmois, F. Payen, Trotereau, N. Joly, Godefroy, Aubry, Breuzard, Armandy, Drié, Avanda, Mongenot, Desclairs, Doly, Montabon, Francière, Cottereau, Claussin, Thévenin, Potherat, Orjou, Buisson, & Courteille. Contrôlé à Paris le 30 Octobre 1759, reçu 14 sols. *Signé*, Blondelu.

Collationné par les Conseillers du Roi, Notaires au Châtelet de Paris soussignés, sur l'original étant au Registre des Délibérations desdits Maîtres Traiteurs, ledit Registre représenté & rendu cejourd'hui 21 Avril 1760. *Signé*, Dupré & Caron, avec paraphes.

Conclusions du Procureur-Général du Roi ; oui le Rapport de Me Claude Tudert, Conseiller ; tout considéré : NOTREDITE COUR a homologué & homologue ladite Délibération, pour être, ensemble l'Arrêt de notredite Cour du 4 Septembre 1752, exécutés selon leur forme & teneur ; ordonne que le présent Arrêt sera enregistré & transcrit sur le Registre des Délibérations de ladite Communauté. Mandons mettre le présent Arrêt à exécution. Donné en notredite Cour de Parlement le quinze Juillet l'an de grace mil sept cent soixante, & de notre Régne le quarante-cinquieme. Collationné, REGNAUD. Par la Chambre DUFRANC.

A la poursuite & diligence des sieurs LAMBERT, MONDAMER, MARCILLE, *&* ROUARD, *Jurés en charge.*

ARREST
DU CONSEIL D'ÉTAT DU ROI,

Du 17 Mai 1706.

QUI annulle un Privilége de Traiteur à la suite du Grand Conseil.

Extrait des Registres du Conseil Privé.

SUR la Requête présentée au Roi en son Conseil par les Jurés de la Communauté des Maîtres Queulx, Cuisiniers, Portes-Chapes & Traiteurs de la Ville & Fauxbourgs de Paris ; contenant, que le Grand Conseil ayant voulu s'attribuer le droit de nommer à sa suite des Artisans dans chacune des Communautés, elles se sont pourvues au Conseil de Sa Majesté, où elles ont obtenu plusieurs Arrêts qui ont cassé ceux du Grand Conseil, en vertu desquels les Particuliers vouloient exercer des

Métiers dans la Ville & Faubourgs de Paris, parce que le Grand Conseil n'a aucun titre ni droit, pour former de son autorité de pareils Etablissemens: il y a eu un Arrêt du Conseil du vingt-trois Février 1683, rendu sur la Requête de la Communauté des Tailleurs, par lequel Sa Majesté a cassé, revoqué & annullé un Arrêt du Grand Conseil du quinze Juin précedent, en vertu duquel le nommé Fissé prétendoit avoir droit d'exercer le Métier de Tailleur à la suite du Grand-Conseil; & en conséquence il a été fait défenses audit Fissé, de faire l'exercice dudit Métier de Tailleur, à peine de cinq cent livres d'amende, déclarée encourue en cas de contravention. Les Supplians rapportent encore un Arrêt du 10 Octobre 1687, rendu sur la Requête de la Communauté des Maîtres Perruquiers, qui casse pareillement un prétendu Privilege de Perruquier à la suite du Grand-Conseil, avec défenses au nommé Lestivé qui l'avoit obtenu, de s'en servir: dans ce dernier Arrêt, il est fait mention de plusieurs autres rendus au Conseil, par lesquels Sa Majesté a toujours cassé les Arrêts & Privileges du Grand-Conseil; aussi il a voulu entreprendre d'établir à sa suite des Particuliers pour faire le Métier des Corps & Communautés: cependant le Grand Conseil voulant continuer ses entreprises à l'égard des Supplians, a rendu un Arrêt le 19 Mars dernier, par lequel il a reçu Louis Hebert, Cuisinier-Potager, Privilegié à sa suite: Par le même Arrêt il est permis audit Hebert de tenir Boutique ouverte en cette Ville de Paris & par-tout ailleurs, avec défenses à toutes personnes de le troubler, à peine de cinq cent livres; & en cas de trouble, le Grand-Conseil s'en reserve la connoissance: Hebert a fait signifier aux Supplians ledit Arrêt par exploit du 26 Mars dernier; cet exploit oblige les Supplians de se pourvoir pour demander la cassation dudit Arrêt du Grand-Conseil & Privilege dudit Hebert. 1°. Le Grand-Conseil n'a aucun titre ni droit pour établir des Marchands Privilegiés à sa suite, c'est une entreprise qui a toujours été réprimée, quand les Communautés en ont porté leurs plaintes au Conseil d'Etat. 2°. Les Supplians demandent la même justice qui a été accordée aux autres Commmunautés, entr'autres par les deux Arrêts du Conseil des 23 Juillet 1683, & 10 Octobre 1687. 3°. Les Supplians ne peuvent se pourvoir ailleurs qu'au Conseil d'Etat, qui a l'autorité pour casser les Arrêts du Grand Conseil. A CES

CAUSES, SIRE, requéroient les Supplians qu'il plaise à Votre Majesté, casser, révoquer & annuller l'Arrêt du Grand Conseil du 19 Mars dernier, le prétendu Privilege dudit Hebert ; en conséquence lui faire défenses de s'en servir & de tenir Boutique ouverte, à peine de cinq cent livres d'amende, qui sera déclarée encourue à la premiere contravention, & condamner ledit Hebert aux frais & coût de l'Arrêt qui interviendra sur la présente Requête, liquidés à la somme de trente-deux livres, non compris le droit de contrôle. VU ladite Requête signée DESMARESTS, Avocat de ladite Communauté ; l'Arrêt du Grand Conseil du 19 Mars dernier, l'Exploit de signification qui en a été fait le 26 du même mois, les Arrêts du Conseil d'Etat du 23 Juillet 1683, & 10 Octobre 1687, & tout ce qui a été mis pardevers le sieur Laugeois, Conseiller du Roi en ses Conseils, Maître des Requêtes ordinaires de son Hôtel, Commissaire à ce député ; & tout consideré, LE ROI EN SON CONSEIL, ayant égard à la Requête, sans s'arrêter à l'Arrêt du Grand-Conseil du 19 Mars 1706, ni au Privilege porté par icelui, fait défenses audit Hebert de s'en servir ni de tenir Boutique ouverte en vertu d'icelui : condamne ledit Hebert aux dépens du présent Arrêt, liquidés à trente-deux livres, non compris le droit du contrôle. FAIT au Conseil d'Etat privé du Roi, tenu à Versailles le dix-septième jour de Mai mil sept cent-six. Collationné. *Signé*, DUBUC.

A la requête des Jurés-Gardes de la Communauté des Maîtres Queulx-Cuisiniers-Portes-chappes & Traiteurs de la Ville & Fauxbourgs de Paris, qui ont élû leur domicile en la Maison de Maître François Desmarests, leur Avocat au Conseil, demeurant rue du Jour, Paroisse saint Eustache, soit sommé & interpellé Louis Hebert en son domicile, rue de l'Arbre-Sec, de fermer sa Boutique, conformément à l'Arrêt du Conseil ci-dessus ; sinon, & à faute de ce faire, proteste de se pourvoir par toutes voyes dûes & raisonnables pour l'y faire contraindre, conformément audit Arrêt du Conseil, le sommant & interpellant en outre de payer & rembourser auxdits sieurs Jurés la somme de trente-deux livres d'une part, pour les frais & coût du présent Arrêt, & quatre livres pour le droit de contrôle, portées par icelui Arrêt, faute dequoi il y sera contraint par toutes voyes dûes & raisonnables, à ce qu'il n'en ignore. Dont Acte.

Le 22 Mai 1706, à la requête de la Communauté des Maitres Traiteurs de Paris, le présent Arrêt du Conseil a été signifié, & d'icelui laissé copie, ensemble de l'Acte étant ensuite, aux fins y contenues, audit Louis Hebert y nommé, en son domicile à Paris, rue de l'Arbre-Sec, parlant à sa femme, à ce qu'il n'en ignore, & ait à y satisfaire. Par nous Huissier ordinaire du Roi en ses Conseils.

Signé, JARY.

Le présent Arrêt obtenu du tems de Gaspard Bondal, Guillaume Mahuet, Martin Guibert & Hilaire Cheriot, Jurés en charge de ladite Communauté.

ARREST
DU CONSEIL D'ÉTAT DU ROI,
Du 17 Janvier 1707.

QUI déboute le Sieur Hebert de l'opposition par lui formée à l'Arrêt du Conseil du 17 Mai 1706, qui avoit annullé un Privilége de Traiteur à la suite du Grand Conseil.

Extrait des Registres du Conseil d'Etat Privé du Roi.

VU au Conseil du Roi les Requêtes qui ont été présentées par Louis Hebert, Maître Rotisseur à Paris, & Marchand Cuisinier-Potager, Privilégié suivant la Cour & le Grand Conseil, d'une part; les Jurés de la Communauté des Bacheliers, Maitres Queulx, Cuisiniers, Porte-chapes & Traiteurs de la Ville, Fauxbourgs & Banlieue de Paris, d'autre part : celle dudit Hebert tendante pour les causes y contenues, à ce qu'il plaise à Sa Majesté le recevoir opposant à l'exécution de l'Arrêt du Conseil du dix-sept Mai 1706, faisant droit sur son opposition, débouter les Cuisiniers-Traiteurs de Paris des conclusions

sions qu'ils ont prises dans la Requête insérée audit Arrêt, avec dépens, sauf à eux à se pourvoir au Grand-Conseil contre l'Arrêt du dix-neuf Mars 1706 par les voyes ordinaires, ladite Requête signée Hebert, & Baisé Avocat au Conseil ; au bas est un Acte de donné copie de ladite Requête à Me Desmarests Avocat desdits Jurés Cuisiniers-Traiteurs de Paris. Signification du 29 Mai 1706. Requête desdits Jurés de la Communauté des Cuisiniers-Traiteurs de Paris, tendante pour les causes y contenues, à ce qu'il plaise à Sa Majesté leur donner acte de ce que, pour réponse à la Requête d'opposition dudit Hebert du 29 Mai, ils employent le conténu en ladite Requête ; ce faisant, sans avoir égard à l'opposition dudit Hebert, le déclarer non-recevable & mal-fondé en ladite opposition par lui formée audit Arrêt, avec dépens ; ladite Requête signée Desmarests Avocat au Conseil. Acte au bas de donné copie d'icelle, & la signification d'icelle du 31 du même mois de Mai 1706. Acte du même jour 31 Mai 1706, par lequel l'Avocat de ladite Communauté des Cuisiniers-Traiteurs de Paris, a déclaré à celui dudit Hebert, qu'il donneroit sa Requête pour faire commettre un Rapporteur en l'Instance d'opposition d'entre les Parties. Requête desdits Jurés de la Communauté des Cuisiniers-Traiteurs de Paris, au bas de laquelle est l'Ordonnance du Conseil du 7 Juin 1706, qui commet le sieur Rioult Douilly, Conseiller du Roi en ses Conseils, Maitre des Requêtes ordinaires de son Hôtel, pour Rapporteur de ladite Instance d'opposition. Signification du 8 du même mois de Juin. Arrêt du Conseil du 17 Mai 1706, intervenu sur la Requête desdits Jurés de la Communauté des Maitres Cuisiniers-Traiteurs de la Ville de Paris, auquel ledit Hebert a formé opposition ; par lequel Sa Majesté ayant égard à la Requête, sans s'arrêter à l'Arrêt du Grand-Conseil du 19 Mars 1706, ni au Privilége porté par icelui, fait défenses audit Hebert de s'en servir, ni tenir Boutique ouverte en vertu d'icelui, & le condamne aux dépens dud. Arrêt, liquidés à trente-deux livres. Signification dudit Arrêt audit Hebert, du vingt-deux du même mois de Mai 1706. Inventaire de production. Piéces & Ecritures des Parties. Démission faite par Jean Faucher Notaire à Paris, le douze Mars 1706, de la place de marchand Cuisinier-Potager suivant la Cour & le Grand-Conseil, en faveur de Louis Hebert, maitre

Rôtisseur à Paris. Requête dudit Hebert présentée au Grand-Conseil, aux fins d'être reçû en la place de marchand Cuisinier-Potager à la suite de la Cour & du Conseil, en la place dudit Feucher, en conséquence de la démission faite en sa faveur: Ordonnance au bas de *soit montré*, & les conclusions du Sieur Procureur-Général de sa Majesté audit Grand-Conseil, qu'il n'empêche; à la charge par ledit Hebert de rendre service actuel à la suite du Conseil, à peine de déchéance de son Privilége. Arrêt du Grand-Conseil du 19 Mars 1706, qui reçoit ledit Hebert en ladite place de Cuisinier-Privilégié à la suite du Grand-Conseil, au lieu & place dudit Feucher, pour en jouir & des Priviléges y attribués, tenir Boutique ouverte à Paris, & par-tout ailleurs où ledit Conseil fera sa résidence; à la charge de rendre service audit Conseil, & de ne désemparer, à peine de déchéance dudit Privilége: fait défenses à toutes personnes de l'y troubler, à peine de cinq cent livres d'amende, dépens, dommages & intérêts; & en cas de trouble, lui permet de faire assigner audit Grand-Conseil. Signification dudit Arrêt à la Requête dudit Hebert au sieur Goredal, maitre Cuisinier-Pâtissier à Paris, à présent en charge, à ce qu'il n'ait à troubler ledit Hebert sur les peines dudit Arrêt du 26 Mars 1706. Extrait non signé ni certifié, contenant une Liste de tous les Officiers & Artisans qui jouissent des places de leurs Arts & Métiers, auxquelles ils ont été reçûs par ledit Grand-Conseil depuis 1675 jusqu'en 1703. Arrêt du Grand-Conseil du 20 Septembre 1652, qui reçoit Pierre Gille pour son Cuisinier. Certificat du Greffier du Grand-Conseil, du 24 Septembre 1652, comme ledit Gille s'étoit rendu en la Ville de Mantes pour le Service du Grand-Conseil. Sentence de la Prevôté de l'Hôtel du 4 Décembre 1652, qui enregistre l'Arrêt du Grand-Conseil du 20 Septembre précédent, qui avoit nommé ledit Gille pour Cuisinier-Potager. Signification faite le 9 Mai 1655 à la Requête dudit Gille, desdits Arrêts du Grand-Conseil; & Sentence de la Prevôté de l'Hôtel à la Communauté des maitres Cuisiniers-Traiteurs de Paris. Arrêts du Grand-Conseil du 13 Mars 1657, qui ordonne que ledit Gille jouira de la place de Cuisinier, & le nommé de Lavie, de celle de Rôtisseur à la suite du Grand-Conseil. Démission faite le 2 Avril 1657 par ledit Gille, de sa place de Cuisinier-Privilégie à la suite du

Grand-Conseil, en faveur de Jacques Feucher. Requête présentée au Grand-Conseil par ledit Feucher, pour être reçu au lieu dudit Gille. Ordonnance de *soit montré au Procureur Général*, du 4 Avril 1657 & ses conclusions, qu'il ne l'empêche point, à la charge de rendre service actuel, à peine de déchéance de son Privilége & place de Cuisinier. Arrêt du Grand-Conseil du 14 Avril 1657, qui reçoit ledit Feucher en lad. place de Cuisinier-Privilégié au lieu dudit Gille, pour en jouir & des Priviléges y attribués, de tenir Boutique ouverte & travailler, tant dans la Ville de Paris, que par-tout ailleurs où le Grand-Conseil tiendra sa séance, à la charge de rendre service actuel à la suite dudit Grand-Conseil, à peine de déchéance de son Privilége. Sentence de la Prévôté de l'Hôtel du 17 Avril 1657, d'enregistrement dudit Arrêt du Grand-Conseil. Exploit de signification faite le 28 Avril 1657 à la Requête dudit Feucher, dudit Arrêt du Grand-Conseil ; & Sentence de la Prévôté de l'Hôtel à la Communauté des Maîtres Cuisiniers-Traiteurs de Paris. Arrêt du Grand-Conseil du 24 Mai 1657, rendu sur la Requête dudit Feucher, afin d'assigner les Jurés Cuisiniers de Paris, & que les choses sur lui saisies lui seroient rendues. Autre Arrêt dudit Grand-Conseil du 29 Mai 1657, rendu sur la Requête dudit Feucher, qui casse une Sentence du Châtelet de Paris, & le décharge de l'assignation qui lui avoit été donnée à la Requête desdits Jurés Traiteurs de Paris. Significations des 30 Mai & premier Juin 1657. Démission faite le huitiéme Juin 1685 par ledit Feucher de sadite place de Marchand Cuisinier-Potager & Privilegié suivant la Cour & le Grand-Conseil, en faveur de Jean Feucher son fils. Requête dudit Jean Feucher au Grand-Conseil, afin d'être reçû à la place de son pere. Ordonnance au bas du Procureur Général, portant qu'il n'empêche. Arrêt du Grand-Conseil du 8 Août 1685, qui reçoit ledit Jean Feucher à la place de son pere. Signification dudit Arrêt à la Communauté des Maîtres Cuisiniers de Paris, du 23 du même mois de Mars 1685, qui autorise les Statuts de la Communauté des Maîtres Traiteurs-Porte-Chapes & Cuisiniers de la Ville & Fauxbourgs de Paris. Copie de Sentence du Châtelet de Paris du 24 Mars 1599, portant enregistrement desdits Statuts & Lettres-Patentes. Copie d'autres Lettres-Patentes du 28 Novembre 1599 adreſſantes au Parlement de Paris, afin d'y faire enregiſtrer les Statuts de ladite Communauté des Maîtres Traiteurs-Porte-Chapes de Paris. Copie d'autres Lettres-Patentes du mois de Décembre 1612, portant confirmation deſdits Statuts deſdits Cuiſiniers-Traiteurs-Porte-Chapes de Paris, en conſéquence d'une ſeconde finance par eux payée. Autre copie de Lettres-Patentes du mois de Juin 1645, portant confirmation des Statuts de ladite Communauté des Traiteurs de Paris. Imprimé de nouveaux Statuts augmentés & interpretés pour ladite Communauté des Jurés, Anciens & Bacheliers, Maîtres Queulx, Cuiſiniers-Porte-chapes & Traiteurs de Paris; enſuite eſt l'Avis des Lieutenant Civil & Procureur du Roi au Châtelet de Paris, que ſous le bon plaiſir du Roi elles peuvent être accordées, du 9 Juillet 1663. Lettres-Patentes du mois d'Août 1663, qui confirment leſdits Statuts enregiſtrés au Parlement le 29 Janvier 1664, ſuivant l'Arrêt du même jour. Déclaration du Roi du 4 Juillet 1693, qui réunit à la Communauté deſdits Traiteurs-Cuiſiniers de Paris, les Offices de Jurés de leur Communauté, créés par Edit du mois de Mars 1661, en payant par eux la ſomme de trois mille livres, & les confirme dans leurs Droits & Priviléges accordés par les precedentes Lettres Patentes. Arrêt du Parlement du 12 Juillet 1693, portant enregiſtrement de ladite Déclaration. Quittance de Finance de trois mille livres, payée par ladite Communauté pour la réunion deſdits Offices de Jurés du 5 Août 1693. Arrêt du Conſeil du premier Mai 1703, qui réunit à la Communauté deſdits Traiteurs de Paris, les Offices de Tréſorier, Receveur & Payeur de leurs deniers communs, en payant trois mille livres. Déclaration du Roi du 15 Décembre 1704, portant confirmation de nouveaux Articles aux Statuts de ladite Communauté des Traiteurs. Imprimé d'Arrêts du Conſeil rendu ſur la Requête des Trailleurs de Paris, qui ordonne que le Privilege donné par la Bazoche au nommé Tamiſier de l'état de Tailleur, ſeroit caſſé & révoqué. Imprimé d'Arrêt du Conſeil rendu ſur la Requête de la Communauté des Tourneurs de Bois à Paris du 23 Décembre 1681, qui ordonne que les Brevets accordés par le Sieur Maréchal du Pleſſis à pluſieurs Particuliers, ſeroient rapportés. Arrêt du Conſeil rendu ſur la Requête de la Communauté des Barbiers-Baigneurs de Paris, qui caſſe un Privilege donné par le Grand-

Conseil au nommé Lestimé, & lui fait défenses de s'en servir. Copie d'Arrêt du Conseil intervenu sur la Requête de la Communauté des Maîtres Distillateurs de Paris, qui casse un Brevet accordé par le Sieur Grand-Prevôt de l'Hôtel, au nommé Adam, & lui fait défenses de s'en servir ni de tenir Boutique ouverte. Contredits desdits Jurés & Communauté des Cuisiniers-Traiteurs de Paris, contre la Production dudit Hebert. *Signé*, Desmarests. Signification du 5 Août 1706. Requête dudit Hebert employée pour Contredits contre la Production des Traiteurs de Paris, signée, Dupradel son Avocat. Ordonnance au bas portant Acte de l'emploi en jugeant du 13 Octobre 1706. Signification du 30 du même mois. Requête desdits Jurés de la Communauté des Maîtres Cuisiniers-Traiteurs de Paris, employée pour Salvations à la Requête de Contredits dudit Hebert, & de Production nouvelle de la piéce qui y est énoncée. Ordonnance au bas d'Acte. La piéce reçue & communiquée, du 24 Novembre 1706. Signification du 25 du même mois. La piéce nouvelle est un imprimée d'Arrêt du Conseil du dernier Août 1705, rendu en faveur des Maîtres Arquebusiers de Paris, contre Antoine de Revil, Arquebusier à la suite du Grand-Conseil, & généralement tout ce qui a été mis, écrit & produit de la part des Parties, pardevant le Sieur Rioult de Douilly, Conseiller du Roi en ses Conseils, Maître des Requêtes ordinaires de son Hôtel, Commissaire à ce député. Oui son rapport, après en avoir communiqué aux Sieurs de Marillac, Chauvelin, Voisin, de Harlay, de Nointel, & Rouillé-du-Coudray, Conseillers d'Etat ordinaires, aussi Commissaires à ce députés par Ordonnance du Conseil du 9 Août 1706. Et tout consideré, LE ROI EN SON CONSEIL a débouté ledit Hebert de l'opposition par lui formée à l'Arrêt du Conseil du 17 Mai 1706, & l'a condamné en tous les dépens. FAIT au Conseil d'Etat Privé du Roi, tenu à Versailles le 17 Janvier 1707. Collationné. *Signé*, DEMONS.

Le 25 Janvier 1707, fut laissé copie à M⁰. *Dupradel*, *Avocat adverse, en son domicile, parlant à son Clerc, par nous Huissier ordinaire du Roi en ses Conseils*, approuvé ce vingt-cinquiéme.

Signé, *MACE'*.

Le présent Arrêt obtenu du tems des Sieurs Martin Guibert, Hilaire Cheriot, Charles Neveu, & Louis Houffeau.

ARREST
DE LA COUR DE PARLEMENT,

Qui sans s'arrêter à l'intervention des Suisses privilégiés du Roi, de Monseigneur le Duc d'Orléans, de Monseigneur le Duc de Berry, ni à leur prise de Fait & Cause, confirme la condamnation d'amende & de dommages & intérêts prononcée par la Sentence de Police, contre Charles Villeminot, Fermier du Privilége d'un Suisse, pour avoir reçu en sa Maison des Compagnies de Nôces, & entrepris sur la profession des Traiteurs.

Du 7 Août 1619.

LOUIS, par la grace de Dieu, Roi de France & de Navarre : Au premier des Huissiers de notre Cour de Parlement, ou autre notre Huissier ou Sergent sur ce requis, sçavoir faisons : Qu'entre Jacques Ressend, l'un des Cent-Suisses de M. le Duc de Berry, prenant le fait & cause de Charles Villeminot, Marchand de Vin à Paris, appellant de la Sentence rendue par le Lieutenant Général de Police du Châtelet de Paris le 14 Mars 1713, d'une part, & les Jurés & Communauté des Maitres Cuisiniers-Traiteurs à Paris, intimés, & entre lesd. Cuisiniers-Traiteurs, demandeurs aux fins des Requête & Exploit des 17 Août 1713, & Charles Villeminot, défendeur ; & entre Jacques-Louis Sacconnet, Antoine Pasquier, Eloi du Chêne, René de Ferte, Cœur notre Suisse, Jacques Sarain, François Pasquier, Jean-Denis Marroy, Claude de Ausierre, Cent-Suisse de M. le Duc de Berry, Jean-Louis-Pierre Charles, Jacques Minou, Nicolas Duché, Cent-Suisse de M. le Duc d'Orléans, intervenans & demandeurs en Requête du 15 Juin 1714, & les Jurés & Communauté des Maitres Cuisiniers-

Traiteurs de la Ville & Fauxbourgs de Paris, & lesd. Reffend & Villeminot, défendeurs, d'autre. Vû par notre Cour de Parlement la Sentence rendue par le Lieutenant Général de Police du Châtelet du 14 Mars 1713, par laquelle l'avis du Subſtitut de notre Procureur Général auroit été confirmé, & néanmoins les dommages & intérêts auroient été moderés à 10 liv. ledit Villeminot condamné en trois livres d'amende & en tous les dépens: Arrêt d'appointé au Conſeil du 4 Septembre 1713, cauſe & moyens d'appel dudit Reffend du 8 Février 1714. Requête deſdits Cuiſiniers-Traiteurs du 17 Février 1714, employée pour réponſe à cauſes d'appel, production des Parties, contredits dudit Reffend du 17 Mars 1714. Requête deſdits Cuiſiniers-Traiteurs du 26 Février audit an, employée pour contredits. Requête deſdits Cuiſiniers-Traiteurs du 3 Mai audit an, employée pour ſalvations; la Requête & demande deſdits Cuiſiniers-Traiteurs du 17 Août 1713, aux fins de faire aſſigner en la Cour ledit Villeminot, pour voir déclarer l'Arrêt qui interviendroit ſur l'appel interjetté par ledit Reffend de la Sentence du 14 Mars 1714, commun avec lui; ce faiſant, que lad. Sentence ſeroit exécutée, & ledit Villeminot, enſemble ledit Reffend, condamnés ſolidairement aux dépens, & en outre aux dépens de ladite demande; Exploit d'aſſignation donné en conſéquence le même jour; défenſes de Villeminot du Décembre 1718. Repliques deſdits Cuiſiniers-Traiteurs du 30 dudit mois de Décembre; Arrêt d'appointé en droit & joint du 2 Janvier 1714. Requêtes deſdits Cuiſiniers-Traiteurs & Villeminot, des 10 Janvier & 10 Avril 1714, employées pour écritures & productions; Requête deſdits Cuiſiniers-Traiteurs du 3 Mai audit an, employée pour contredits; ſommation de contredire par ledit Villeminot; la Requête d'intervention & demande deſdits Sacconnet & conſors du 13 Juin 1714, à ce que faiſant droit ſur leur intervention, ils fuſſent maintenus & gardés en la poſſeſſion & jouiſſance des privileges, franchiſes & libertés accordées aux Suiſſes par les Rois nos Prédéceſſeurs, de faire choix de tel Art & Métier que bon leur ſembleroit, les Traiteurs condamnés aux dépens; & où la Cour feroit difficulté de ſtatuer ſur ladite Requête, attendu que leurs privileges étoient émanés des Rois, à qui ſeul il appartenoit de les éteindre ou de les reſtraindre, en ces cas ordonner que les

Parties se pourvoyeroient au Conseil pour être jugées sur leurs contestations ; lesdits Traiteurs condamnés aux dépens, & que acte leur fût donné de l'emploi pour moyens d'intervention ; Arrêt du 22 Juin 1714, par lequel lesdits Sacconnet & consors auroient été reçus Parties intervenantes, & acte de leur emploi porté par leur Requête pour moyen d'intervention ; & pour faire droit sur ladite intervention & demande, les Parties appointées en droit & joint. Requête desdits Cuisiniers-Traiteurs du 11 Juillet 1714, employée pour réponses, production desd. Cuisiniers-Traiteurs ; Requête dudit Villeminot du 18 Juillet 1714, employée pour écritures & production ; sommation de produire & contredire par lesdits Sacconnet & consors ; production nouvelle desdits Cuisiniers Traiteurs, par Requête du 3 Août 1719. Requête dudit Ressend du 4 dudit mois, employée pour contredits ; sommation de la contredire par lesdits Villeminot, Sacconnet & consors ; acte de redistribution, conclusions du Procureur Général du Roi, tout joint & considéré. LA COUR faisant droit sur le tout, sans s'arrêter à l'intervention & demande desdits Sacconnet, Pasquier & consors, portée par leur Requête du 15 Juin 1714, a mis & met l'appellation au néant. Ordonne que ce dont a été appellé sortira effet, déclare le présent Arrêt commun avec ledit Villeminot ; condamne ledit Ressend en l'amende de douze livres, & lesdits Ressend, Villeminot, Sacconnet & consors intervenans, aux dépens chacun à leur égard, envers lesdits Cuisiniers-Traiteurs. Si te mandons mettre le présent Arrêt à exécution ; de ce faire te donnons pouvoir. Donné en Parlement le 7 Août 1719, de notre Regne le quatriéme. *Collationné*, *signé*, CHAPPOTIN.

Par la Chambre, GILBERT.

Le 23 Août 1719, signifié & baillé copie à Mes de Vicq, Marin & le Maire, Procureurs. *Signé*, L'ESCHOT.

Ledit Arrêt obtenu du temps de Guillaume Baudet, Jacques le Breton, d'Etienne la Forge, & d'Adrien la Hoche, Jurés en charge.

LEMAISTRE, Proc.

SENTENCE

SENTENCE
DU CHASTELET DE PARIS,
ET ARREST CONFIRMATIF D'ICELLE,

Rendus au profit de la Communauté des Maîtres Cuisiniers-Traiteurs de la Ville & Fauxbourgs de Paris.

Contre Jean Barmand & Joseph Ropra, Suisses de Nation, & Marchands de Vin Associés.

QUI sans s'arrêter aux Priviléges prétendus par les Suisses, de se choisir tel Art, Métier & Profession que bon leur semble dans cette Ville de Paris, & par-tout le Royaume, sans faire d'Apprentissage, ni se faire recevoir Maitre; ni à la demande desdits Suisses afin de jouir dudit Privilége, dont les Suisses sont déboutés, ordonne l'exécution des Statuts, Arrêts & Réglemens de la Communauté des Traiteurs: Pour y être contrevenu par Barmand & Ropra, & avoir fait le Métier de Traiteur, les condamne en trente livres de dommages & intérêts, trente livres d'amende, & en tous les dépens, avec défense de récidiver, sous plus grande peine.

Extrait des Registres du Greffe de la Chambre de M. le Procureur du Roi au Châtelet.

Du Mardi sixieme Février mil sept cent vingt.

ENTRE Sieurs Etienne de la Forge, Adrien de la Hoche, Jean Duthé & Jacques Dubuisson: tous Jurés de présent en charge de la Communauté des Maîtres Traiteurs à Paris, Demandeurs aux fins du Procès-Verbal du Sieur Commissaire Nicollet, le 19 Janvier dernier, & exploit fait en conséquen-

L

ce, par Floquet Huiſſier le 26 dudit mois, contrôlé à Paris le 29 par Piton & préſenté: Tendant afin de repondre & procéder par les ci-après nommés, aux fins dudit Procès-verbal de contravention; ce faiſant & en conſéquence, que les ci-après nommés ſeront condamnés aux dommages & intérêts des Demandeurs, pour leſquels ils ſe reſtreignent à la ſomme de deux cent livres, & en telle amende qu'il plaira à Juſtice arbitrer, pour la contravention & entrepriſe ſur ladite Communauté, avec défenſes de récidiver ſur plus grande peine, aſſiſtés de Mᵉ. Nicolas Royer J. L. leur Procureur; contre Sieurs Barmand & Ropra, Marchands de vins aſſociés, Défendeurs & Défaillans; oui ledit Royer en ſon Plaidoyer, & par vertu du défaut donné contre les Défaillans non-comparans, ni Procureur pour eux dûement appellé: lecture faite du Procès-verbal & exploit ſuſdaté. NOUS Ordonnons que les Statuts, Arrêts & Réglemens de la Communauté des Maîtres Traiteurs ſeront exécutés ſelon leur forme & teneur; & en conſéquence, faiſons défenſes aux Défaillans de plus entreprendre ſur la Communauté des Demandeurs, & pour l'avoir fait, les condamnons en douze livres de dommages intérêts, trois livres d'amende & aux dépens; Leur faiſons défenſes de récidiver ſur plus grande peine, & ſoit ſignifié. Ce fut fait & donné par Meſſire François Moreau, Conſeiller du Roi en ſes Conſeils d'Etat ordinaire & privé, Honoraire en ſa Cour de Parlement, Procureur de Sa Majeſté au Châtelet de Paris, tenant le Siége leſdits jour & an ſuſdits. *Signé*, TAUXIER.

Sentence dont eſt Appel, du 21 Juin 1720.

A TOUS ceux qui ces preſentes Lettres verront, Charles-Denis de Bullion, Chevalier, Marquis de Gallardon, Seigneur de Bonnelles & autres lieux, Prevôt de Paris: SALUT. Sçavoir faiſons. Que ſur la Requête faite en Jugement devant Nous à l'Audience de la Chambre de Police du Châtelet de Paris, par Maitre Nicolas Royer I. L. Procureur des Sieurs Etienne de la Forge, Adrien de la Hoche, Jean Duthé, C. Jacques du Buiſſon, tous Jurés de préſent en charge de la Communauté des Maitres Traiteurs à Paris, Demandeurs aux fins de l'exploit fait par Flocquet Huissier au Châtelet, le 12 Février dernier, contrôlé à Paris le quinze par Piton & présenté; tendant à ce que l'avis de Monsieur le Procureur du Roi, du 6 dudit mois de Février, qui ordonne que les Statuts, Arrêts & Réglemens de la Communauté des Maîtres Traiteurs seront exécutés selon leur forme & teneur, & qui fait défenses aux ci-après nommés, de plus entreprendre sur la Communauté desdits Demandeurs, soit confirmé avec dépens, & encore Demandeurs aux fins de leurs moyens, signifiés le 28 dudit mois de Février par Pique, aussi tendant à ce que ledit avis susdaté soit infirmé, en ce qu'il ne condamne lesdits ci-après nommés, qu'en douze livres de dommages-intérêts, & trois livres d'amende; ce faisant, que pour l'entreprise par eux faite sur la Profession desdits Traiteurs, & avoir donné à manger chez eux les jours défendus par l'Eglise, qu'ils seront solidairement condamnés en deux cent livres de dommages-intérêts envers la Communauté desdits Traiteurs, cinquante livres d'amende & aux dépens; & que défenses leur soient faites de récidiver sur plus grande peine, assisté de Me. Pillon leur Avocat, contre Me. Bourdon Procureur des Sieurs Barmand & Ropra, Suisses de nation, Marchands de vins, Défendeurs à l'exploit & moyens susdatés: ouï ledit Pillon en son Plaidoyer, & par vertu du défaut donné contre Edme Bourdon audit nom, non-comparant & dûement appelé, lecture faite des pièces & de l'avenir pour plaider à ce jourd'hui. NOUS, en tant que touche les dommages-intérêts, & l'amende portée par l'avis du Procureur du Roi, l'avons infirmé; condamnons les défaillans en trente livres de dommages-intérêts envers les Parties de Pillon, vingt livres d'amende envers le Roi, & au surplus ledit avis confirmé avec dépens; ce qui sera exécuté sans préjudice de l'appel, & soit signifié: en témoin de ce Nous avons fait sceller ces Présentes, qui furent faites & données par Messire MARC-PIERRE D'ARGENSON, Chevalier, Conseiller du Roi en ses Conseils, Maître des Requêtes, Lieutenant Général de Police, tenant le Siége, le Vendredi 21 Juin 1720. Collationné: *Signé*, TARDIVEAU; Et scellé le 6 Juillet 1720. DOYARD.

Extrait des Regiſtres du Parlement.

LOUIS par la grace de Dieu, Roi de France & de Navarre : Au premier notre Huiſſier ou Sergent ſur ce requis, Sçavoir faiſons, qu'entre Barmand & Ropra, Suiſſes de nation, Marchands de vin aſſociés à Paris, Appellans de la Sentence du Lieutenant Général de Police du Châtelet de Paris du 21 Juin 1720, & de ce qui a ſuivi d'une part; & les Jurés en charge de la Communauté des Maitres Traiteurs de la Ville & Fauxbourgs de Paris, Intimés : & entre leſdits Jurés Traiteurs, Demandeurs aux fins de l'exploit donné devant le Lieutenant Général de Police du Châtelet de Paris, le 15 Septembre 1722, évoqué en la Cour par Arrêt du 23 dudit mois de Septembre; & Joſeph Ropra & Jean Barmand Suiſſes, Défendeurs : & entre leſdits Ropre & Barmand, Demandeurs en requeſte du 1 Février 1724, & leſdits Jurés Traiteurs, Défendeurs : Et entre leſdits Ropra & Barmand, Demandeurs en requête du 24 Mars 1724, & leſdits Jurés Traiteurs, Défendeurs : Et entre leſdits Barmand & Ropra, Demandeurs en requête du 26 Février 1725, & leſdits Jurés Traiteurs, Défendeurs d'autre. VEU PAR LA COUR, la Sentence rendue par le Lieutenant Général de Police le vingt-un Juin mil ſept cent vingt, par laquelle en tant que touchoit les dommages & intérêts, & l'amende portée par l'avis du Subſtitut du Procureur Général du Roi, il auroit été infirmé; leſdits Barmand & Ropra condamnés en trente livres de dommages & intérêts envers les Traiteurs, vingt livres d'amende envers le Roi, & au ſurplus ledit avis confirmé avec dépens. Arrêt d'appointé au Conſeil du 4 Avril 1721. Requête deſdits Barmand & Ropra du 10 Juillet 1721, employée pour cauſes d'Apel. Requête deſdits Traiteurs du 13 Avril 1722, employée pour réponſes à cauſes d'Appel. Productions des Parties. Requête deſdits Traiteurs du 8 Janvier 1723, employée pour contredits. Sommation de contredire par leſdits Ropra & Barmand. L'Exploit d'aſſignation donné à la Requête deſdits Jurés Traiteurs auxdits Ropra & Barmand, devant le Lieutenant-Général de Police le 25 Septembre 1722, à ce que leſdits Ropra & Barmand fuſſent condamnés en leur dommages & intérêts, pour leſquels ils ſe reſtraignoient à la ſomme de quatre cens livres, attendu la récidive, & en telle amende qu'il plairoit à Juſtice arbitrer pour la contravention, avec défenſes de récidiver. Arrêt d'évocation de ladite demande du 30 Septembre 1722. Défenſes deſdits Ropra & Barmand du 11 Décembre 1722. Repliques deſdits Traiteurs du 12 dudit mois de Décembre. Arrêt d'appointé en droit & joint du 14 dudit mois de Décembre. Requête deſdits Ropra & Barmand du 19 Janvier 1723, employée pour addition de défenſes & avertiſſement. Production deſdits Ropra & Barmand. Requête deſdits Traiteurs du 11 Janvier 1723, employée pour écritures & production, & à ce qu'attendu la contravention faite par leſdits Barmand & Ropra, aux Statuts, Arrêts & Reglemens, leur entrepriſe ſur ladite Communauté & leur récidive, ils fuſſent condamnés en leurs dommages & intérêts, pour leſquels ils ſe reſtraignoient à la ſomme de quatre cens livres & en telle amende qu'il plairoit à la Cour arbitrer, défenſes de récidiver ſous telles autres peines qu'il appartiendroit & aux dépens, ſur laquelle Requête auroit été mis ait Acte, & au ſurplus en jugeant. Additions de réponſes à cauſes d'Appel deſdits Traiteurs, par Requête du 18 Janvier 1723. Sommation de la contredire par leſdits Ropra & Barmand. Production nouvelle deſdits Traiteurs, par Requête du 12 Février 1724. Sommation de la contredire par leſdits Barmand & Ropra. La Requête & Demande deſdits Barmand & Ropra du premier Février 1724, à ce que faute par leſdits Traiteurs d'avoir rapporté & produit les Titres primordiaux de leur Inſtitution & les anciens Statuts à eux accordés par Henry IV au mois de Mars 1599, la confirmation faite par Louis XIII au mois de Décembre 1642, celle faite par Louis XIV le quatorze Juin 1645, ſans s'arrêter aux nouveaux Statuts & infirmant ladite Sentence & déchargeant leſdits Ropra & Barmand de toutes condamnations, leſdits Traiteurs fuſſent déclarés non-recevables dans leurs demandes formées tant au Châtelet qu'en la Cour, aux dommages, intérêts & dépens, & qu'Acte leur fût donné de l'emploi pour écriture & production ſur ladite demande, ſur laquelle Requête auroit été mis ſur la demande en droit, joint & Acte de l'emploi. Requête deſdits Traiteurs du 12 Février 1724 employée pour défenses, écritures & production. La Requête & demande desdits Ropra & Barmand du 24 Mars 1724, à ce que faute par lesdits Traiteurs d'avoir satisfait à la sommation du 21 dudit mois de Mars, & suivant icelle produit les prétendus Titres de création de leur Maitrise, ensemble l'Edit de création & établissement de Jurande, qu'ils datoient du mois d'Avril 1597, en leur adjugeant leurs conclusions, ladite Communauté fût déclarée non-recevable, en tout cas mal fondée dans leur demande & prétentions, & condamné aux dépens, sans préjudice auxdits Ropra & Barmand de leurs droits & privileges, & qu'Acte leur fût donné de l'emploi pour écritures & production sur ladite demande, sur laquelle Requête auroit été mis sur la demande en droit & joint, & Acte de l'emploi. Requête desdits Traiteurs du 28 dudit mois de Mars, employée pour fins de non-recevoir, défenses, écritures & production. Production nouvelle dudit Ropra, par Requête du 29 Mars 1724. Requête desdits Traiteurs du 30 dudit mois de Mars, employée pour contredits. Production nouvelle desdits Ropra & Barmand, par Requête du 14 Août 1724. Requête desdits Traiteurs du 27 Novembre audit an, employée pour contredits. Production nouvelle dudit Ropra par Requête du 8 Janvier 1725. Requête desdits Jurés du 15 dudit mois de Janvier, employée pour contredits. La Requête & demande desdits Barmand & Ropra du 26 Février 1725, à ce que leur adjugeant leurs conclusions, ils fussent reçûs opposans aux Procès-Verbaux de prétendues contraventions des 19 Janvier 1720, & 22 Septembre 1722 & à tout ce qui a suivi; lesdits Procès-verbaux fussent déclarés nuls, lesdits Barmand & Ropra déchargés des condamnations contre eux prononcées par ladite Sentence, lesdits Traiteurs déclarés non-recevables & mal-fondés en toutes leurs demandes, ou en tout cas qu'ils en fussent deboutés & condamnés en tous les dépens, & qu'Acte leur fût donné de l'emploi pour avertissement, écritures & productions sur ladite demande, sur laquelle Requête auroit été mis sur la demande en droit, joint & Acte de l'emploi. Requête desdits Traiteurs du 27 dudit mois de Février, employée pour défenses, écritures & productions: Conclusions du Procureur-Général du Roi: Tout joint & consideré. NOTREDITE COUR faisant droit sur le tout, sans s'arrêter aux demandes desdits Barmand & Ropra, portées par leurs Requêtes des premier Février & 24 Mars 1724, & 26 du présent mois de Février, dont elle les a déboutés ; a mis & met l'appellation au néant : Ordonne que ce dont a été appellé sortira effet ; & sur la demande desdits Jurés Traiteurs portée par Exploit du 25 Septembre 1722, condamne lesdits Barmand & Ropra en trente livres d'amende : sur la demande afin de dommages & intérêts portée par ledit Exploit, a mis & met les Parties hors de Cour : Condamne lesdits Barmand & Ropra en l'amende de 12 livres & en tous les dépens. SI MANDONS mettre le présent Arrêt à exécution : De ce faire donnons pouvoir. FAIT en Parlement ce vingt-huit Février, l'an de grace mil sept cent vingt-cinq, & de notre Regne le dixiéme. Collationné, CAVELIER. Par la Chambre. *Signé*, YSABEAU. Et Scellé le dix-sept Mars. 1725. *Signé*, BOUCHET.

Au Raport de Monsieur l'Abbé ROUGEAULT.

LEMAISTRE, Proc.

Le présent Arrêt a été obtenu du tems de la Jurande de Nicolas Guydamour, J. Meusnier, L. Moraux & J. Besson, Jurés en charge en l'année 1725.

DECLARATION DU ROI,

Donnée à S. Germain-en-Laye le 29 Novembre 1680.

QUI maintient les Marchands Taverniers, & autres, de la Ville & Fauxbourgs de Paris, en la faculté d'acheter au-delà des vingt lieues, le Vin nécessaire pour leur Commerce, & de le faire venir en icelle, à la charge d'en mettre le tiers sur l'Etape : Leur permet de donner à boire dans leurs Maisons & Caves, & de fournir de Tables, Siéges, Nappes, Serviettes & Viandes à ceux qui prendront leurs Repas chez eux, en payant pour le Droit de Huitieme & Augmentation, six livres quinze sols pour Muid, jauge de Paris, du Vin qu'ils débiteront, &c.

Regiſtrée en la Cour des Aydes le 18 Janvier 1681.

LOUIS, par la grace de Dieu, Roi de France & de Navarre : A tous ceux qui ces présentes Lettres verront, Salut. Par notre Réglement du mois de Juin dernier, regiſtré en notre Cour des Aydes, Nous avons fixé notre droit de huitiéme, pour chaque muid, jauge de Paris, vendu en détail dans notre bonne Ville & Fauxbourgs de Paris, par les Taverniers vendans à pot, à cinq livres huit sols ; & par les Cabaretiers vendans à assiette, à six livres quinze sols ; ce qui a donné lieu aux Adjudicataires de notre Ferme générale des Aydes, d'empêcher les Taverniers vendans à pot, d'avoir en leurs maisons des siéges, nappes & serviettes, pour en fournir à ceux qui y viennent boire, & qui apportent du pain & des viandes, si mieux ils n'aimoient, en ce faisant, payer les droits comme les Cabaretiers, ainsi qu'il a été fait par plusieurs

desdits

desdits Taverniers, durant le temps des précédens Baux de nos Aydes. Et d'autant que lesdits Taverniers, qui sont du Corps de la marchandise de Vin en notre bonne Ville de Paris, Nous ont très-humblement remontré, qu'ils ont eu de tout temps, par la permission des Adjudicataires de nos droits d'Aydes, la faculté de fournir des tables, siéges & nappes à ceux qui viennent boire en leurs maisons, & qui apportent des viandes cuites, pour y prendre leurs repas, en indemnisant lesdits Adjudicataires, dont eux, ni les Cabaretiers, n'ont reçû aucun préjudice, attendu qu'il n'y a que le menu peuple seulement qui se retire chez les Taverniers. Sur quoi ayant fait entendre en notre Conseil les Adjudicataires de notre Ferme des Aydes, & les principaux marchands Taverniers de notredite Ville & Fauxbourgs de Paris, du consentement réciproque des uns & des autres ; Nous avons résolu d'y pourvoir. A CES CAUSES, & autres considérations à ce Nous mouvans ; de l'avis de notre Conseil, & de notre grace spéciale, pleine Puissance & Autorité Royale ; Nous avons, par ces Présentes signées de notre main, maintenu & conservé, maintenons & conservons les marchands Taverniers & autres, qui n'ont eu, jusqu'à présent, suivant nos Edits & Ordonnances, que la faculté de vendre du Vin à huis-coupé & pot renversé, qui sont du Corps de la marchandise de Vin de notre bonne Ville & Fauxbourgs de Paris, en la faculté d'acheter au-delà de vingt lieues, le Vin nécessaire pour leur commerce, & de le faire venir en notredite Ville & Fauxbourgs, à la charge d'en mettre le tiers sur l'Etape & Place publique, en la maniere acoutumée. Leur permettons de donner à boire dans leurs maisons & caves, & de fournir des tables, siéges, nappes, serviettes & viandes à ceux qui prendront leurs repas en leurs maisons, à condition de payer pour le Droit de Huitiéme & d'Augmentation, six livres quinze sols pour muid, jauge de Paris, qu'ils débiteront à pot ; sans néanmoins qu'ils puissent avoir des Cuisiniers chez eux, étalage de viandes, loger, ni tenir Chambres garnies, & sans aussi qu'ils puissent être réputés Cabaretiers, ni troublés en leurs Priviléges, pour la faculté que Nous leur avons accordée par ces Présentes : Dans lesquelles déclarons n'entendre être compris les Officiers, Privilégiés, & Bourgeois qui vendront à huis-coupé & pot renversé seulement, sans donner à

M

boire dans leurs caves & maisons, ni tenir & donner tables, & autres choses défendues par nos Ordonnances. Si DONNONS EN MANDEMENT à nos amés & féaux Conseillers les Gens tenans notre Cour des Aydes à Paris, que ces Présentes ils fassent lire, publier & registrer, & le contenu en icelles garder & observer selon leur forme & teneur; nonobstant l'Article I. du Titre I. des Droits de la vente du Vin en détail, de l'Ordonnance du mois de Juin dernier, & tous les autres Edits, Déclarations & Arrêts à ce contraires, auxquels Nous avons dérogé & dérogeons par ces Présentes: CAR tel est notre plaisir. Donnée à Saint Germain en Laye, le vingt-neuviéme jour de Novembre, l'an de grace mil six cent quatre vingt; Et de notre Régne le trente huitiéme. *Signé*, LOUIS. *Et sur le reply*, Par le Roi, COLBERT. *Et à côté est écrit* : Registrée en la Cour des Aydes, ce requérant le Procureur-Général du Roi, pour être exécutée selon sa forme & teneur. A Paris, les Chambres assemblées, le dix-huitiéme jour de Janvier mil six cent quatre-vingt un. *Signé*, DUPUY. Et scellée du grand Sceau de cire jaune.

Extrait des Registres de la Cour des Aydes.

VU par la Cour, les Chambres assemblées, les Lettres Patentes du Roi, en forme de Déclaration, données à Saint Germain-en-Laye, le 29 Novembre dernier, *Signé*, LOUIS; Et sur le repli, Par le Roi : COLBERT, & scellées du grand Sceau de cire jaune : Par lesquelles & pour les causes y contenues, Sa Majesté auroit maintenu & conservé les marchands Taverniers & autres, qui n'ont jusqu'à présent, suivant les Edits & Ordonnances, que la faculté de vendre vin à huis-coupé & pot renversé, qui sont du corps de la marchandise de Vin de la Ville & Fauxbourgs de Paris, en la faculté d'acheter au-delà de vingt lieues, le Vin nécessaire pour leur commerce, & de le faire venir en cette Ville & ces Fauxbourgs, à la charge d'en mettre le tiers sur l'Etape & Place publique, en la maniere accoutumée : Et permis de donner à boire dans leurs maisons & caves ; & de fournir des tables, siéges, nappes, serviettes & viandes à ceux qui prendront leurs repas en leurs maisons ; à condition de payer pour le droit de huitiéme & d'augmentation, six livres quinze sols par muid, jauge de Paris, qu'ils débiteront à pot, sans néanmoins qu'ils puissent avoir des Cuisiniers chez eux, étalage de viandes, loger, ni tenir chambre garnie, & sans aussi qu'ils puissent être réputés Cabaretiers, ni troublés en leurs Priviléges, pour la faculté que Sa Majesté leur a accordée par lesdites Lettres : Dans lesquelles Elle auroit déclaré n'entendre être compris les Officiers, Privilégiés, & Bourgeois qui vendront à huis-coupé & pot renversé, sans donner à boire dans leurs caves & maisons, ni tenir & donner table & autres choses défendues par les Ordonnances, ainsi que plus au long est contenu esdites Lettres à la Cour adressantes. Conclusions du Procureur-Général du Roi : OUY, le Rapport de Maitre Louis Quatrehomme, Conseiller : Et tout considéré, LA COUR a ordonné & ordonne, lesdites Lettres être registées au Greffe d'icelle, pour être exécutées selon leur forme & teneur. FAIT en la Cour des Aydes, le dix-huitiéme jour de Janvier mil six cent quatre vingt un. Collationné. *Signé*, DU PUY.

Collationné aux Originaux par Nous Conseiller-Secretaire du Roi, Maison-Couronne de France & de ses Finances.

ARREST
DE LA COUR DE PARLEMENT,

Rendu en faveur des Maîtres Traiteurs-Queulx-Cuisiniers de la Ville & Fauxbourgs de Paris.

Contre les Marchands de Vin.

Du 14 Mai 1701.

LOUIS, par la grace de Dieu, Roi de France & de Navarre, sçavoir faisons : Qu'entre Henri du Bleau, Cabaretier à Paris, appellant de la Sentence rendue par le Lieutenant

Général de Police du Châtelet du 27 Juin 1698, d'une part, & les Maîtres Traiteurs-Cuisiniers-Queulx de la Ville & Fauxbourgs, Banlieue & Prevôté de Paris, intimés d'autre : & encore entre lesdits Maîtres Traiteurs, appellans de lad. Sentence du Lieutenant Général de Police du Châtelet dudit jour 26 Juin 1698, & Etienne Regnault,

Regnoult, aussi Cabaretier, intimés, & entre ledit Henri du Bleau, appellant, en adherant de commandement, saisie & exécution de ses meubles à la Requête desdits Jurés Traiteurs, le 8 & 9 Juillet 1698, & lesdits Jurés Traiteurs, intimés : & entre lesdits Jurés & Communauté des anciens Bacheliers, Maîtres Queulx-Cuisiniers-Porte-chappes de la Ville, Banlieue, Prevôté & Vicomté de Paris, demandeurs en Requête & Exploit du 10 Décembre 1698, & les Maîtres & Gardes du Corps de la Marchandise de Vins de la Ville & Fauxbourgs de Paris, défendeurs ; & entre ledit Henri du Bleau, appellant d'une Sentence du Lieutenant Général de Police du 4 Décembre 1699, & les Jurés & Communauté des Maîtres Traiteurs à Paris, intimés, entre les Maîtres & Gardes de la Marchandise de Vins à Paris, demandeurs en Requête du 26 Avril 1701, d'une part, & lesdits Jurés & Communauté desdits Traiteurs, défendeurs.

Vû par la Cour la Sentence du 27 Juin 1698, rendue par le Lieutenant Général de Police du Châtelet, entre les Jurés de la Communauté desdits Queulx-Cuisiniers-Traiteurs à Paris, demandeurs suivant l'Exploit du 21 Mai précédent, contre Etienne Regnault, & les nommés du Bleau & Regnoult, Marchands de Vins, défendeurs, par laquelle sur la demande desdits Cuisiniers & Traiteurs contre lesdits Regnault & Regnoult, les Parties auroient été mises hors du Cour : Et à l'égard desdits du Bleau, attendu la déclaration par lui faite devant ledit Juge, qu'il avoit tiré salaire & loyer de sa Salle pour la Nôce en question, défenses lui auroient été faites de récidiver ; & pour sa contravention aux Statuts & Réglemens de Police ; il auroit été condamné en six liv. d'amende, pareille somme de dommages & intérêts envers lesdits Jurés Traiteurs, & aux dépens liquidés à 26 liv. sans néanmoins que les Taverniers puissent avoir chez eux aucuns Cuisiniers, mais seulement user de la faculté qui leur est attribuée par la Déclaration du Roi, du 29 Novembre 1690. Causes d'appel du 17 dudit mois de Février desdits Jurés

Cuisiniers, contenant leurs conclusions, à ce qu'en tant que touche l'appel par eux interjetté, l'appellation & ce fût mise au néant; émendant, pour les contraventions faites par lesdits Regnault & Regnoult aux Statuts & Réglemens desd. Jurés Cuisiniers, ils fussent condamnés en leurs dommages & intérêts, & en telle amende qu'il plairoit à la Cour; que défenses leur seroient faites de plus y contrevenir, & qu'ils seroient condamnés aux dépens, tant des causes principales que d'appel. Réponses à causes d'appel dud. Etienne Regnault du 27 Avril audit an. Causes d'appel dud. du Bleau dud. jour 27 Avril. Réponses à causes d'appel desdits Jurés Traiteurs & Cuisiniers, du 7 Mai ensuivant. Productions desd. Jurés Traiteurs, du Bleau & Regnault, & contredits par eux respectivement fournis les 7 Mai & 15 Juin aud. an; ceux desdits du Bleau & Regnault, servans de salvations. Requête du 17 Juin 1699 desdits Traiteurs, employée pour salvations; les Exploits de commandement, saisie & exécution de meubles des 8 & 9 Juillet 1698, faits en vertu de lad. Sentence du 27 Juin, à la requête des Jurés Traiteurs sur ledit du Bleau, faute de payement des dépens adjugés par ladite Sentence. Requête dudit du Bleau du 30 Avril 1699, à ce qu'il fût reçu appellant desd. commandement, saisies & exécution de meubles, & acte de ce que pour causes d'appel, écritures & production, il employoit le contenu en sa Requête, & en conséquence les appellations fussent mises au néant; émendant, que main-levée lui seroit faite des meubles sur lui saisis & exécutés, & qu'à la représentation les Gardiens seroient contraints même par corps, quoi faisant, déchargés, & condamner lesdits Jurés Traiteurs aux dommages & intérêts dud. du Bleau, procedans desdites contraintes, & en tous ses dépens, tant des causes principale que d'appel; au bas de laquelle Requête est l'Ordonnance de la Cour, par laquelle les Parties auroient été appointées au Conseil, & joint, & acte de l'emploi. Réponses à causes d'appel desdits Jurés Traiteurs du 8 Mai 1699. Production desdits Traiteurs suivant lad. Ordonnance du 30 Avril. Requeste du 10 Décembre 1698, desd. Jurés Traiteurs, à ce qu'il leur fût permis de faire assigner en la Cour les Jurés & Communauté des Cabaretiers, Marchands de Vin de cette Ville & Fauxbourgs de Paris, pour voir déclarer l'Arrêt qui interviendroit, tant sur les appellations interjettées par lesdits Jurés & Communauté desdits Traiteurs, par ledit du Bleau de ladite Sentence du 27 Juin 1698, commun avec eux; ce faisant, que suivant les Statuts desdits Traiteurs, défenses seroient faites à tous les Cabaretiers, Vendeurs de Vin, d'avoir aucune Salle à faire Nôce, & d'y recevoir aucune personne pour y faire Nôce, Banquets ou Festins, à payer contre chacun contrevenant d'amende, & des dépens, dommages & intérêts desdits Traiteurs, qui seroient arbitrés par chacune fois à la somme de cent livres, & qu'ils seroient condamnés aux dépens, sans préjudice à autres droits & actions plus amplement demandés : l'Exploit d'assignation du même jour 10 Décembre 1698, donné en la Cour, à la requête des Traiteurs à la Communauté desd. Cabaretiers & Marchands de Vin à Paris, aux fins de la Requête : défenses du 4 Juillet 1699 des Maîtres & Gardes de la Marchandise de Vin à Paris. Repliques de la Communauté desd. Traiteurs du 7 dud. mois de Juillet. Arrêt d'appointement en droit & joint du 18 dud. mois de Juillet. Production desd. Maîtres & Gardes de la Marchandise de Vin. Requête desd. Jurés & Communauté desd. Traiteurs, des 3 Août & 18 Décembre 1699, employée pour écritures, production & contredits : sommation de contredire par lesdits Maîtres & Gardes de la marchandise de vin. Requête du 30 Avril 1699, d'Etienne Regnault, à ce qu'en procédant au jugement de l'appel de ladite Sentence du 27 Juin 1698, lesdits Jurés Traiteurs fussent déclarés non-recevables en l'appel par eux interjetté de ladite Sentence, & en conséquence l'appellation fût mise au néant; ordonner que ce dont est appel sortiroit effet, & condamner lesdits Jurés Traiteurs en l'amende, & aux dépens de la cause d'appel & de ladite demande, sur laquelle requête auroit été réservé à faire droit en jugeant, icelle signifiée. Requête du 8 Mai 1699, desdits Jurés Traiteurs, employée pour défenses contre la précédente. La Sentence du Lieutenant Général de Police du Châtelet du 4 Décembre 1699, rendue entre les Jurés & Communauté desdits Traiteurs, Demandeurs aux fins de l'Exploit & Requête du 6 Novembre 1699, contre Henry du Bleau Marchand de vin défendeur, par laquelle les défenses dudit Juge auroient été réiterées, & pour la contravention ledit du Bleau auroit été condamné en neuf livres de dommages & intérêts, & au dépens liquidés à vingt livres, si mieux n'aimoit la taxe, ce qui seroit exécuté sans préjudice d'appel. Arrêt du 26 Avril 1700, par lequel auroit été ordonné que l'appointement seroit reçu, & suivant icelui, ledit du Bleau auroit été reçu opposant à l'Ordonnance en question : faisant droit sur l'opposition, sur l'appel de ladite Sentence du 4 Décembre 1699, les Parties auroient été appointées au Conseil, & joint. Causes d'appel dudit du Bleau du 4 Mai 1700. Requeste du 30 Juin audit an, de la Communauté des Traiteurs, employée pour réponses. Requeste du 2 Janvier desdits Jurés & Communauté desdits Traiteurs, employée pour écritures & production sur ledit appel. Requeste du 22 Juin ensuivant dudit du Bleau aussi employée pour écritures & production, contenant ses conclusions, à ce que l'appellation & ce fussent mis au néant, émendant il fût déchargé des condamnations portées par ladite Sentence avec dépens, tant des causes principale, que d'appel ; & où la Cour feroit difficulté à l'égard de ladite Sentence du 4 Décembre, & voudroit éclairer sa religion sur la vérité de la déclaration portée par le Procès-verbal du Commissaire Boursin, il fût permis audit du Bleau de faire preuve pardevant tel des Conseillers qu'il plairoit à la Cour commettre, que ladite déclaration auroit été extorquée de la maniere portée dans ses causes d'appel par lesdits Jurés Traiteurs, & ledit Commissaire Boursin sans Robe & en habit de Ville, sous prétexte d'un autre écôt, qui vouloit avoir place dans la chambre où étoit le nommé Loge & ses confreres ; que véritablement les neuf livres dont ils étoient convenus avec ledit du Bleau, n'étoit pas le loyer de ladite chambre, mais le payement de douze salades, de quarante à cinquante couverts, & trois livres de chandelles à ses frais & sans réception ; qu'enfin de cause sur laquelle requeste a été mis, ait acte, & au surplus à faire droit en jugeant, & icelle signifiée. Requeste desdits Jurés Traiteurs du 30 dudit mois de Juin, employée pour contredits contre l'emploi de production dudit Bleau : la requeste du 26 Avril 1701, des Maitres & Gardes de la marchandise de vin de la Ville & Faubourgs de Paris, employée pour plus amples défenses, écritures & production contenant leurs conclusions à ce qu'il fût ordonné que les Arrêts du Conseil, Lettres Patentes & Arrêts des 10 Juin, 20 Août 1698, & 14 Mars 1701, seroient exécutés selon leur forme & teneur ; & conformément à iceux, que les Marchands de vin de la Ville & Faubourgs de Paris, pourront donner à boire à toutes sortes de personnes dans leurs maisons & caves, & de fournir des Tables, Sieges, Napes, Serviettes & Viande, conformément ausdits Arrêts du Conseil. Lettres-Patentes & Arrêt de la Cour ; & en conséquence lesdits Jurés Cuisiniers fussent déboutés de leur requeste & demande du 10 Décembre 1698, & les condamner aux dépens. Et acte ausdits Maitres & Gardes de la marchandise de vin, de ce que pour écritures & production ils employent le contenu en leur requeste ; au bas de laquelle est l'Ordonnnance de la Cour, portant ait acte, & que les défendeurs fourniroient des défenses, & produiroient dans le jour, attendu l'état de l'instance, & joint. Requeste du 27 dudit mois d'Avril desdits Jurés de la Communauté desdits Traiteurs, employée pour défenses, écritures & production suivant ladite Ordonnance. Production nouvelle desdits Regnault & du Bleau, par requeste du 16 Juin 1699. Requeste du 22 dudit mois desdits Jurés Traiteurs, employée pour contredits contre icelle. Production nouvelle dudit du Bleau par requeste du 4 Août audit an. Requeste du 8 dudit mois desdits Traiteurs, employée pour contredits. Production nouvelle de la Communauté desd. Traiteurs par requeste du 2 Janvier 1700. Requeste du 6 Juil. ensuivant dud. du Bleau, employée pour contred. contre icelle, contenant aussi production nouvelle. Requête du 9 dud. mois de Juil. desd. Jurés Traiteurs, employée pour contred. contre icelle. Salvations dudit du Bleau du 14 dudit mois de Juillet. Arrêt du dernier Avril 1699, rendu entre lesdits Jurés & Maitres Traiteurs de la Ville & Fauxbourgs de Paris, appellants de ladite Sentence du Juge de Police du Châtelet du 27 Juin 1698, d'une part ; & Regnoult, Cabaretier à Paris, intimé, par lequel pour juger le profit du défaut, il auroit été joint à l'instance distribuée à M^e. Gilles Brunet, Conseiller. Conclusions de notre Procureur-Général : Tout joint & consideré. NOTREDITE COUR faisant droit sur le tout, sans s'arrêter aux Requêtes desdits Regnault & du Bleau des 30 Avril & 22 Juin 1700, en tant que touche les appellations dudit du Bleau des Sentences des 27 Juin 1698, 4 Décembre 1699, saisie & exécution de meubles, a mis & met lesdites appellations au néant ; ordonne que ce dont a été appellé sortira son effet, condamne ledit du Bleau en l'amende de douze livres, sur l'appel desdits Jurés de la Communauté

des

des Traiteurs de la même Sentence du 27 Juin, & adjugeant le profit dudit défaut, a mis ladite appellation & ce dont a été appellé au néant, émendant, condamne lesdits Etienne Regnault & Regnoult en chacun six livres d'amende, pareille somme de six livres de dommages & intérêts, & aux dépens, tant des causes principale que d'appel; & ledit du Bleau aux dépens des causes d'appel envers lesdits Jurés Traiteurs, chacun à son égard: Sur les demandes respectives desdits Traiteurs & Gardes du Corps de la Marchandise de Vin à Paris, déclare le présent Arrêt commun avec lesdits Marchands de Vin, Cabaretiers de la Ville & Fauxbourgs de Paris, leur fait défenses de faire chez eux les Festins d'aucunes Nôces. Comme aussi ne pourront faire aucuns Festins dans lesquels il entre aucun ragoût, à peine de cent livres d'amende; & au surplus ordonne que la Déclaration du Roi du 29 Novembre 1680, Lettres-Patentes du premier Juillet 1698, & Arrêt du 14 Mars 1701 seront exécutés, & sur le surplus des demandes a mis les Parties hors de Cour, condamne lesdits Marchands de Vin en la moitié des dépens envers lesdits Traiteurs, l'autre moitié compensée. SI Mandons au premier des Huissiers de notre Cour de Parlement, ou autre notre Huissier ou Sergent, mettre à exécution le présent Arrêt. DONNÉ en Parlement le quatre Mai mil sept cent-un. Collationné avec paraphe, par la Chambre. *Signé*, DU TILLET. *Et à la marge est écrit*: Scellé le quatorze Mai mil sept cent-un. *Signé*, CARPOT, avec paraphe.

Le 25 Mai 1701 signifié & baillé copie à Mes. Gaignant & Coceu, Procureurs. Signé, FAVIER, avec paraphe.

Et ledit jour 25 Mai 1701, signifié & baillé copie au Sieur Regnault, Cabaretier, en son domicile, parlant à sa personne; audit du Bleau aussi Cabaretier, en son domicile, parlant à sa personne; & aux Marchands de Vin, au domicile du Sieur Trumeau, Grand-Garde de ladite Marchandise, en parlant à une Servante, par moi Huissier en Parlement, soussigné. Ainsi *Signé*, FAVIER, avec paraphe. *Et plus bas*: Contrôlé à Paris le 27 Mai mil sept cent-un. R. 110. F. 129. *Signé*, SALART, avec paraphe.

ARREST
DE LA COUR DE PARLEMENT,

Rendu en faveur des Maîtres Queulx-Cuisiniers-Traiteurs-Porte-Chappes de la Ville, Fauxbourgs & Banlieue de Paris.

Contre Michel Filastreau, & les Gardes Marchands de Vin, Parties intervenantes.

Du premier Août 1705.

LOUIS, par la grace de Dieu, Roi de France & de Navarre : Sçavoir faisons, qu'entre Michel Filastreau, Marchand de Vin à Paris, Appellant de la Sentence du Lieutenant Général de Police du Châtelet, du 14 Juin 1703, d'une part; & les Jurés & Communauté des Maîtres Queulx-Cuisiniers de la Ville, Fauxbourgs & Banlieue de Paris, Intimés d'autre. Et entre ledit Filastreau, Appellant d'autre Sentence du Lieutenant Général de Police, du 21 Novembre 1704. Et les Jurés & Communauté desdits Queulx-Cuisiniers, Intimés. Et encore entre les Maîtres & Gardes de la Communauté des Marchands de Vin, demandeurs en Requête d'intervention du 17 Février 1705. Et la Communauté desdits Maîtres Queulx & Cuisiniers, & Filastreau, défendeurs. Et entre ledit Filastreau, Appellant d'une Sentence rendue par le Lieutenant Général de Police le 2 Décembre 1701. Et les Jurés & Communauté des Queulx-Cuisiniers à Paris, défendeurs. Vû par la Cour la Sentence de Police du Châtelet de Paris, du 15 Juin 1703, rendue entre les Jurés de la Communauté des Maîtres Queulx-Cuisiniers-Traiteurs à Paris, demandeurs aux fins de l'Exploit du 23 Novembre 1702, contre ledit Michel Filastreau, Marchand de Vin à Paris, défendeur; par laquelle ledit Filastreau auroit été condamné en vingt-cinq livres de dommages-intérêts envers lesdits Jurés & Communauté desdits Maîtres Queulx & Cuisiniers, en cent sols d'amende & aux dépens. La Sentence dudit Lieutenant de Police du 21 Novembre 1704, rendue entre lesdits Maîtres Queulx & Cuisiniers, demandeurs; contre ledit Filastreau, défendeur; par laquelle itératives défenses auroient été faites audit Filastreau de récidiver sur telles peines qu'il appartiendroit; & pour la contravention, il auroit été condamné en six livres de dommages-intérêts, & aux dépens; ce qui seroit exécuté sans préjudice de l'appel. Arrêt d'appointé au Conseil & joint, des 4 Décembre 1704, & 27 Février 1705. Causes d'appel dudit Filastreau du 19 Mars dernier, & réponses à causes d'appel desdits Cuisiniers du 15 Avril ensuivant. Productions des Parties & contredits respectivement fournis les 15 & 19 Avril audit an. Salvations & réponses à causes d'appel, & contredits dudit Filastreau du 4 Mai. Autres contredits dudit Filastreau du 20 dudit mois de Mai, servant de Salvations à réponses & causes d'appel. Requête du 22 dudit mois de Mai desdits Maîtres Cuisiniers, employée pour Salvations. La Requête du 17 Février 1705 desdits Maîtres & Gardes de la Communauté des Marchands de Vin, à ce qu'ils fussent reçus Parties intervenantes en l'Instance d'entre lesdits Cuisiniers-Traiteurs & ledit Filastreau, & acte de ce que pour moyens d'intervention, ils employent le contenu en leur Requête; faisant droit sur leur intervention, il fût ordonné que la Déclaration du Roi du 29 Novembre 1680, Lettres-Patentes du premier Juillet 1698, & Arrêt d'enregistrement du 14 Mai 1701, seront exécutés selon leur forme & teneur; ce faisant, & en conséquence ils fussent maintenus dans le droit & possession qu'ils ont de donner à boire & à manger chez eux à toutes sortes de personnes, même de donner à boire & fournir leurs Vins aux compagnies de Nôces qui viennent chez eux, avec déclaration de leur part que, conformément à l'Arrêt du 4 Mars 1701, ils n'entendent faire chez eux aucun Festin de Nôces pour les viandes & ragoûts dont ils auroient besoin; & que lesdits Traiteurs fussent condamnés aux dépens. Arrêt du 27 dudit mois de Février, par lequel lesdits Maîtres & Gardes des Marchands de Vin, auroient été reçus Parties intervenantes; & pour faire droit sur l'intervention, les Parties auroient été appointées en droit & joint, Requête desdits Marchands de Vin du 26 Mars enſuivant, employée pour avertiſſement, écritures & production. Requête du 5 dudit mois de Mars deſdits Cuiſiniers-Traiteurs, employée pour défenſes, écritures & production. Contredits reſpectivement fournis par leſdits Traiteurs & Marchands de Vin des 17 Avril & 26 Mai dernier. Requête du 22 dudit mois de Mai deſdits Marchands de Vin, employée pour Salvations. Sommation de fournir de réponſes & moyens d'Intervention, produire & contredire par ledit Filaſtreau. La Sentence du Lieutenant-Général de Police du 2 Décembre 1701, rendue entre leſdits Jurés Traiteurs-Queulx-Cuiſiniers à Paris, demandeurs aux fins de l'Exploit du 22 Novembre 1702, contre ledit Filaſtreau, par laquelle défenſes auroient été faites audit Filaſtreau de plus à l'avenir entreprendre ſur le Métier deſdits Traiteurs-Cuiſiniers ſur les peines qu'il appartiendroit, & ledit Filaſtreau condamné en dix livres de dommages & intérêts envers leſdits Cuiſiniers-Traiteurs, & aux dépens, ce qui ſeroit exécuté ſans préjudice de l'appel Requête du 7 Mai dernier dudit Filaſtreau, à ce qu'il fût reçû Appellant, en adherant à ladite Sentence du 2 Décembre 1701 faiſant droit ſur l'appel, attendu que ledit Filaſtreau n'avoit fourni que du pain, du vin, des ſalades & des couverts, qu'il n'avoit fait aucuns Feſtins de Nôces ni fourni aucuns ragoûts ni fricaſſées aux gens de la Nôce, dont étoit queſtion, l'Appellation & ce fût miſe au néant, émendant ledit Filaſtreau fût déchargé des condamnations contre lui prononcées par ladite Sentence. Que défenſes fuſſent faites aux Cuiſiniers-Traiteurs, de plus à l'avenir troubler ledit Filaſtreau dans le droit & poſſeſſion, où lui & tous les Marchands de Vin étoient de fournir du pain, du vin, des ſalades & des couverts, indifféremment à tous ceux qui viennent chez eux pour y boire & manger, & qu'ils fuſſent condamnés aux dépens, tant des cauſes principale que d'apel, & que ſes autres concluſions lui fuſſent adjugées, & Acte de ce que pour cauſes d'appel, écritures & production, il employe le contenu en ſa Requête, au bas de laquelle eſt l'Ordonnance de la Cour, par laquelle ledit Filaſtreau auroit été reçû Appellant, ſur l'appel les Parties appointées au Conſeil, & Acte de l'employ, & ordonne que les Intimés fourniroient de réponſes à cauſes d'appel, produiroient dans trois jours, & joint. Requête du 18 dudit mois de Mai desdits Cuisiniers-Traiteurs, employée pour réponses à causes d'appel, écritures & production suivant ladite Ordonnance. Requête du 8 Juin desdits Marchands de Vins, aussi employée pour réponses, écritures & productions suivant la même Ordonnance. Requête du 13 dudit mois de Juin dudit Filastreau, à ce qu'en procédant au Jugement de l'instance, lui adjugeant ses conclusions, lesdits Jurés & Communauté des Cuisiniers-Traiteurs fussent condamnés en tous les dépens, que ledit Filastreau avoit été & seroit obligé de faire allencontre des Jurés & Gardes de la Communauté des Marchands de Vin, sur leur intervention en l'instance, & en ceux de ladite demande; sur laquelle Requête auroit été réservé à faire droit en jugeant, & icelle signifiée. Requête du 17 dudit mois de Juin desdits Cuisiniers Traiteurs, employée pour réponses à la précédente. Production nouvelle de la Communauté desdits Jurés-Traiteurs par Requête du 20 Avril dernier. Contredits contre icelle, desdits Filastreau & Marchands de Vin, des 4 & 22 Mai audit an. Production nouvelle dudit Filastreau par Requête du 20 dudit mois de Mai. Requêtes des 25 & 29 dudit mois desdits Cuisiniers-Traiteurs, & de la Communauté desdits Marchands de Vin, employées pour contredits contre icelle. Production nouvelle dudit Filastreau par Requête du 13 Juin audit an. Requête du 16 dudit mois desdits Cuisiniers-Traiteurs, employée pour contredits contre icelle. Production nouvelle desdits Marchands de Vin, par Requête du 15 dudit mois de Juin. Requête du 17 desdits Traiteurs, employée pour contredits contre icelle. Production nouvelle dudit Filastreau par Requête du 22 Juillet. Requête du 23 dudit mois desdits Traiteurs, employée pour contredits contre icelle. Autre Production nouvelle dudit Filastreau par Requête du 24 dudit mois de Juillet, contenant ses conclusions, à ce qu'attendu qu'il demeuroit pour constant que ledit Filastreau n'avoit fourni aucunes viandes aux Assemblées de Nôces qui avoient été trouvées chez lui le 13 Novembre 1702 non plus qu'aux autres Nôces, pour raison desquelles les Sentences dont est appel étoient intervenues, les conclusions qu'il avoit prises lui fussent adjugées; & où la Cour ne trouveroit pas la preuve suffisante par les pièces produites par ladite Production nouvelle, il fût donné Acte audit Filastreau de ce qu'il mettoit en fait n'avoir fourni aucunes viandes, soit de Rotisseries, Fricassées, Ragoûts ni autrement, auxdites Compagnies de Nôces, & qu'il ne leur avoit donné autre chose que le Vin, le Pain, les Salades & les couverts nécessaires, & en conséquence, avant faire droit sur le fond des contestations des Parties, il lui fût permis d'en faire preuve, en cas que lesdits Cuisiniers-Traiteurs en disconviennent, en la manière accoûtumée, pour ce fait & rapporté, être ordonné ce que de raison. Au bas de laquelle Requête est l'Ordonnance de la Cour, portant qu'elle & les piéces seroient communiquées à Parties pour y fournir de contredits, au surplus reservé à faire droit en jugeant, & icelle signifiée. Requête du 27 dudit mois desdits Cuisiniers, employée pour contredits contre ladite Production nouvelle, & défenses contre ladite Requête en jugeant. Requête du 11 Juillet dernier desdits Cuisiniers, employée pour Salvations aux contredits fournis contre leurs Productions par lesdits Filastreau & les Marchands de Vin, avec le Mémoire imprimé desdits Cuisiniers. Requête du 20 dudit mois de Juillet desdits Marchands de Vin, employée pour réponses au Mémoire desdits Cuisiniers, avec le Mémoire imprimé desdits Marchands de Vin. Requête du 21 dudit mois de Juillet desdits Jurés Cuisiniers, aussi employée pour réponse au Mémoire desdits Marchands de Vin. Conclusions de notre Procureur Général : Le tout joint & considéré, NOTREDITE COUR, faisant droit sur le tout, sans s'arrêter aux Requêtes dudit Filastreau des 13 & 24 Juillet derniers, a mis & met les appellations par lui interjettées au néant ; ordonne que ce dont est appel sortira effet ; le condamne en trois amendes de chacune douze livres, & aux dépens envers lesdits Cuisiniers-Traiteurs. Sur l'intervention desdits Maîtres & Gardes de la Communauté des Marchands de Vin, ordonne que la Déclaration du 29 Novembre 1680, Lettres Patentes du premier Juillet 1698, & Arrêts des 14 Mars & 4 Mai 1701, seront exécutés selon leur forme & teneur ; ce faisant, permet auxdits Marchands de Vin de donner à boire dans leurs maisons à ceux qui y viendront prendre leurs repas, leur fournir Nappes, Serviettes & Viandes qu'ils pourront faire rôtir chez eux sur le gril & en broche, sans néanmoins qu'ils puissent avoir des Cuisiniers, étalages de viandes, loger ni tenir chambres garnies, appréter, ni faire apprêter aucuns ragoûts, ni sous quelque prétexte que ce soit, faire chez eux les Festins de Nôces, recevoir en leurs Maisons les compagnies de Nôces, ni leur y fournir aucunes choses, à peine de cinquante livres d'amende, & des dommages & intérêts desdits Cuisiniers-Traiteurs ; & sur le surplus de la demande desdits marchands de Vin, les Parties mises hors de Cour, dépens compensés entre lesdits Traiteurs & Marchands de Vin. Mandons au premier notre Huissier ou Sergent mettre à exécution le présent Arrêt. Donné en Parlement le premier Août mil sept cent cinq. Collationné. Par la Chambre, *Signé*, DU TILLET.

Le 11 Août 1705, signifié à Maîtres le Sueur & Allier, Procureurs des Parties adverses, en leurs domiciles, parlant à leurs Clercs.

Signé, MORTIER.

Le 17 Août 1705, signifié & baillé copie audit Filastreau, Marchand de Vin, en son domicile, parlant à son Garçon ; & aux Maîtres & Gardes de la marchandise de Vin, en leur Bureau, parlant à une Servante, par moi Huissier au Parlement, soussigné.

Signé, JEUNESSE, *avec paraphe.*

Contrôlé à Paris le 18 Août 1705, Registre 74, Folio 95.

Signé, BRODARRE, *avec paraphe.*

LETTRES PATENTES

Pour les Cuisiniers & Traiteurs de la Ville de Paris.

Portant confirmation des Statuts de ladite Communauté.

Du 29 Mai 1708.

LOUIS, par la grace de Dieu, Roi de France & de Navarre. A tous ceux qui ces présentes Lettres verront, Salut. Les Marchands de Vin de notre bonne Ville & Fauxbourgs de Paris Nous ayant fait remontrer, que les défenses qui leur étoient faites par les Statuts des Maitres Queulx & Cuisiniers-Traiteurs de notredite Ville de Paris, d'entreprendre aucunes nôces, festins, banquets, colations & autres choses dépendantes de leur Art, leur causoient un préjudice considerable, & gênoient même la liberté publique ; Nous aurions ordonné par notre Déclaration du 12 Juillet 1707, que lesdits Marchands de Vin pourroient donner à boire dans leurs maisons & caves, fournir des tables, sieges, serviettes, nappes & viandes, lesquelles ils pourroient faire rôtir sur gril & en broche, conformément à l'Arrêt de notre Parlement de Paris, du premier Août 1705, pour ceux qui viennent prendre leurs repas dans leurs maisons, même y recevoir toutes compagnies de nôces & toutes sortes de personnes indistinctement, sans néanmoins pouvoir avoir aucunes enseignes de Traiteurs ni de Cuisiniers chez eux, étalage de viande, loger ni tenir chambres garnies, & pouvoir être réputés Cabaretiers ; à l'effet dequoi Nous aurions, en tant que besoin, dérogé aux Statuts desdits Maitres Cuisiniers-Traiteurs, & aux Arrêts de notredit Parlement, qui pouvoient être contraires à la disposition de ladite Déclaration, en considération dequoi Nous aurions déchargé lesdits Maitres Traiteurs de la finance qu'ils étoient tenus de Nous payer pour la réunion à leur Communauté des Offices de Greffiers des Brevets d'apprentissage & de Contrôleurs des poids & mesures : Et comme cette Déclaration n'expliquoit rien au sujet des visites

que

que lesdits Cuisiniers-Traiteurs sont en droit de faire chez lesd. Marchands de Vin, & que cette obmission pouvoit être une source de procès entr'eux, Nous aurions par Arrêt de notre Conseil du 22 Novembre de ladite année 1707, & Lettres Patentes expédiées en conséquence le 30 dud. mois, maintenu lesdits Traiteurs dans la faculté d'aller en visite toutefois & quantes que bon leur sembleroit, ainsi qu'ils avoient accoutumé, dans les maisons & caves desdits Marchands de Vin, sur les avis des contraventions qui s'y pourroient commettre au préjudice de leur Communauté, dans les points & articles qui n'étoient pas autorisés par ladite Déclaration. Mais ayant été depuis informé que ladite Déclaration, ni lesdites Lettres Patentes n'avoient pû être enregistrées en notredit Parlement de Paris à cause des oppositions formées, tant de la part desd. Traiteurs que desdits Marchands de Vin; que d'ailleurs, il n'étoit pas du fait des Marchands de Vin de faire le même métier des Traiteurs, qui seroient ruinés si cette nouveauté pouvoit avoir lieu, & que même lesdites Déclarations, Arrêts & Lettres Patentes avoient déja donné matiere à plusieurs contestations entre lesdits Marchands de Vin & lesdits Cuisiniers-Traiteurs, & en pouvoient faire naitre beaucoup d'autres; Nous aurions résolu pour les faire cesser, & toutes celles qui pourroient survenir par la suite, de remettre les Parties au même état qu'elles étoient avant lesdites Déclarations, Arrêts & Lettres Patentes, & pour cet effet d'accepter les offres desdits Cuisiniers-Traiteurs, de Nous payer les taxes sur eux faites pour la réunion à leur Communauté des Offices de Greffiers des Brevets d'apprentissage & de Contrôleur des poids & mesures. A ces causes & autres à ce nous mouvans, de notre certaine science, pleine puissance & autorité Royale, Nous avons par ces Présentes signées de notre main, dit, déclaré & ordonné, disons, déclarons & ordonnons, voulons & nous plaît, que les Maitres Queulx & Cuisiniers-Traiteurs de notre bonne Ville & Fauxbourgs de Paris, soient mis & rétablis, comme nous les mettons & rétablissons au même état qu'ils étoient avant notredite Déclaration du 12 Juillet 1707, Arrêt du 22 Novembre suivant, & Lettres Patentes du 30 dudit mois, auxquels pour cet effet Nous avons dérogé & dérogeons par ces mêmes Présentes. Faisons défenses en conséquence auxdits Marchands de Vin de notredite Ville & Fauxbourgs de Paris, à toutes autres personnes généralement quelconques, de tel art, métier & condition qu'elles puissent être, de recevoir chez eux aucunes compagnies de nôces, ni d'entreprendre aucuns festins, banquets, colations & autres choses dépendantes de l'art & métier desdits Cuisiniers-Traiteurs, que nous avons maintenus & confirmés, comme nous les maintenons & confirmons par cesdites Présentes, conformément à nos Lettres Patentes du mois d'Août 1663, & Déclaration du 15 Decembre 1704, dans les Statuts à eux accordés par Nous & les Rois nos Prédécesseurs, que nous voulons, ainsi que les Déclarations, Réglemens & Arrêts rendus en conséquence, tant en notre Conseil qu'en notredit Parlement de Paris, être exécutés selon leur forme & teneur : les maintenons & confirmons en outre dans tous leurs droits, privileges, facultés & fonctions exprimés, tant dans leursdits Statuts, que dans les Déclarations, Ordonnances, Réglemens & Arrêts de notredit Parlement de Paris sur ce rendus : Et de la même autorité que dessus, Nous avons, en tant que besoin est ou seroit, uni & incorporé, unissons & incorporons à ladite Communauté des Maîtres-Queulx & Cuisiniers-Traiteurs, les Offices héréditaires de Contrôleurs-Visiteurs des poids & mesures, & de Greffiers des Brevets d'apprentissages de leur Communauté, créés par nos Edits des mois de Janvier & Août 1704, pour jouir par eux des gages & droits y attribués, sans que pour raison desdits Offices, ils soient tenus de prendre de Nous aucunes Lettres de Provisions, dont nous les avons dispensé & dispensons, ni de payer ci-après aucune taxe pour confirmation d'hérédité desdits Offices, ni autres sous quelque prétexte que ce puisse être, dont Nous les avons dès-à-présent déchargé & déchargeons, à la charge par eux de payer la somme de trois mille livres, & les deux sols pour livre d'icelle, à quoi nous avons réduit & moderé la finance desdits Offices, lesquelles sommes Nous leur avons permis & permettons d'emprunter, si bon leur semble : Si donnons en mandement à nos amés & féaux Conseillers les Gens tenans notre Cour de Parlement à Paris, que ces Présentes ils ayent à faire lire, publier & enregistrer, & du contenu en icelles, jouir & user lesdits Maîtres Queulx & Cuisiniers-Traiteurs de notredite Ville & Fauxbourgs de Paris, pleinement & paisiblement selon leur forme & teneur, nonobstant toutes lettres & choses à ce contraires, auxquelles Nous avons dérogé & dérogeons par cesdites Présentes : Car tel est notre plaisir. En témoin de quoi Nous avons fait mettre notre Scel à cesdites Présentes. Donné à Marly le vingt-neuviéme jour de Mai, l'an de grace mil sept cent huit, & de notre Regne le soixante-sixiéme. Signé, LOUIS : *Et plus bas* : *Par le Roi*, *Signé*, PHELYPEAUX, *avec Paraphe*. Vû au Conseil, *Signé*, DESMARETZ. *Et plus bas est écrit* :

Registrées, ouï le Procureur Général du Roi, pour être exécutées selon leur forme & teneur, suivant & conformément à l'Arrêt du premier Août 1705, & à celui de ce jour. A Paris, en Parlement, le 29 Décembre 1709.

Signé, *LORNE*, *avec paraphe*.

ARREST
DU CONSEIL D'ÉTAT DU ROI,

Du 30 Octobre 1708.

QUI renvoye les Marchands de Vin au Parlement, pour procéder sur leur opposition à l'enregistrement de la Déclaration du Roi du 29 Mai 1708.

Extrait des Registres du Conseil d'Etat.

VU au Conseil d'Etat du Roi la Requête présentée en icelui par les Maitres & Gardes du Corps des Marchands de Vin de la Ville & Fauxbourgs de Paris, tendante à ce qu'il a plû à Sa Majesté les recevoir opposans à l'exécution de la Déclaration rendue en faveur des Maitres Jurés Cuisiniers-Traiteurs de la même Ville, le vingt-neuviéme Mai de la présente année 1708, par laquelle, conformément aux Statuts desdits Cuisiniers-Traiteurs, Déclarations, Arrêts & Réglemens, rendus en conséquence, il est fait défenses ausdits Marchands de

O ij

vin, & à toutes autres personnes généralement quelconques, de tel Art, Métier & condition qu'elle puissent être, de recevoir chez eux aucunes compagnies de Nôpces, ni d'entreprendre aucuns Festins, Banquets, Colations, & autres choses dépendantes de l'Art & Métier desdits Cuisiniers Traiteurs, & ordonner en conséquence que celle du 12 Juillet 1707, & les Lettres-Patentes du 30 Novembre ensuivant, soient exécutées selon leur forme & teneur; lesdits Marchands de vin prétendans que cette Déclaration du 29 Mai 1708, est contraire à celle du 29 Novembre 1680, par laquelle en considération de l'augmentation de 27 sols par muid de vin sur le Droit de huitiéme, il leur est permis de donner à boire dans leurs maisons & caves, & de fournir des tables, siéges, nappes, serviettes & viandes à ceux qui prendront leurs repas en leurs maisons, sans néanmoins qu'ils puissent avoir des Cuisiniers chez eux, étalages de viandes, loger ni tenir chambres garnies, & sans aussi qu'ils puissent être réputés Cabaretiers; que ladite Déclaration de 1680, ne contenant point d'exception pour les compagnies de Nôces, ils peuvent les recevoir de même que d'autres compagnies, autrement le public se trouveroit extrêmement gêné, & la Ferme générale des Aydes souffriroit un préjudice considérable, puisque les petites gens, qui ne sont pas en état d'aller chez les Traiteurs, continueroient de sortir de la Ville & des Faubourgs de Paris, pour aller faire leurs Nôces dans des endroits où les droits d'entrée, de Gros & de Huitiéme ne sont pas établis; au lieu que s'il leur étoit permis d'aller chez les Marchands de vin, tous ces droits seroient payés; à quoi ils ajoûtent que ladite augmentation de 27 sols, qui produit tous les ans plus de deux cent mille livres, n'a été imposée qu'à cause de la permission qui leur a été accordée de donner à boire chez eux, & de fournir des viandes à toutes sortes de personnes; que néanmoins leur dessein n'étoit point d'entreprendre sur le métier des Cuisiniers-Traiteurs, lesquels ne sçauroient se plaindre, du moment que lesdits Marchands de vin n'auront pas de Cuisiniers chez eux, ni d'étalages de viandes, & qu'ils ne fourniront autre chose que ce qui leur est permis par ladite Déclaration de 1680, ce qu'ils pourroient reconnoître dans leurs visites : la réponse desdits Maîtres Jurés Cuisiniers & Traiteurs contenant, que les Marchands de vin n'ont aucuns Titres ni Statuts qui puissent les autoriser dans leurs oppositions à l'enregistrement de la Déclaration du 29 Mai 1708, par laquelle entre autres choses Sa Majesté a, pour les causes y contenues, derogé à celle du 12 Juillet 1707, & aux Lettres-Patentes du 30 Novembre ensuivant; ni dans leur prétention de recevoir chez eux des compagnies de Nôces; qu'ils n'ont jamais eu cette faculté, qu'au contraire elle leur a toujours été défendue autant de fois qu'ils ont tenté de l'obtenir; que les Cuisiniers-Traiteurs ont une Maîtrise établie dès l'année 1599, suivant les Statuts qui leur ont été accordés en ladite année, par le Roi Henri IV, dûement vérifiés & enregistrés; que ces Statuts ont été depuis confirmés par le feu Roi Louis XIII, d'heureuse mémoire en 1612, & par Sa Majesté en 1646, qu'il a encore plû à Sa Majesté leur donner en 1704, une Déclaration confirmative desdits Statuts, lesquels font connoître que ce qu'il y a de plus essentiel dans leur métier, est le privilege de recevoir les compagnies de Nôces; que cette faculté est défendue à toutes personnes généralement quelconques, de tel Art, métier & condition qu'elles puissent être, tant par l'Article XXII desdits Statuts, que par l'Article VI de la Déclaration de 1704, & par l'Arrêt contradictoire du Parlement de Paris du 1 Août 1705, par lequel il est fait défenses aux Marchands de vin de faire chez eux, sous quelque prétexte que ce soit, les festins de Nôces, recevoir en leurs maisons les compagnies de Nôces, ni leur fournir aucunes choses à peine de cinquante livres d'amende; que les Marchands de vin alléguerent lors de cet Arrêt la Déclaration de 1680, l'intérêt de la Ferme, & toutes les mêmes raisons sur lesquelles ils se fondent aujourd'hui, mais qu'elles furent trouvées si foibles, que l'on n'y eut aucun égard; que c'est par le même principe que le Roi a eu la bonté de rendre la Déclaration du 29 Mai 1708, qui ne donne aucune atteinte à celle de 1680, suivant laquelle il est seulement permis aux Marchands de vin de donner à boire & de fournir des tables, nappes, serviettes & viandes à ceux qui prendront leurs repas dans leurs maisons; ce qui ne peut s'entendre que des particuliers qui n'ont point de ménage, des ouvriers & autres gens, qui se trouvant éloignés de leurs quartiers, ont besoin de prendre leur refection, ou des personnes qui viennent à Paris pour leurs affaires, qui logent dans des chambres garnies, & qui sont obligées d'aller prendre leurs repas de côté & d'autre, & non pas des compagnies de Nôces, de quelque qualité qu'elles soient, pour lesquelles la Communauté des Cuisiniers-Traiteurs a un privilege exclusif, qu'il est inutile ausdits Marchands de vin de dire qu'ils ne veulent point entreprendre sur le métier des Cuisiniers-Traiteurs, c'est-à-dire, donner des ragoûts, faire des festins, colations, & autres choses dépendantes de leur métier, puisqu'il suffit qu'il leur soit défendu de recevoir des compagnies de Nôces, pour condamner leur prétention, de quelque maniere que ce soit & qu'ils la colorent : c'est pourquoi les Cuisiniers-Traiteurs qui sont fondés en bons titres bien & dùement vérifiés, supplient très-humblement Sa Majesté d'avoir la bonté, en déboutant lesdits Marchands de vin des fins & conclusions portées par leur requeste, de renvoyer les Parties au Parlement de Paris, pour procéder sur l'opposition que les Marchands de vin ont formée à l'enregistrement de ladite Déclaration du 29 Mai 1708. VEU aussi lesdits Statuts desdits Cuisiniers-Traiteurs dùement registrés au Parlement, les Lettres de Confirmation ; ladite Déclaration de 1680, celle de 1704, l'Arrêt dudit Parlement du 1 Août 1705, ladite Déclaration du 12 Juillet 1707, les Lettres-Patentes du 30 Novembre ensuivant, ladite Déclaration du 29 Mai 1708, l'Acte d'opposition formée par les Marchands de vin à l'enregistrement de ladite Déclaration du 29 Mai. Requête desdits Cuisiniers-Traiteurs présentée audit Parlement contre lesdits Marchands de vin, du 12 Juil. ensuivant, à ce que lesdits Marchands de vin fussent déboutés de ladite opposition, & passé outre à l'enregistrement de ladite Déclaration, & autres piéces & Mémoires des Parties. Oui le rapport du Sieur Desmarets Conseiller ordinaire au Conseil Royal, Contrôleur Général des Finances. LE ROI EN SON CONSEIL, sans s'arrêter à la requête desdits Marchands de vin, ayant égard à celle des Cuisiniers-Traiteurs, a renvoyé les Parties au Parlement de Paris, pour y proceder sur l'opposition que les Marchands de vin ont formée à l'enregistrement de la Déclaration du 29 Mai 1708. FAIT au Conseil d'Etat du Roi, tenu à Versailles le 30e jour d'Octobre 1708. Collationné. *Signé*, DE LAISTRE.

De la Jurande de Charles le Neveu, de Louis Houssau, d'Antoine Bondal, & de Nicolas le Noir.

ARREST
DE LA COUR DE PARLEMENT,
Du 19 Décembre 1709.

QUI permet aux Cuisiniers-Traiteurs de faire des Visites chez les Marchands de Vin, en présence d'un Commissaire du Châtelet, tel qu'ils voudront choisir.

Extrait des Registres du Parlement.

LOUIS, par la grace de Dieu, Roi de France & de Navarre : au premier Huissier de notre Cour de Parlement, & autre sur ce requis. SALUT, sçavoir faisons qu'entre les Jurés de la Communauté des Cuisiniers-Traiteurs de la Ville de Paris, opposans à l'Enregistrement de la Déclaration du 12 Juillet 1707, & Défendeurs d'une part ; & les Maîtres & Gardes du Corps des Marchands de Vin de cette Ville de Paris, Défendeurs à ladite opposition, & Demandeurs en Requête du 21 Novembre 1707, d'autre ; & encore entre lesdits Maîtres & Gardes du Corps des Marchands de Vin de Paris, Demandeurs en Requête du 30 Janvier 1708, & lesdits Jurés & Communauté des Cuisiniers-Traiteurs de cette Ville. Et encore entre lesdits Maîtres & Gardes des Marchands de Vin, opposans à l'Enregistrement de la Déclaration du Roi du 9 Mai 1708, & Défendeurs ; & lesdits Maîtres Traiteurs & Cuisiniers de Paris, Défendeurs à ladite opposition, & Demandeur en Requête du 12 Juillet 1708. Et encore entre lesdits Maîtres & Gardes des Marchands de Vin, Demandeurs en Requête du 2, signifiée le 4 Mars 1709 ; & lesdits Traiteurs, Défendeurs. Vû par la Cour les Lettres-Patentes du Roi du 12 Juillet 1707, en forme de Déclaration, obtenues par les Marchands de Vin ; par lesquelles, conformément à la Déclaration du 29 Novembre 1680, & Lettres-Patentes du premier Juillet 1698, Sa Majesté accorde que les Marchands de Vin de la Ville & Faubourgs de Paris puissent donner à boire dans leurs maisons & caves, fournir des Tables, Siéges, Nappes, Serviettes & Viandes, lesquelles ils pourront faire rôtir sur le gril & en broche, conformément à l'Arrêt du premier Août 1705, pour ceux qui viennent prendre leurs repas dans leurs maisons, même y recevoir toutes Compagnies de Nôces & toutes sortes de personnes sans distinction, sans néanmoins qu'ils puissent avoir aucunes Enseignes de Traiteurs, ni de Cuisiniers chez eux, étalage de viande, loger ni tenir Chambre garnie; sans aussi qu'ils puissent être réputés Cabaretiers, auquel effet en tant que besoin le Roi dérogeoit aux Statuts des Maîtres Queux-Cuisiniers-Traiteurs de la Ville & Faubourgs de Paris, & aux Arrêts de la Cour qui pourroient être contraires ausd. Lettres Patentes, & veut qu'au surplus lesdits Arrêts & Statuts soient exécutés selon leur forme & teneur; & en considération la Communauté desdits Traiteurs auroit été déchargée du payement de la finance qu'elle seroit tenue pour la réunion des Offices de Contrôleurs, Visiteurs, & des poids & mesures, & de Greffier des Brevets d'Aprentissage, lesquels demeureront réunis à leur Corps, sans qu'ils puissent recevoir aucuns Droits attribués ausdits Offices. La Requête du 21 Novembre 1707 desdits Marchands de Vin, à ce que sans s'arrêter à l'opposition formée par la Communauté desdits Cuisiniers-Traiteurs, il fût ordonné qu'il seroit procédé & passé outre à l'enregistrement de la Déclaration du Roi du 12 Juillet 1707, pour être exécutée selon sa forme & teneur. Autre Requête du 30 Janvier 1708, desd. Marchands de vin, à ce qu'en déboutant lesdits Traiteurs de leur opposition à l'enregistrement de la Déclaration du Roi du 12 Juillet 1707, il leur fût donné acte de ce qu'ils se rapportoient à la Cour d'ordonner ce qu'il lui plairoit sur l'enregistrement; en ce cas le droit de visite de question demeureroit restraint aux jours que les Marchands de vin auroient chez eux compagnies de nôces; & en tout cas, que les Traiteurs ne pourroient faire aucune visite qu'avec un Commissaire du Châtelet, & en conséquence de l'Ordonnance du Lieutenant Général de Police, & les contestans condamnés aux dépens. Les Lettres Patentes en forme de Déclaration du 29 Mai 1708, obtenues par lesd. Maîtres Queulx-Cuisiniers-Traiteurs de la Ville & Fauxbourgs de de Paris, par lesquelles Sa Majesté veut qu'ils soient mis & rétablis, ainsi qu'il les rétablit, au même état qu'ils étoient avant la Déclaration du 12 Juillet 1707, Arrêt du 22 Novembre suivant & Lettres Patentes du 30 dudit mois, auxquelles Sa Majesté dérogeoit; & en conséquence fait défenses auxdits Marchands de vin de la Ville & Fauxbourgs de Paris, & à toutes autres personnes généralement quelconques, de tel Art, Métier & condition qu'elles puissent être, de recevoir chez eux aucunes compagnies de nôces, ni d'entreprendre aucuns festins, Banquets, colations & autres choses dépendantes de l'Art & Métier de Cuisiniers-Traiteurs qui auroient été maintenus & confirmés, conformément aux Lettres Patentes du mois d'Août 1663, & Déclaration du 15 Décembre 1704, dans les Statuts à eux accordés par le Roi & les Rois ses prédécesseurs, qu'il veut, ainsi que les Déclarations, Réglemens & Arrêts rendus en conséquence, tant au Conseil qu'en la Cour, être exécutés selon leur forme & teneur, & les maintient & confirme en outre dans tous leurs droits, privileges, facultés & fonctions exprimés, tant dans leursdits Statuts que dans les Déclarations, Ordonnances, Réglemens & Arrêts de la Cour sur ce rendus, & en tant que besoin est ou seroit, a réuni à lad. Communauté des Maitres Queulx & Cuisiniers Traiteurs, les Offices héréditaires de Contrôleurs-Visiteurs des poids & mesures, des Greffiers des Brevets d'apprentissage de leur Communauté, créés par Edits des mois de Janvier & Août 1704, pour jouir par eux des droits & gages y attribués, sans que pour raison desdits Offices ils soient tenus de prendre aucunes Lettres & Provisions dont ils étoient dispensés, ni de payer ci-après aucunes taxes, à la charge par eux de payer la somme de trois mille livres & les deux sols pour livre, à quoi la finance desdits Offices auroit été modérée. L'acte d'opposition du 22 Juin 1708, formée à l'enregistrement desdites Lettres Patentes, à la requête desdits Marchands de vin. La Requête du 12 Juillet ensuivant desdits Maitres Queulx-Cuisiniers & Traiteurs, à ce qu'il fût ordonné, que sans s'arrêter à l'opposition formée par lesdits Marchands de vin à l'enregistrement de la Déclaration donnée en faveur desdits Cuisiniers-Traiteurs le 29 Mai 1708, dont ils seroient déboutés, il fût ordonné qu'il seroit passé outre à l'enregistrement de ladite Déclaration, & lesdits Marchands de vin con-

P

damnés aux dommages & intérêts desdits Cuisiniers-Traiteurs, & aux dépens. Arrêt du 9 Janvier 1709, par lequel sur les oppositions respectives des Parties elles auroient été appointées en droit. Autre Arrêt du 21 Janvier audit an, par lequel, sans s'arrêter à l'opposition desdits Cuisiniers à l'exécution dudit Arrêt du 9 Janvier, dont ils auroient été déboutés & condamnés aux dépens, auroit été ordonné que ledit Arrêt seroit exécuté sur les qualités signifiées à la requête desdits Marchands de vin. Avertissement desdits Marchands de vin du 29 dudit mois de Janvier. Productions des Parties. Contredits desdits Marchands de vin du 15 Mai dernier. Requête du premier Juin ensuivant desdits Traiteurs, employée pour contredits & salvations. La Requête desdits Marchands de vin du 2 Mars, signifiée le 4 dudit mois, à ce qu'en les recevant opposans à la Déclaration du Roi du 29 Mai 1708, en conséquence de la déclaration faite par Requête du 30 Janvier précédent, qu'ils se rapportoient à la Cour d'ordonner ce qu'il lui plairoit sur l'enregistrement des Lettres Patentes du 30 Novembre 1707, à condition néanmoins que les droits de visite accordés par icelle aux Traiteurs, demeureront restraints aux jours que les Marchands de vin auroient chez eux des compagnies de nôces, & qu'en tout cas ils ne pourroient faire aucunes visites qu'avec un Commissaire du Châtelet, & en conséquence de l'Ordonnance du Lieutenant Général de Police ; & sans s'arrêter à l'opposition des Traiteurs dont ils seroient déboutés, il fût ordonné qu'il seroit procédé & passé outre à l'enregistrement de la Déclaration du Roi du 12 Juillet 1707, & les Traiteurs condamnés aux dépens ; & acte de ce que pour écritures & productions lesdits Marchands de vin employoient le contenu en leur Requête ; au bas de laquelle est l'Ordonnance de la Cour, par laquelle sur la demande les Parties auroient été appointées en droit, joint, & acte de l'emploi. Requête du 16 Juillet dernier desdits Traiteurs, employée pour défenses, écritures & production, suivant ladite Ordonnance. Production nouvelle desdits Cuisiniers Traiteurs, par Requête du 17 Juin 1709. Requête desdits Marchands de vin du 28 dudit mois de Juin, signifiée le premier Juillet audit an desdits Marchands de Vin, employée pour contredits contre icelle & pour salvations. Autre production nouvelle desdits Traiteurs, par Requête du même jour 17 Juin. Requête du premier Juillet audit an desdits Marchands de Vin, employée pour contredits contre icelle. Production nouvelle desdits Marchands de Vin, par Requête du premier Juillet audit an. Requête du 16 dudit mois desdits Traiteurs, employée pour contredits contre icelle. Autre production nouvelle desdits Traiteurs, par Requête du 2 Août ensuivant. Requête du 3 dudit mois desdits Marchands de Vin, employée pour contredits contre icelle. Conclusions du Procureur Général du Roi : Tout joint & considéré, LA COUR, sans s'arrêter à l'opposition formée par lesdits Marchands de Vin à l'enregistrement des Lettres Patentes obtenues par lesdits Cuisiniers-Traiteurs du 19 Mai 1708, dont Elle les a déboutés, ordonne que lesdites Lettres seront registrées au Greffe de la Cour, pour être exécutées selon leur forme & teneur, conformément à l'Arrêt du premier Août 1705. Permet auxdits Cuisiniers-Traiteurs de faire des Visites chez les Marchands de Vin, en présence d'un Commissaire du Châtelet, tel qu'ils voudront choisir ; & en conséquence déboute lesdits Marchands de Vin de leur Requête du 2 Mars 1709, à fin d'enregistrement des Lettres Patentes du 12 Juillet 1707, & de leurs autres demandes, & les condamne au quart de tous les dépens, les trois autres quarts compensés. Si te mandons mettre le présent Arrêt à exécution selon sa forme & teneur ; de ce faire te donnons pouvoir. Donné à Paris en Parlement le dix-neuvieme Décembre mil sept cent neuf, & de notre Regne le soixante-septieme. Collationné, MANGOT. *Signé* par la Chambre, LORNE.

Le 2 Janvier 1710, *signifié & baillé copie à la Communauté des Marchands de Vin, en leur Bureau, rue Grenier-sur-l'eau, parlant à une Servante, par moi Huissier en Parlement, soussigné. Signé*, JEUNESSE. *Et contrôlé ledit jour & an. Signé*, MONTBUT.

Et le 2 Janvier 1710, *signifié & baillé Copie à Me. Allier, Procureur, en son domicile, parlant à son Clerc. Signé*, HERMAND.

De la Jurande de Henri Elloin, Charles Neveu, François de la Croix, & Vincent Babu, le 19 Décembre 1709.

ARREST
DE LA COUR DE PARLEMENT,

Rendu en faveur de la Communauté des Cuisiniers-Traiteurs à Paris.

Contre les Jurés Vendeurs & Contrôleurs de Vins à Paris.

Du 5 Août 1711.

LOUIS, par la grace de Dieu, Roi de France & de Navarre, sçavoir faisons : Qu'entre Charles le Neveu, Cabaretier-Traiteur de cette Ville de Paris, appellant d'une Sentence de l'Hôtel de cette Ville du 20 Juin 1709, d'une part ; & les anciens Jurés de la Communauté des Vendeurs & Contrôleurs de Vins de cette Ville & Fauxbourgs, intimés, d'autre : Et les Jurés & Communauté des Cuisiniers-Traiteurs à Paris, demandeurs en intervention, suivant leur Requête du 2 Juillet 1709, d'une part ; & lesdits anciens Jurés Vendeurs de Vins, & ledit Neveu, défendeur, d'autre : Et entre ladite Communauté des Cuisiniers-Traiteurs de la Ville & Fauxbourgs de Paris, & Charles le Neveu, l'un d'eux, & Marchand de Vin à Paris, demandeurs en Requête du 4, signifiée le 5 Décembre 1710, d'une part ; & les anciens Vendeurs de Vins, défendeurs, d'autre : Et entre la Communauté des anciens Vendeurs & Contrôleurs de Vins, demandeurs en Requête du 23 Février 1711, d'une part ; & lesdits Neveu & Communauté des Cuisiniers-Traiteurs de Paris, défendeurs, d'autre : Et entre ladite Communauté des Jurés Vendeurs de Vin, demandeurs en Requête du 9 Juin 1711, d'une part ; & la Communauté des Maîtres Cuisiniers-Traiteurs, défendeurs, d'autre. Vû par notre Cour de Parlement, ladite Sentence de l'Hôtel de Ville rendue entre les Syndic & Communauté des anciens Vendeurs de Vin de cette Ville, demandeurs ; & Charles Neveu, Maître Traiteur en cette Ville, défendeur, du 20 Juin 1709, par laquelle, Parties ouïes, ledit Neveu auroit été condamné à payer auxdits Syndic & Communauté des anciens Vendeurs de Vin, la somme de trente livres cinq sols neuf deniers pour leurs droits, suivant leur attribution, à raison de quarante sols par muid de la quantité de treize muids & demi dix septiers, que ledit Neveu auroit fait arriver depuis le 27 Août 1708, jusqu'au 27 Octobre audit an, & aux dépens, & seroit ladite Sentence exécutée nonobstant opposition ou appellation quelconques faites ou à faire, & sans préjudice d'icelles. Requête desdits Jurés & Communauté des Cuisiniers-Traiteurs de Paris, du 24 Juillet 1709, à ce qu'ils fussent reçus Parties intervenantes en la Cause d'appel d'entre lesdits Neveu & la Communauté des anciens Jurés Vendeurs & Contrôleurs de Vin ; faisant droit sur icelle, acte leur fût donné de ce qu'ils se joignoient avec led. Neveu : ce faisant, l'appellation & ce dont est appel, fussent mis au néant ; émendant, lesdits Vendeurs & Contrôleurs de Vin fussent déboutés de leur demande, au-pardessus du tiers qui leur est dû, conformément à l'Edit de 1703, & condamnés ès dépens. Arrêt du 2 Septembre 1709, par lequel lesdits Jurés & Communauté des Cuisiniers auroient été reçus intervenans, & pour faire droit sur l'appel, les Parties appointées au Conseil, & sur l'intervention en droit & joint. Requête desdits Neveu, & la Communauté des Maîtres Queulx-Cuisiniers-Traiteurs, du 21 Janvier 1710, employée pour causes & moyens d'appel d'intervention, & avertissement sur l'intervention & demande ; ce faisant, ayant égard à l'intervention, l'appellation & ce fussent mis au néant ; émendant, lesdits Neveu & Cuisiniers-Traiteurs, condamnés de leur consentement, & suivant leurs offres, à payer auxdits Jurés Vendeurs & Contrôleurs de Vin, quatorze sols pour le tiers de quarante-deux sols de chacun muid de vin, qu'ils vendroient en leur maison, & déchargés du surplus des condamnations portées par lad. Sentence ; avec défenses auxdits Jurés Vendeurs & Contrôleurs de vin, de lever plus grand droit, & condamnés aux dépens, tant des causes principale que d'appel desdits Jurés Vendeurs & Contrôleurs de vin, du 16 Juin 1710, servant, en tant que besoin seroit, de défenses & avertissement. Production des Parties. Requête desd. Neveu & Communauté des Cuisiniers-Traiteurs, du 16 Juin 1710, employée pour contredits. Contredits des anciens Jurés Vendeurs & Contrôleurs de vin, du 30 dudit mois de Juin. Production nouvelle desdits Jurés Vendeurs de vin, par Requête du 17 dudit mois de Juin 1710. La Requête & demande desdits Neveu & Communauté des Cuisiniers-Traiteurs, du 4, signifiée le 5 Décembre 1710, employée pour contredits contre ladite production, & à ce qu'en s'expliquant, en tant que besoin seroit, les conclusions par eux prises, l'appellation & ce fussent mises au néant ; émendant, ordonne que l'Edit du mois d'Octobre 1703 seroit exécuté. Et suivant icelui, que ledit Neveu, l'un desdits Traiteurs, ensemble tous ceux qui composent ladite Communauté des Cuisiniers-Traiteurs qui ont des titres de Marchands de vin en cette Ville de Paris, ne payeroient, suivant leurs offres, que quarante-deux sols pour droits de contrôle & vingtiéme en sus pour chacun muid de vin du tiers de la totalité de leurs vins qu'ils vendoient à pot & assiette, lesquelles offres seroient déclarées valables ; défenses auxdits anciens Jurés Vendeurs & Contrôleurs de vin, d'exiger desdits Cuisiniers-Traiteurs plus grands droits ; lesdits Jurés Vendeurs Contrôleurs de vins, condamnés à restituer auxdits Cuisiniers-Traiteurs ce qu'ils pourroient avoir reçu au par-delà dudit tiers, depuis ledit Edit du mois d'Octobre 1703, vérifié en la Cour, & aux dépens desdits Cuisiniers-Traiteurs, tant des causes principale que d'appel ; & qu'acte lui fût donné de l'emploi pour écritures & production : au bas de laquelle Requête est l'Ordonnance de la Cour, portant acte de l'emploi ; les défendeurs tenus à fournir de défenses ; écriroient & produiroient, & joint au surplus sur la Requête & pieces communiquées à voir. Requête desdits Jurés Vendeurs & Contrôleurs de vins, du 23 Février 1711, employée pour salvations, contredits, défenses, écritures & production, en exécution de l'Ordonnance du 4 Décembre 1710, contenant demande, à ce qu'attendu que led. Neveu n'avoit été condamné par la Sentence dont est appel, qu'en qualité de Maître Traiteur-Cuisinier de cette Ville, & non point comme Marchand de vin, n'ayant point pris, & ne pouvant point prendre cette qualité, & que ce ne sont que les seuls Cabaretiers de cette Ville & Fauxbourgs, qui soient déchargés, par l'Edit du mois d'Octobre 1703, du payement des deux tiers de leurs vins, & non autre, il fût donné acte auxd. Jurés Vendeurs de vins desd. emplois ; & procedant au jugement de l'Instance, mettant l'appellation au néant, & déboutant lesd. Maitres Cuisiniers-Traiteurs, de leur requête du 5 Décemb. 1710, ledit Neveu fût condamné à payer ausdits Jurés-Vendeurs & Contrôleur de vins, leurs droits de Registre & Contrôle de la totalité des vins qu'il avoit fait arriver de la campagne en contravention, depuis qu'il avoit été reçu Maitre Traiteur-Cuisinier, jusqu'au jour de l'Edit du mois de Novembre 1704, à raison de quarante sols par chaque muid, & quarante-deux sols depuis l'Edit de 1704, suivant les extraits de vente desd. vins qu'ils rapporteroient, & continuer à l'avenir tant que led. Neveu exerceroit son état de Maitre Cuisinier-Traiteur, à la déduction de ce qui se trouveroit avoir été reçu par leurs reventes sur lesdits vins, & sauf à se pourvoir par eux dans la suite contre les particuliers qui se trouveront être Maitres Traiteurs & Cuisiniers, pour être payés de leurs droits sur la totalité des vins qu'ils avoient fait & faisoient arriver en cette Ville de Paris, & de tous les autres droits, actions & prétentions, & qu'acte leur fût donné de l'emploi pour écritures & production: ce faisant, leurs conclusions leur fussent adjugées avec dépens. Et au bas de laquelle requête est l'Ordonnance de la Cour, portant ait acte sur la demande en droit joint, & acte de l'emploi. Requête desdits Cuisiniers-Traiteurs du 27 Mars 1711, employée pour défenses, écritures & production, contredits, sommation de contredire par les Jurés Vendeurs & Contrôleurs de vins. Production nouvelle desdits anciens Jurés Vendeurs & Contrôleurs de vins, par requête du 28 Mars 1711. Requête desd. Maitres Queulx, Cuisiniers-Traiteurs du 23 Avril 1711, employée pour contredits. Production nouvelle des Jurés Vendeurs & Contrôleurs de vins, par requête du 29 Avril 1711, employée pour réponses & salvations aux deux requêtes desdits Maitres Cuisiniers-Traiteurs, des 17 Mars & 13 Avril 1711. Sommation & contredits par lesdits Maitres Cuisiniers Traiteurs. Production nouvelle desdits Maitres Cuisiniers-Traiteurs, par requête du 16 Mai 1711, employée pour réponse & contredits contre la requête & production nouvelle desdits Jurés Vendeurs & Contrôleurs de vins, du 29 Avril audit an. Requête desdits Jurés Vendeurs & Contrôleurs de vins, du 1 Juin audit an, employée pour contredits. La requête & demande desdits Jurés Vendeurs & Contrôleurs de vins du 9 dudit mois de Juin 1711, à ce qu'en leur adjugeant les conclusions par eux prises en l'instance, défenses fussent faites audit Neveu, & tous autres Maîtres Cuisiniers-Traiteurs, d'exercer ni faire le métier de Marchand de vin tout ensemble, attendu l'incompatibilité des deux professions, qui sont communautés & fonctions toutes distinctes & séparées, sous telle peine qu'il plairoit à la Cour prononcer contre les contrevenans : requérant à cet effet l'injonction du Procureur Général du Roi, & qu'acte leur fût donné de l'emploi pour écritures & production : au bas de laquelle requête est l'Ordonnance de la Cour, portant sur la demande en droit joint, & acte de l'emploi. Requête desdits Jurés Traiteurs-Cuisiniers du 17 Juin 1711, employée pour défenses, production & contredits. Requête desdits Jurés Vendeurs & Contrôleurs de vins, du 25 dudit mois de Juin, employée pour réponses & contredits, contre ladite requête du 17 dudit mois de Juin. Requête desdits Neveu & Communauté desdits Maîtres Cuisiniers-Traiteurs, du 14 Juillet 1711, à ce qu'en mettant l'appellation & ce au néant, déboutant lesdits Jurés Vendeurs de vins de leurs demandes, acte leur fût donné de ce que pour éviter tous doutes sur leurs offres, ils auroient toujours entendu offrir, & offroient encore de payer ausdits Jurés Vendeurs & Contrôleurs de vins, le droit de contrôle à raison de quarante sols, & les augmentations qui étoient survenues depuis sur ledit droit de quarante sols, pour le tiers de vins qu'ils auroient fait & faisoient venir en cette Ville de Paris, suivant la faculté & liberté qu'ils en avoient par la Déclaration de 1680, & à la charge de mettre ledit tiers à l'étape, suivant ladite Déclaration & l'usage, sauf au cas que lesdits Jurés Traiteurs-Cuisiniers qui sont Marchands de vins, en vendroient en gros plus que ledit tiers, d'en payer le droit dudit plus aux anciens vendeurs, comme il s'est toujours pratiqué ; & lesdits Jurés anciens vendeurs de vins condamnés en tous les dépens ; sur laquelle requête auroit été réservé à faire droit en jugeant. Requête desdits anciens Jurés Vendeurs & Contrôleurs de vins, du 22 Juillet 1711, employée pour réponse. Conclusions de notre Procureurs Général, tout joint & considéré : NOTREDITE COUR faisant droit sur le tout, sans s'arrêter aux requêtes desd. vendeurs de vins, du 23 Fév. & 9 Juin dern. dont elle les a déboutés ; ayant égard à l'intervention desdits Cuisiniers-Traiteurs, a mis & met à l'ppellation & ce dont a été appellé

pellé au néant. Emendant, ordonne que lesdits Neveu & Cuisiniers-Traiteurs payeront le tiers de quarante-deux sols attribués aux Jurés Vendeurs de vins : condamne lesdits Jurés Vendeurs, rendre audit Neveu & ausdits Cuisiniers-Traiteurs, ce qu'ils justifieront avoir payé au pardessus depuis le 5 Décembre 1710 ; condamne lesdits Jurés Vendeurs aux dépens, envers lesdits Neveu & Cuisiniers-Traiteurs des causes principale d'appel, intervention & demande. Mandons au premier notre Huissier ou Sergent, mettre à exécution le présent Arrêt. DONNÉ en Parlement le 5 Août 1711, & de notre Regne le 69. Collationné : *Et plus bas*, par la Chambre, *Signé*, GUIHOUX, avec paraphe. Et à côté est écrit :

Le 17 Aoust 1711, signifié & baillé copie à Maître Chrestiennot, Procureur en son domicile, parlant à son Clerc, Signé CHOREL, avec paraphe. Et au bas dudit Arrêt est écrit :

Le 18 Aoust 1711, signifié & baillé copie du présent Arrêt ausdits Sieurs Jurés Vendeurs & Contrôleurs de vins à Paris, en leur Bureau rue des Barres, en parlant à leur Communauté, à ce qu'ils n'en ignorent ; & à eux fait commandement de satisfaire audit Arrêt, sinon qu'ils y seroient contraints & exécutés. Laissé copie dudit Arrêt & du présent, par moi Huissier en Parlement, soussigné : ainsi signé, THORE', *avec paraphe.*

Contrôlé à Paris le 19 Aoust 1711. Registre 190, folio 32. Signé, DE MAUBUY.

Le présent Arrêt obtenu à la diligence de Charles le Neveu, & imprimé pendant la Jurande de Jean Jolivet, Jean Rousse, Antoine Payen, & Philippe Delaunay.

ARREST
DU CONSEIL D'ÉTAT DU ROI,

Du 19 Août 1713.

Rendu en faveur de la Communauté des Maîtres Traiteurs-Cuisiniers-Queulx de la Ville, Fauxbourgs & Banlieue de Paris.

Contre la Communauté des anciens Jurés Contrôleurs & Vendeurs de Vins de la Ville, Fauxbourgs & Banlieue de Paris.

Extrait des Registres du Conseil d'Etat du Roi.

ENTRE la Communauté des anciens Jurés Contrôleurs & Vendeurs de Vins de la Ville & Fauxbourgs de Paris, demandeurs aux fins de la requête insérée en l'Arrêt du Conseil du 10 Mai 1712, & assignation donnée en conséquence le 9 Juin suivant, d'une part; & les Jurés de la Communauté des Maîtres Cuisiniers-Traiteurs de la Ville, Fauxbourgs & Banlieue de Paris, défendeurs d'autre, sans que les qualités puissent nuire ni préjudicier aux parties. Vû au Conseil d'Etat du Roi l'Instance d'entre les parties, ledit Arrêt du 10 Mai 1712, & requête y insérée, tendante à ce qu'il plût à Sa Majesté casser, révoquer & annuller l'Arrêt du Parlement de Paris du 5 Août 1711, ce faisant, renvoyer les parties en tel autre Parlement, ou autre Cour supérieure qu'il plaira à Sa Majesté, & condamner Neveu & la Communauté des Maîtres Cuisiniers-Traiteurs de Paris aux dépens, tant au Conseil, qu'au Parlement & Bureau de la Ville; ladite requête signée Girardin, de Poirier, & de Sacy, anciens Avocats au Conseil; au bas est l'Arrêt intervenu sur icelle, après qu'elle a été communiquée au Bureau du sieur Pelletier, Conseiller d'État, & autres Commissaires députés pour les cassations, par lequel Sa Majesté a ordonné qu'aux fins de ladite requête, la Communauté des Cuisiniers-Traiteurs de Paris & ledit Neveu seroient assignés au Conseil dans les délais de l'Ordonnance. L'exploit d'assignation donnée en conséquence au Conseil, à la requête de la Communauté desd. anciens Jurés Contrôleurs & Vendeurs de vins. Acte par lequel Me Michel François Desnaretz, Avocat au Conseil, déclare qu'il occupera pour lesdits Jurés de la Communauté des Maîtres Cuisiniers-Traiteurs de la Ville, Fauxbourgs & Banlieue de Paris, & pour ledit Neveu, comme étant du Corps de ladite Communauté; au bas est l'enregistrement au Greffe & la signification. Requête présentée au Conseil par ladite Communauté des Cuisiniers-Traiteurs, au bas de laquelle est l'Ordonnance qui a commis le sieur Taschereau de Baudry, Maître des Requêtes, Rapporteur de l'Instance du 4 Juillet 1712, signifiée le 6 dudit mois. Appointement signé du même jour, par lequel les parties ont été reglées à se communiquer, écrire & produire de huitaine en huitaine pour leur être fait droit: la signification étant ensuite, du 18 dudit mois. Avertissement servant d'Inventaire de production de ladite Communauté des anciens Jurés Contrôleurs & Vendeurs de vins, employé pour satisfaire à l'appointement de reglement, signé en l'Instance, en conséquence casser, révoquer & annuller l'Arrêt du Parlement de Paris du 5 Août 1711; ce faisant, pour faire droit aux parties sur l'appel de la Sentence de l'Hôtel-de-ville du 20 Juin 1709, rendu au profit desdits anciens Jurés Contrôleurs & Vendeurs de vins, circonstances & dépendances, les renvoyer en tel autre Parlement, ou telle autre Cour qu'il plaira à Sa Majesté, & condamner lesdits Cuisiniers-Traiteurs aux dépens, tant en ceux faits au Parlement, que de ceux qui se feront au Conseil. Requête présentée au Conseil par les Jurés desdits Maitres Cuisiniers-Traiteurs de la Ville de Paris, employée pour satisfaire au reglement de l'Instance, & pour avertissement en icelle. En conséquence, faisant droit sur l'Instance, déclarer lesdits Jurés Contrôleurs & Vendeurs de vins non-recevables & mal fondés dans leur demande en cassation de l'Arrêt du Parlement de Paris du 5 Août 1711, dont ils seront déboutés, & condamnés en l'amende de trois cens livres envers

Sa Majesté, & cent cinquante livres envers ladite Communauté des Cuisiniers-Traiteurs, & en tous les dépens; au bas est l'Ordonnance d'acte d'emploi, au surplus en jugeant sera fait droit du 8 Octobre 1712, signifiée le 21 dudit mois. Vû aussi les écritures & productions des parties. Imprimé d'Arrêt du Parlement de Paris, rendu entre les Jurés Vendeurs de vins, le sieur Procureur général du Parlement & autres, par lequel il est ordonné que les Marchands de vins de ladite Ville ne pourront acheter aucuns vins dans l'étendue de vingt lieues autour de Paris; que les vins destinés pour être vendus en gros ne pourront être encavés, & qu'ils seront mis dans les Ports pour être vendus, & autres cas y spécifiés, du 14 Août 1577. Autre imprimé d'Arrêt dudit Parlement, par lequel il est enjoint aux Marchands de vins de laisser sur les Ports & Marchés aux vins, un tiers des vins qu'ils feront arriver, pour être vendus au public, du 8 Octobre 1594. Autre imprimé d'Arrêt dudit Parlement rendu en exécution de ceux ci-dessus, entre les Jurés Vendeurs de vins & plusieurs Cabaretiers, qui condamne les Marchands de vins à aumôner les Prisonniers de la Conciergerie de la somme de quatre cens livres, pour avoir contrevenu auxdits Arrêts, & autres cas y spécifiés, du 24 Mars 1623. Autre imprimé d'Arrêt dudit Parlement, rendu entre les Maîtres & Gardes des marchandises de vins de la ville de Paris, & les Vendeurs de vins de ladite Ville, par laquelle celui ci-dessus du 14 Mars est déclaré exécutoire à l'encontre des Marchands de vins, Hôteliers & Cabaretiers, & autres cas y spécifiés, du 21 Juin 1623. Autre imprimé d'Arrêt du Parlement, qui ordonne que lesdits Marchands de vins seront tenus de garnir les Ports des vins qu'ils feront venir, desquels les Marchands prendront des billets pour la descente, & autres cas y spécifiés, du 12 Janvier 1652. Autre imprimé d'Edit de Sa Majesté, rendu au sujet des Vins, Cidres, Boissons & autres, avec augmentation de droits attribués aux Jurés Contrôleurs & Vendeurs de vins en la ville de Paris, du mois de Février 1644. Autre imprimé de Déclaration de Sa Majesté, qui maintient les Marchands Taverniers & autres de la ville de Paris dans la faculté d'acheter des vins au-delà de vingt lieues, à la charge que de la quantité qu'ils feront venir, il en restera un tiers dans les Marchés; en conséquence permis à eux de donner à boire dans leurs maisons, caves & autres, & de fournir des tables, sieges, nappes, serviettes & viandes à ceux qui prendront leur repas chez eux, en payant pour le droit de huitieme & augmentation six livres quinze sols pour muids jauge de Paris, du vin qu'ils débiteront, du 29 Novembre 1680. Autre imprimé d'Edit de S. M. portant création de vingt nouveaux Offices de Contrôleurs & Vendeurs de vins en la ville de Paris, & de suppression des seize sols huit deniers attribués aux Officiers créés par Edit du mois de Mars 1703, & autres cas y spécifiés, en date du mois d'Octobre 1703. Copie de Sentence rendue en l'Hôtel de ville, entre le nommé Aubron & les anciens Jurés Vendeurs de vins, par laquelle il est ordonné qu'il ne payera les droits de contrôle que sur le tiers des vins qu'il avoit fait venir, du 2 Décembre 1706. Exploit d'assignation donnée à la requête de la Communauté des Jurés Contrôleurs & Vendeurs de vins à Charles Neveu, pour comparoir à l'Hôtel-de-ville, & payer trente-cinq livres cinq sols neuf deniers pour les droits de registre & contrôle de treize muids & demi de vins, du 27 Mai 1709. Sentence de l'Hôtel-de-ville, qui condamne Neveu à payer aux Jurés Marchands de vins la somme de trente livres cinq sols neuf deniers ci-dessus, du 20 Juin 1709. Requête présentée au Parlement de Paris par ledit Neveu, aux fins d'être reçu appellant de la Sentence du Bureau de la Ville ci-dessus, du 20 Juin audit an. Autre Requête présentée audit Parlement par la Communauté des Jurés Cuisiniers-Traiteurs de la ville de Paris, aux fins d'être reçus parties intervenantes aux contestations d'entre Neveu & les Jurés Marchands de vins, & acte de ce qu'ils prenoient son fait & cause, du 24 Juillet audit an. Sentence rendue par le sieur Lieutenant Général de Police, par laquelle il est ordonné que le nommé Cheret, Traiteur, sera reçu Marchand de vins en payant les frais ordinaires, & la somme de deux cens livres, du 28 Mars 1710. Imprimé de Déclaration de Sa Majesté, qui porte défenses aux Traiteurs de donner chez eux d'autre vin que celui qu'ils auront dans leurs caves, du 8 Juillet 1710. Requête présentée au Parlement de Paris par la Communauté des Cuisiniers-Traiteurs, employée pour contredits aux pieces produites en ladite Cour par la Communauté des Jurés Marchands de vins, du 5 Décembre 1710. Duplicata des conclusions du sieur Procureur général du Parlement de Paris, par lesquelles il requiert pour le Roi que l'Instance d'entre les parties soit communiquée au sieur Lieutenant de Police, au sieur Prevôt des Marchands, à son Substitut au Châtelet, & à son Substitut du Bureau de la Ville, pour donner leurs avis sur la demande des anciens Jurés Contrôleurs & Vendeurs de vins, du 11 Juillet 1711. Imprimé d'Arrêt du Parlement de Paris, rendu entre la Communauté des Maitres Cuisiniers-Traiteurs, les Jurés Contrôleurs & Vendeurs de vins & ledit Neveu, par lequel faisant droit sur les appellations & demandes des parties du Bureau de la Ville, sans s'arrêter aux requêtes des Jurés Vendeurs de vins, dont ils sont déboutés, ayant égard à l'intervention des Cuisiniers-Traiteurs, a mis l'appellation & ce dont a été appelé au néant; émendant, ordonne que lesdits Neveu & Cuisiniers-Traiteurs payeront le tiers de quarante-deux sols attribués aux Jurés Vendeurs de vins; & lesdits Jurés Vendeurs de vins condamnés de rendre audit Neveu & Cuisiniers-Traiteurs ce qu'ils justifieront avoir payé au par-dessus, à compter depuis le 5 Décembre 1710, & lesdits Jurés Vendeurs de vins condamnés aux dépens envers lesdits Neveu & Cuisiniers-Traiteurs, tant des causes principale que d'appel, intervention & demande du 5 Août 1711. Quittance de Jean Aubron, Traiteur & Marchand de vins, par laquelle il paroit qu'il a payé trois cens quatre livres dix-huit sols pour les droits de registre & contrôle de cent quinze muids de vin, du 26 Octobre 1711. Exploit d'assignation donnée à la requête des anciens Jurés Contrôleurs & Vendeurs de vins à Jean Rousse, Marchand de vin, du 26 Octobre 1711. Exploit d'assignation donnée à la requête des anciens Jurés Contrôleurs & Vendeurs de Vins, à Jean Rousse, Marchand de vins, pour comparoir à l'Hôtel-de-ville, & se voir condamner à payer auxdits Jurés Vendeurs de vins la somme de soixante-deux livres quatre sols pour droits de registre & contrôle de vingt-deux muids de vin & trois quarts, du 10 Mai 1712. Copie de Sentence de l'Hôtel-de-ville, rendue entre les Jurés Vendeurs de vins & Jean Rousse, par laquelle ledit Rousse est condamné de payer le droit du tiers des vins par lui amenés, du 14 Juin 1712. Requête présentée au Conseil par les Jurés Traiteurs, employée pour contredits contre la production de la Communauté des anciens Vendeurs de vins & de production nouvelle des pieces ci-après ; au bas est l'Ordonnance de soient les pieces reçues & communiquées, au surplus en jugeant, du 26 Janvier 1713, signifié le 27 dudit mois. Ensuite est l'acte de donné copie des pieces reçues dudit jour 27 Janvier aud. an. Quatre Quittances des Jurés Contrôleurs & Vendeurs de vins, par lesquelles il paroit qu'ils se contentent de recevoir le droit sur le tiers des vins que les Maitres Traiteurs font venir, en date des 10 & 14 Janvier 1713. Autre Requête présentée au Conseil par les anciens Jurés Vendeurs & Contrôleurs de vins, employée pour contredits, tant contre la production des Jurés Traiteurs, qu'à la requête de production nouvelle ci-dessus ; au bas est l'Ordonnance d'ait acte & soit signifié, du 12 Mars 1713, signifiée le 13 dudit mois. Dire desdits Jurés Traiteurs employé pour réponses à la requête des Jurés Contrôleurs & Vendeurs de vins ci-dessus. Ensuite est la signification du 24 Mars 1713. Requête présentée au Conseil par la Communauté des Jurés Contrôleurs & Vendeurs de vins, aux fins de faire nommer des Commissaires ; au bas est l'Ordonnance qui ordonne que le sieur Baudry, Rapporteur de l'Instance communiquera icelle aux sieurs de Caumartin, Dargouges, de Harlay, Bignon de Blanzy, l'Abbé Bignon & l'Abbé de Pomponne, Conseillers d'Etat ordinaires, du 3 Avril 1713, signifiée le 5 dudit mois, & généralement tout ce qui a été remis par devers le sieur Taschereau de Baudry, Conseiller du Roi en ses Conseils, Maître des Requêtes ordinaire de son Hôtel, qui en a communiqué auxdits sieurs Commissaires : Oui son rapport, & tout considéré : LE ROI EN SON CONSEIL, a débouté & déboute les anciens Jurés Contrôleurs & Vendeurs de vins de la ville de Paris de leur demande en cassation, & les a condamné en l'amende de quatre cens cinquante livres, & aux dépens. FAIT au Conseil d'Etat du Roi, tenu à Versailles le dix-neuvieme jour d'Août mil sept cent treize. Collationné.

Signé, RANCHIN.

Le vingt-neuf Septembre mil sept cent treize, laissé copie à Me. Castel, Avocat adverse, pour son absence au Greffe du Conseil, en parlant à Me. Ponset, commis par nous Huissier ordinaire des Conseils du Roi. Signé, COLINNE.

Le onzieme jour d'Octobre mil sept cent treize, à la requête des Jurés de la Communauté des Maitres Cuisiniers-Traiteurs de la Ville, Fauxbourgs & Banlieue de Paris, le présent Arrêt du Conseil a été signifié, & d'icelui laissé copie aux fins y contenues, aux anciens Jurés Contrôleurs & Vendeurs de vins de la ville de Paris, en leur Bureau, sis à Paris, rue de la Mortellerie, au Jardinet, parlant à l'un d'eux, à ce qu'ils n'en ignorent, par nous Huissier ordinaire du Roi en ses Conseils.

Signé, BRISSET.

Le présent Arrêt a été obtenu sous la jurande d'Antoine Payen, Philippe de Launay, Jacques Borel & Philibert Blanchard, accompagné de Charles le Neveu, ancien de ladite Communauté.

SENTENCES
DE MONSIEUR
LE LIEUTENANT GÉNÉRAL DE POLICE
Du 11 Mai 1736.

En faveur de la Communauté des Maîtres Queulx-Cuisiniers-Traiteurs à Paris, Demandeurs en validité de Saisies.

Contre le nommé le Comte, Marchand de Vin, rue de Grenelle-Saint-Honoré, Défendeur.

A TOUS ceux qui ces présentes lettres verront, GABRIEL-JERÔME DE BULLION, Chevalier Comte d'Esclimont, Prevôt de Paris : SALUT, sçavoir faisons : que sur la Requête faite en Jugement devant Nous en la Chambre de Police du Châtelet de Paris par Me Joseph Le Rebours, Procureur des Sieurs Jurés de présent en charge de la Communauté des Maîtres Queulx-Cuisiniers-Traiteurs à Paris, demandeurs aux fins du procès-verbal de saisie, fait par Maître Renard le jeune, Commissaire en cette Cour, le 13 Juin dernier ; & exploit fait en conséquence le 20, par Havin Huissier à Verge en cette Cour,

düement

dûement contrôlé & presenté ; & aux fins de la requête signifiée le 5 Mars dernier, le tout tendant aux fins y contenues, assistés de Maître Frouard Avocat : Contre Maître Pidou, Procureur du Sieur Le Conte, Marchand de vin, à Paris, défendeur, assisté de Maître Sandrier, Avocat : Parties ouies, lecture faite des piéces, Nous avons l'avis du Procureur du Roi du 2 Mars dernier, confirmé : DISONS que les Statuts & Réglemens de la Communauté des Maîtres Traiteurs seront exécutés selon leur forme & teneur : Et pour y avoir par la Partie de Sandrier, contrevenu, en recevant chez lui la compagnie de Nôce en question, le condamnons en trente livres de dommages-intérêts envers les Parties de Frouard, & en cinq liv. d'amende : Lui faisons défenses de plus à l'avenir récidiver, sous plus grande peine : Condamnons en outre la Partie de Sandrier aux dépens : Et sera Notre présente Sentence lue, publiée affichée par tout où besoin sera, à la diligence des Parties de Frouard, & aux frais & dépens de celle de Sandrier : Ce qui sera exécuté nonobstant & sans préjudice de l'appel : En témoin de quoi Nous avons fait sceller ces Présentes : Ce fut fait & donné par Messire RENÉ HERAULT, Chevalier, Seigneur de Fontaine-l'Abbé, Vaucresson, & autres lieux, Conseiller d'Etat, Lieutenant Général de Police de la Ville, Prevôté & Vicomté de Paris, tenant le Siége le Vendredi onze Mai 1736. *Collationé, signé,* DE BEAUVAIS. Contrôlé & scellé : Signifié le 30 Mai 1736, à Maître Pidou, Procureur, à domicile, *signé BRUNET.*

Dudit jour onze Mai mil sept cent trente-six.

A TOUS ceux ces présentes Lettres verront, Gabriel-Jerôme de Bullion, Chevalier-Comte d'Esclimont, Prevôt de Paris : SALUT, sçavoir faisons : Que sur la requête faite en Jugement devant Nous en la Chambre de Police du Châtelet de Paris, par Maître Joseph Le Rebours, Procureur des Sieurs Jurés, de present en charge, de la Communauté des Maîtres Queulx-Cuisiniers-Traiteurs, à Paris, demandeurs aux fins du procès-verbal de saisie faite par Maître Renard le jeune, Commissaire en cette Cour, le 21 Novembre dernier, & exploit fait en conséquence le 12 Décembre suivant, ledit exploit fait par Havin, Huissier à Verge en cette Cour, dûement contrôlé &

présenté : Et aux fins de la requéte signifiée le 5 Mars dernier : Le tout tendant aux fins y contenues, assistés de Maitre Frouard, Avocat : Contre Maitre Pidou, Procureur du sieur Le Conte Marchand de vin à Paris, défendeur ; assisté de Maitre Sandrier, Avocat : Parties ouies : Lecture faite des piéces : Nous avons l'avis du Procureur du Roi du 2 Mars dernier, confirmé : Disons que les Statuts & Réglemens de la Communauté des maitres Traiteurs seront exécutés selon leur forme & teneur : Et pour y avoir par la partie de Sandrier, contrevenu, en recevant chez lui les compagnies de Nôce en question, le condamnons en trente livres de dommages-intérêts envers les parties de Frouard, & en cinq livres d'amende : Lui faisons défenses de plus à l'avenir récidiver, sous plus grande peine : Condamnons en outre la partie de Sandrier aux dépens : Et Notre présente Sentence sera lue, publiée & affichée par tout où besoin sera, à la diligence des parties de Frouard, & aux frais & dépens de celle de Sandrier : Ce qui sera exécuté nonobstant & sans préjudice de l'appel : En témoin de quoi Nous avons fait sceller ces Présentes : Ce fut fait & donné par Messire RENÉ HERAULT, Chevalier, Seigneur de Fontaine-l'Abbé, Vaucresson & autres lieux, Conseiller d'Etat, Lieutenant Général de Police de la Ville, Prevôté & Vicomté de Paris, tenant le Siége le Vendredi 11 Mai 1736. *Collationné, signé,* DE BEAUVAIS. Contrôlé & scellé. Signifié à Maitre Pidou Procureur, à domicile, le trente Mai 1736. *Signé,* BRUNET.

Dudit jour onze Mai mil sept cent trente-six.

A TOUS ceux qui ces présentes Lettres verront : Gabriel-Jerôme de Bullion, Chevalier, Comte d'Esclimont, Prevôt de Paris : SALUT, sçavoir faisons : Que sur la requéte faite en Jugement devant Nous en la Chambre de Police du Châtelet de Paris, par Maitre Joseph Rebours, Procureur des sieurs Jurés de présent en charge, de la Communauté des maitres Queux Cuisiniers-Traiteurs à Paris, demandeurs aux fins du procés-verbal de saisie fait par Maitre Renard le jeune, Commissaire en cette Cour, le 26 Novembre dernier, & exploit fait en conséquence le 2 Décembre suivant, ledit exploit fait par Havin, Huissier à Verge en cette Cour, dûement contrôlé & présenté : Et aux fins de la requéte signifiée le 5 Mars dernier : Le tout tendant aux fins y contenues, assisté de Maître Frouard, Avocat: Contre Maître Pidou, Procureur du sieur Le Conte Marchand de vin à Paris, défendeur, assisté de Maître Sandrier, Avocat: Parties ouies: lecture faire des piéces: Nous avons l'avis du Procureur du Roi du 2 Mars dernier, confirmé: Disons que les Statuts & Réglemens de la Communauté des Maîtres Traiteurs seront exécutés selon leur forme & teneur: Et pour y avoir par la partie de Sandrier, contrevenu, en recevant chez lui la compagnie de Nôce en question, le condamnons en trente livres de dommages-intérêts envers les Parties de Frouard, & en cinq livres d'amende: Lui faisons défenses de plus à l'avenir récidiver, sous plus grande peine: Condamnons en outre la partie de Sandrier aux dépens: Et notre présente Sentence sera lue, publiée & affichée par tout où besoin sera, à la diligence des parties de Frouard, & aux frais & dépens de celle de Sandrier: Ce qui sera exécuté nonobstant & sans préjudice de l'appel: En témoin de quoi nous avons fait sceller ces Présentes: Ce fut fait & donné par Messire René Herault, Chevalier, Seigneur de Fontaine-l'Abbé, Vaucresson, & autre lieux, Conseiller d'Etat, Lieutenant Général de Police de la Ville, Prevôté & Vicomté de Paris, tenant le Siége le Vendredi 11 Mai 1736. *Collationné*, *signé* DE BEAUVAIS; contrôlé & scellé. Signifié & baillé copie à Maître Pidou, Procureur, à domicile, le 30 Mai 1756. Signé, BRUNET.

Les Sentences ci-dessus ont été lûes & publiées à haute & intelligible voix, à son de Trompe & cri public, en tous les lieux ordinaires & accoutumés, Halle, Places & Marchés de cette Ville de Paris, par moi Jacques Girard, Huissier à cheval au Châtelet de Paris, Juré-Crieur ordinaire du Roi de la Ville, Prevôté & Vicomté de Paris, y demeurant rue des Arcis, Paroisse S. Merry, au Roi Artus, accompagné de Louis-François Ambezard, Jacques Hallot & Claude-Louis Ambezard, Jurés-Trompettes, le 3 Juillet 1756, & affiché ledit jour esdits lieux. Signé, GIRARD, *avec paraphe. Et contrôlé.*

Imprimé à la diligence des Sieurs Pierre-Augustin Gambin, Edme Avanda, Jean Lebras, & Charles Paschal, Jurés en charge. Signé, THUILLEZ.

R ij

SENTENCES DE POLICE,

Rendues au profit de la Communauté des Maitres Traiteurs de cette Ville de Paris.

Contre le Sieur Gabriel Châtelet, Marchand de Vin à Paris.

PAR Procès-verbal fait par Me. Regnard, Commissaire-Enquêteur & Examinateur au Châtelet de Paris, à la requête des sieurs Jurés de la Communauté des Maitres Traiteurs de cette Ville de Paris, le 8 Juin 1743 ;

Appert lesdits sieurs Jurés Traiteurs s'être transportés avec ledit sieur Commissaire Regnard, en la maison du sieur Gabriel Chatelet, Marchand de Vin à Paris, sise rue S. Sauveur, à la Gerbe d'or, & y avoir trouvé plusieurs compagnies nombreuses, composées de la Communauté des Maitres Tailleurs d'habits-pourpointiers à Paris, assises autour de plusieurs tables, servies de plats d'asperges, molue, raye, petits-pois, limandes, maquereaux frais, & autres mets apprêtés avec des sausses blanches & rousses, salades, & Cuisinier travaillant au feu de la cuisine à faire des omelettes.

PAR Sentence contradictoire rendue en la Chambre de Police le 17 Janvier 1744, entre les sieurs Jurés Traiteurs, & le sieur Gabriel Chatelet, Marchand de Vin à Paris ; ladite Sentence dûement collationnée, signée & signifiée le 5 Février suivant ;

Appert, pour faire droit aux Parties sur toutes leurs demandes & contestations, avoir été ordonné que leurs pieces & dossiers seroient remis és mains de M. le Lieutenant Général de Police, pour en être délibéré, dépens, dommages & intérêts réservés.

133

A TOUS, &c. SALUT. Sçavoir faisons que sur la Requête faite en Jugement devant Nous à l'Audience de la Chambre de Police du Châtelet de Paris, par Me. le Rebours, Procureur des sieurs Jurés de présent en charge de la Communauté des maîtres Traiteurs, demandeurs aux fins des Procès-verbaux faits par Me. Regnard j. Commissaire, & Goussault, Huissier à cheval en cette Cour, le même jour 8 Juin 1743, & des Exploits d'assignation donnés en conséquence le 3 Août de la même année, contrôlés & présentés, défendeurs à la demande incidente portée aux défenses signifiées le 13 dudit mois d'Août, encore demandeurs aux fins de leur Requête du 27 du même mois, défendeurs à la demande incidente portée par les défenses du 28 dudit mois d'Août, & encore demandeurs en exécution de la Sentence du 17 Janvier 1744, le tout tendant aux fins y contenues, avec dépens; contre Me. Regnard, Procureur du sieur Gabriel Chatelet, marchand de Vin à Paris, défendeur & demandeur, sans que les qualités puissent nuire ni préjudicier: NOUS, après qu'il en a été délibéré sur les pieces & dossiers des Parties, ordonnons que les Statuts & Réglemens de la Communauté des maîtres Traiteurs, Parties de le Rebours, seront exécutés selon leur forme & teneur: Faisons néanmoins main-levée de la saisie faite à leur requête sur la Partie de Regnard, par procès-verbal du 8 Juin 1743; & en infirmant l'avis du Procureur du Roi du 20 Août 1743, condamnons ladite Partie de Regnard en vingt livres de dommages & intérêts, & aux dépens; envers celles de le Rebours, en trois livres d'amende; & lui faisons défenses de récidiver, sous plus grande peine; ce qui sera exécuté nonobstant & sans préjudice de l'appel, &c. Fait & jugé au Châtelet de Paris, le Vendredi 30 Avril 1745. Collationné. *Signé*, La Fontaine, avec paraphe. Scellé le 8 Mai 1745. *Signé*, Sauvage. Contrôlé le 10 Mai 1745. *Signé*, Heran. Signifié & baillé copie à Me. Regnard, Procureur, à domicile, le 10 Mai 1745.

Signé, PICQUE.

Ces Sentences ont été obtenues pendant la Jurande des Srs Claude Magnien, Louis Potherat, Antoine Bergoignon, & Antoine Tinot, Maîtres Traiteurs.

ARREST
DE LA COUR DE PARLEMENT,

Rendu en faveur de la Communauté des Maitres Queulx-Cuisiniers-Traiteurs de la Ville & Fauxbourgs de Paris.

Contre les Sieurs Denan, Demay & Leblanc, Marchands de Vin.

Et encore contre les Maitres & Gardes du Corps des Marchands de Vin, Intervenans.

Portant défenses aux Marchands de Vin de tenir ni loger en Chambres garnies, même de recevoir aucunes compagnies de nôces, ou de lendemain de nôces.

Du 18 Décembre 1745.

LOUIS, par la grace de Dieu, Roi de France & de Navarre : Au premier des Huissiers de notre Cour de Parlement, ou autre notre Huissier ou Sergent sur ce requis, sçavoir faisons : Qu'entre les Jurés en charge de la Communauté des Maitres Queulx-Cuisiniers-Traiteurs, Bacheliers & Portes-Chappe de la Ville & Fauxbourgs de Paris, appelans de Sentence du Sieur Lieutenant Général de Police au Châtelet de Paris, du 26 Juillet 1743, demandeurs en Requête du 12 Mars 1744, & défendeurs d'une part ; & Luce Denan, Marchand de vin à Paris, intimé, défendeur & demandeur en Requête du 17 Décembre, présent mois, d'autre part ; & encore entre lesdits Jurés en charge de ladite Communauté des Maitres Queulx-Cuisiniers-Traiteurs de la Ville & Fauxbourgs de Paris, appellans de Sentence du Sieur Lieutenant Général de Police du Châtelet, dudit jour 26 Mai 1743, demandeurs en Requête du 14 Décembre audit an 1743, & défendeurs, d'une part ; & le sieur Demay, Marchand de vin à Paris, intimé, défendeur & demandeur en Requête du 24 Mars 1744, d'autre part ; & encore entre lesdits Jurés en charge de la Communauté des Maîtres Queulx-Cuisiniers-Traiteurs de la Ville & Fauxbourgs de Paris, appellans de deux Sentences du Lieutenant Général de Police du Châtelet de Paris, des 10 Janvier & 3 Juillet 1744, demandeurs en deux Requêtes des 28 Novembre 1744, & 17 Décembre présent mois, & défendeurs d'une autre part ; & Nicolas Leblanc, Marchand de vin à Paris, intimé, & demandeur en deux Requêtes des 28 Août 1745, & 17 Décembre présent mois, d'autre part : & encore entre les Maîtres & Gardes du Corps des Marchands de vin de Paris, demandeurs en Requête du 15 Décembre présent mois, d'une part ; lesdits Jurés en charge de ladite Communauté des Maîtres Traiteurs de Paris, le sieur Demay, Luce Denan, & Nicolas Leblanc, tous défendeurs d'autre part. Après que Nichault, Avocat de la Communauté des Traiteurs ; Prunget, Avocat de Demay ; Simon, Avocat de Leblanc ; Auvray, Avocat de Denan, & Buirette, Avocat de la Communauté des Marchands de vin, ont été ouis, ensemble Lefebvre d'Ormesson, pour notre Procureur Général. NOTREDITE COUR reçoit la Partie de Prunget, opposante à l'Arrêt par défaut, reçoit pareillement les Parties de Buirette, Parties intervenantes, sans s'arrêter à leur intervention ; faisant droit sur l'appel, a mis & met l'appellation, & ce dont est appel au néant ; émendant, ordonne que les Arrêts & Réglemens de notredite Cour, & notamment l'Arrêt d'icelle du mois d'Août 1705, seront exécutés selon leur forme & teneur ; en conséquence fait défenses aux Parties de Buirette d'entreprendre sur la Profession des Parties de Nichault, & notamment de tenir ni loger en chambres garnies, faire nôces & festins, même de recevoir aucunes compagnies de nôces, ou de lendemain de nôces ; condamne les Parties d'Auvray, de Prunget, & de Simon, chacune en trois livres d'amende, leur fait défenses de récidiver ; condamne lesdites Parties de Prunget, Auvray, Simon & de Buirette, en tous les dépens, tant des causes principale, que d'appel & demandes, chacun à leur égard : Mandons mettre le préfent Arrêt à exécution, felon fa forme & teneur : de ce faire te donnons pouvoir. Donné en notredite Cour de Parlement le dix-huit Décembre, l'an de grace mil fept cent quarante-cinq, & de notre Regne le vingt-uniéme. Collationné. *Signé*, LE SEIGNEUR. Par la Chambre. *Signé*, DUFRANC.

Mᵉ. TISSERAND, Procureur de la Communauté.

Cet Arrêt a été obtenu de la Comptabilité & Jurande des fieurs Louis Potherat, Antoine Bergoignon, Antoine Tinot ; & par les foins des fieurs Jean de Reconfeille, Sébaftien Charmois, & Benoît Tiffier.

ARREST
DE LA COUR DE PARLEMENT,

Rendu en faveur de la Communauté des Traiteurs.

Contre celle des Marchands de Vin.

Qui confirme trois Sentences de Police du Châtelet de Paris, par lefquelles, fans s'arrêter à l'intervention des Maîtres & Gardes du Corps des Marchands de Vin, dont ils font déboutés, ordonne l'exécution des Statuts des Maîtres Traiteurs, de la Déclaration du 29 Novembre 1680, & des Arrêts du Parlement des 4 Mai & premier Août 1505 ; défend aux nommés Pégat, Fontaine, Delaître, Villepoix, Chatelet & Lecomte, Marchands de Vin, de loger & tenir chambres garnies, ni en avoir enfeignes, écriteaux ou infcriptions ; de faire nôces & feftins, ni de recevoir

voir des compagnies de nôces ou lendemains ; & les condamne en l'amende & aux dépens.

Du 17 Mai 1746.

LOUIS, par la grace de Dieu, Roi de France & de Navarre : Au premier des Huissiers de notre Cour de Parlement, ou autre notre Huissier ou Sergent sur ce requis ; Sçavoir faisons, qu'entre les Maîtres & Gardes du Corps des Marchands de Vin à Paris, & les nommés Pegat, Fontaine, Delaître & Villepoix, Marchands de Vin, Appellans des Sentences du Lieutenant-Général de Police du Châtelet, du 30 Avril 1745, & Défendeurs d'une part ; & les Jurés en charge de la Communauté des Maîtres-Queulx-Cuisiniers-Traiteurs de la Ville & Faubourgs de Paris, Intimés, & Demandeurs en Requête du 14 Juin 1745, d'autre part : Et encore entre les nommés Lecomte & Châtelet, aussi Marchands de Vin à Paris, aussi Appellans des Sentences dudit Lieutenant-Général de Police, dudit jour 30 Avril 1745, & Défendeurs d'une part ; & lesdits Jurés Traiteurs, Intimés, & Demandeurs en deux Requêtes du même jour 14 Juin 1745, d'autre part : Et entre ledit sieur Nicolas Lecomte, Marchand de Vin à Paris, Demandeur en Requête du 4 Février 1746, d'une part ; & les Jurés des Maîtres Queulx-Cuisiniers-Traiteurs de Paris, Défendeurs d'autre part : Et entre Gabriel Chatelet, Marchand de Vin Cabaretier à Paris, Demandeur en Requête du 15 Février 1746, d'une part ; lesdits Jurés Cuisiniers-Traiteurs de la même Ville, Défendeurs d'autre part : Et entre lesdits Jurés en charge de la Communauté des Maîtres Queulx-Cuisiniers-Traiteurs de la Ville & Faubourgs de Paris, Demandeurs aux fins de l'Exploit fait au Châtelet de Paris, le 10 Février 1746, & depuis évoqué en notredite Cour, d'une part ; & Nicolas Lecomte, Marchand de vin à Paris, Défendeur d'autre part : Et entre lesdits Pegat, Fontaine, Delaître & Villepoix, Demandeurs en Requête du 23 Mars 1746, d'une part ; & lesdits Jurés en charge de la Communauté des Maîtres Queulx-Cuisiniers-Traiteurs de la Ville de Paris, Défendeurs d'autre part. Vu par notredite Cour les Sentences dont est appel, contradictoirement rendues sur deliberé entre les Parties par le Lieu-

tenant-Général de Police au Châtelet de Paris, le même jour 30 Avril 1745. La premiere Sentence rendue entre lesdits Jurés Traiteurs & lesdits Pegat, Fontaine, Delaitre, & ledit Villepoix, Marchands de vin, & les Maîtres & Gardes du Corps desdits Marchands de vin, Intervenans, » par laquelle sans s'ar-
» rêter à l'intervéntion desdits Maîtres & Gardes du Corps
» desdits Marchands de vin, dont ils sont déboutés avec dé-
» pens, en confirmant les trois avis du Substitut de notre Pro-
» cureur-Général audit Siége de Police du Châtelet, du même
» jour 21 Juin 1743, en ce qui concerne lesdits Pegat, Fon-
» taine & Delaitre ; en conséquence, sans avoir égard aux
» demandes de Pegat, Fontaine & Delaitre, dont ils sont dé-
» boutés, il est ordonné que les Statuts & Réglemens de la
» Communauté des Maîtres Traiteurs, notamment notre Dé-
» claration du 29 Novembre 1680, & les Arrêts de notredite
» Cour, des 4 Mai & premier Août 1705, seront exécutés
» selon leur forme & teneur ; que lesdits Pegat, Fontaine &
» Delaître, seront tenus chacun à leur égard de faire ôter &
» effacer l'écriteau étant à leurs portes, portant indication de
» chambres garnies à louer, sinon & à faute de ce faire, après
» la premiere sommation, permet ausdits Jurés en charge de
» la Communauté des Maîtres Traiteurs de le faire ôter & effa-
» cer, aux frais desdits Pegat, Fontaine & Delaître, en pré-
» sence du Commissaire du quartier ; & pour la contravention,
» ils sont condamnés chacun à leur égard en douze livres de
» dommages-intérêts envers lesdits Jurés Traiteurs, en trois
» livres d'amende envers nous, & aux dépens ; leur est fait
» défenses de récidiver sous plus grande peine ; & en ce qui
» concerne ledit Villepoix, en infirmant l'avis dudit Substitut
» de notre Procureur Général audit Siége, du 13 Août 1743,
» faisant droit au principal, sans s'arrêter à l'intervention des-
» dits Maîtres & Gardes du Corps des Marchands de vin, ni
» à la demande dudit Villepoix, dont ils sont déboutés, il est
» pareillement ordonné, que les Statuts & Réglemens de la-
» dite Communauté des Maîtres Traiteurs, notamment l'Ar-
» rêt de notredite Cour, du premier Août 1705, seront exé-
» cutés ; ce faisant, il est ordonné que ledit Villepoix sera tenu
» de faire ôter l'inscription qui est à la porte de son Cabaret,
» portant indication de chambres garnies à louer, & de sup-

» primer les deux montres de Traiteur trouvées chez lui ; sinon
» & à faute de ce faire, il est permis ausdits Jurés de la Com-
» munauté des Maîtres Traiteurs de les faire ôter aux dépens
» dudit Villepoix, en présence du Commissaire du quartier ;
» & pour la contravention, il est condamné en douze livres
» de dommages & intérêts envers lesdits Traiteurs, trois livres
» d'amende envers nous, & aux dépens ; lui est fait défenses
» de récidiver sous plus grande peine. » La seconde Sentence
dont est appel du même jour, rendue entre les Jurés lors en
Charge de ladite Communauté des Maîtres Traiteurs, & Gabriel Châtelet, Marchand de vin, par laquelle il auroit été
ordonné » que les Statuts & Réglemens de la Communauté des
» Maîtres Traiteurs, seront exécutés selon leur forme & te-
» neur ; est fait néanmoins main-levée de la saisie faite à leur
» Requête sur ledit Chatelet, par Procès-verbal du 8 Juin
» 1743 ; & en infirmant l'avis du Substitut de notre Procureur
» Général audit Siége de la Police, du 20 Août 1743, ledit
» Chatelet est condamné en vingt livres de dommages & inté-
» rêts, & aux dépens envers lesdits Jurés Traiteurs, en trois
» livres d'amende ; & lui est fait défenses de récidiver sous plus
» grande peine. » Et la troisiéme & derniére Sentence dont
est appel du même jour, rendue entre lesdits Jurés en charge
de la Communauté des Maîtres Traiteurs, ledit Nicolas Lecomte, Marchand de vin, & les Maîtres & Gardes du Corps
des Marchands de vin à Paris, Intervenans ; par laquelle » sans
» avoir égard à l'intervention & demande desdits Maîtres &
» Gardes du Corps des Marchands de vin, ni à l'opposition
» dudit Lecomte à la Sentence par défaut du 5 Avril 1743,
» dont ils sont déboutés, il est ordonné qu'elle sera exécutée
» selon sa forme & teneur ; en conséquence, en confirmant
» l'avis du Substitut de notre Procureur-Général audit Siége,
» du 31 Mai 1743, il est ordonné que les Statuts & Régle-
» mens de ladite Communauté des Maîtres Traiteurs, seront
» exécutés ; & pour la contravention commise par ledit Le-
» comte, il est condamné en quarante livres de dommages-
» intérêts envers lesdits Jurés Traiteurs, & en dix livres d'a-
» mende ; lui est fait défenses de récidiver sous plus grande
» peine ; & il est condamné, & lesdits Maîtres & Gardes du
» Corps des Marchands de vin, aux dépens envers lesdits Ju-

» rés Traiteurs. » Requête desdits Jurés en charge de la Communauté des Maîtres Traiteurs, du 14 Juin 1745, tendante à ce qu'attendu qu'aux termes des Articles XIII & XXII des Statuts de la Communauté des Traiteurs, il est défendu à tous Marchands de vin d'entreprendre des repas, & de recevoir chez eux aucune compagnie de nôces ou autre; & qu'il est prouvé par le Procès-verbal du Commissaire Rochebrune, du 30 Janvier 1743, que ledit Lecomte a servi un repas considérable à une nombreuse compagnie qui alloit chez lui, ledit Lecomte soit déclaré non-recevable dans son appel de ladite Sentence de Police, du 30 Avril 1745; & où notredite Cour ne se détermineroit pas par la fin de non-recevoir, l'appellation soit mise au néant, il soit ordonné que ce dont est appel sortira son plein & entier effet, & ledit Lecomte soit condamné en tous les dépens des causes d'appel & demande, frais & mises d'exécution. Autre Requête desdits Jurés Traiteurs de Paris, du même jour 14 Juin 1745, tendante à ce qu'attendu que par notre Déclaration du 29 Novembre 1680, il est défendu aux Marchands de vin-Taverniers d'avoir chez eux des Cuisiniers, étalages de viandes, loger ni tenir chambres garnies; & que par l'Arrêt de notredite Cour en forme de Réglement du premier Août 1705, ces mêmes défenses ont été prononcées, tant contre les Maîtres & Gardes du Corps des Marchands de vin, que contre le nommé Filastreau, & que la Sentence du 30 Avril 1745, ne fait qu'ordonner l'exécution de ces deux Réglemens, tant lesdits Maîtres Gardes du Corps des Marchands de vin, que lesdits Pegat, Fontaine, Delaitre, & Villepoix, soient déclarés purement & simplement non-recevables dans leur appel de ladite Sentence; en conséquence, & pour prévenir de pareilles contestations à l'avenir entre lesdits Jurés de la Communauté des Traiteurs & le Corps des Marchands de vin, que l'Arrêt qui interviendra sera inscrit sur le Registre des délibérations desdits Maîtres & Gardes du Corps des Marchands de vin, lesquels seront tenus d'en certifier lesdits Jurés de la Communauté des Traiteurs, dans tel délai qu'il plaira à notredite Cour préfinir; & en outre tant lesdits Maîtres & Gardes du Corps des Marchands de vin, que lesdits Pegat, Fontaine, Delaitre, & ledit Villepoix, soient condamnés aux dépens des causes d'appel & demandes, frais & mises d'exécution, faits chacun à leur égard, & en l'amende. Autre requête desdits Jurés Traiteurs de la Ville & Faubourgs de Paris, du même jour 14 Juin 1745, tendante à ce qu'attendu que les dommages-intérêts à eux adjugés par la Sentence du 30 Avril 1745, font une suite des défenses portées par les Statuts de leur Communauté, & par l'Arrêt de Réglement du premier Août 1705, ledit Gabriel Chatelet soit déclaré purement & simplement non-recevable dans son appel de ladite Sentence, du 30 Avril 1745, & condamné en l'amende & aux dépens des causes d'appel & demandes, frais & mises d'exécution. Arrêt du 26 Juin 1745, par lequel sur les appellations les parties ont été appointées au Conseil, & sur les demandes en droit & joint. Fins de non-recevoir servant d'avertissement desdits Jurés Traiteurs de Paris, du 21 Juillet 1745. Causes & moyens d'appel servant d'avertissement de Nicolas Lecomte, du 27 Janvier 1746. Causes & moyens servant aussi d'avertissement de Gabriel Chatelet, du premier Février dernier. Autres causes d'appel servant d'avertissement desdits Pegat, Fontaine, Delaître & Villepoix, du 7 dudit mois de Février dernier; productions des parties en exécution dudit Arrêt; réponses desdits Jurés Traiteurs, du 3 Mars dernier, aux causes d'appel dudit Lecomte, servant de contredits contre sa production. Autres réponses desdits Jurés Traiteurs, du même jour 3 Mars dernier, aux causes & moyens d'appel dudit Gabriel Chatelet, servant aussi de contredits contre sa production. Autres réponses desdits Jurés Traiteurs, du 18 Avril dernier, aux causes d'appel desdits Pegat & consorts. Requête desdits Jurés Traiteurs, du 19 Avril dernier, employée pour contredits contre la production desdits Pegat & consorts. Sommations faites ausdits Maîtres & Gardes du Corps des Marchands de vin, de fournir leurs causes & moyens d'appel, écrire, produire & contredire & satisfaire audit Arrêt du 26 Juin 1745, sinon qu'ils en demeureront forclos. Production nouvelle desdits Jurés Traiteurs, par requête du 7 Janvier dernier. Sommation de la contredire. Requête & demande dudit Nicolas Lecomte, du 4 Février dernier, tendante à ce que sans s'arrêter à la demande desdits Jurés Traiteurs, dont ils seront déboutés; faisant droit sur l'appel, l'appellation & ce dont est appel soient mis au néant; émendant, ledit Lecomte soit déchargé des condamnations contre lui prononcées, par la Sentence du 30 Avril 1745, ladite Communauté des Maîtres Traiteurs fût condamnée en ses dommages & intérêts, & aux dépens, tant des causes principale que d'appel ; au bas de laquelle requête aussi employée pour écritures & production sur ladite demande, est l'Ordonnance de notredite Cour, qui l'auroit reglée en droit & joint à ladite instance, & donne acte de l'emploi. Requête desdits Jurés Traiteurs, du 5 Mars dernier, employée pour fins de non-recevoir, & défenses contre ladite demande, écritures & production, suivant l'Ordonnance étant au bas d'icelle. Requête & demande de Gabriel Chatelet, Marchand de vin-Cabaretier à Paris, du 15 Février dernier, tendante à ce que sans s'arrêter à la demande des Jurés Traiteurs, dont ils seront déboutés, faisant droit sur l'appel dudit Châtelet de la Sentence du 30 Avril 1745, l'appellation & ce dont est appel fussent mis au néant ; émendant, ledit Chatelet soit déchargé des condamnations contre lui prononcés par ladite Sentence, les Traiteurs fussent condamnés aux dommages-intérêts dudit Chatelet, & aux dépens tant des causes principale, que d'appel ; au bas de laquelle Requête aussi employée pour écritures & production sur ladite demande, est l'Ordonnance de notredite Cour, qui l'auroit reglée en droit & joint à ladite Instance, & donné acte de l'emploi. Requête desdits Jurés Traiteurs, du 5 Mars dernier, employée pour défenses contre ladite demande, écritures & production, suivant l'Ordonnance au bas d'icelle. Production nouvelle desdits Jurés Traiteurs, par Requête du 9 Mars dernier ; sommation de la contredire. Exploit fait le 10 Février 1746, à la requête desdits Jurés Traiteurs, contenant baillé copie à Nicolas Lecomte, Marchand de vin à Paris, d'un Procès-verbal de contravention fait contre lui à leur requête, le 8 dudit mois de Février, avec assignation à comparoir en la Chambre & pardevant le Substitut de notre Procureur Général au Châtelet de Paris, pour voir dire & ordonner, que les Arrêts de notredite Cour, Sentences & Reglement de Police, Statuts & Réglemens de ladite Communauté des Traiteurs, & notamment l'Arrêt de notredite Cour, du 18 Décembre dernier, seront exécutés selon leur forme & teneur, & que pour la contravention commise par ledit Lecomte, en recevant & fournissant la compagnie de lendemain de nôces en question, il sera condamné en deux cens livres de dommages & intérêts envers lesdits Jurés Traiteurs, & en telle amende qu'il plaira à Justice arbitrer, avec défenses de récidiver sous plus grande peine ; comme aussi qu'il seroit tenu de faire ôter de sa Salle les lustres & bras y étant, & de faire démolir de sa cuisine les fourneaux qui y sont, & de faire ôter les gardes-mangers grillés qui y sont aussi ; sinon, & après un simple commandement, qu'il sera permis auxdits Jurés Traiteurs de faire ôter lesdits lustres & bras de ladite Salle, & lesdits deux gardes-mangers grillés, & faire transporter le tout en leur Bureau, le tout aux frais & dépens dudit Lecomte, lequel sera aussi condamné aux dépens. Arrêt de notredite Cour, obtenu sur Requête, par ledit Lecomte, le 18 Février dernier, par lequel il auroit été ordonné que sur la demande portée par l'Exploit ci-dessus, circonstances & dépendances, les Parties procéderoient en notredite Cour. Défenses dudit Lecomte du 15 Mars dernier, contre ladite demande. Autre Arrêt de notredite Cour, du 27 Mars dernier, par lequel, sur lesdites demandes & défenses, les Parties ont été appointées en droit & joint à ladite Instance, dépens réservés. Avertissement desdits Jurés Traiteurs, du 23 Mars dernier, & leur production en exécution dudit Arrêt. Sommation faite audit Lecomte, de produire, contredire & satisfaire audit Arrêt, sinon qu'il en demeurera forclos. Requeste & demande desdits Pegat, Fontaine, Delaistre & Villepoix, du 23 Mars dernier, tendante à ce que, sans s'arrêter à la Requeste desdits Jurés Traiteurs, dont ils seront déboutés, faisant droit sur l'appel desdits Pegat & Consors, l'appellation & ce dont est appel soient mis au néant; émendant, lesdits Pegat & consorts soient déchargés des condamnations contr'eux prononcées, & lesdits Jurés Traiteurs soient déboutés de leurs demandes formées en Cause principale, & condamnés aux dépens, tant des causes principale que d'appel ; au bas de laquelle Requeste aussi employée pour écritures & productions sur ladite demande, est l'Ordonnance de notredite Cour, qui l'auroit reglée en droit & joint à la ite Instance, & donné acte de l'emploi. Sommation de satisfaire à ladite Ordonnance. Requeste desdits Jurés Traiteurs, du 18 Avril dernier, employée pour défenses contre ladite demande, écritures & production, suivant l'Ordonnance au bas d'icelle. Requeste dudit Lecomte, du 11 Mai présent mois, employée pour avertissement, écritures & production, en exécution de l'Arrêt du 17 Mars dernier. Requeste des Maitres & Gardes en charge du Corps des Marchands de vin, du 11 Mai présent mois, employée pour causes & moyens d'appel, écritures & production, en exécution dudit Arrêt, du 26 Juin 1745. Sommations générales faites à toutes les Parties, de satisfaire à tous les Arrêts & Réglemens de l'Instance. Conclusions de notre Procureur Général, tout joint & considéré.

NOTREDITE COUR, faisant droit sur le tout, sans s'arrêter aux Requestes & demandes desdits Lecomte, Chatelet, Pegar, Fontaine, Delaistre & Villepoix, par Requestes des 4, 15 Février & 23 Mars derniers, dont ils sont déboutés, a mis & met les appellations au néant; ordonne que ce dont est appel sortira son plein & entier effet; les condamne, & les Maitres & Gardes des Marchands de vin, en l'amende de douze livres, & chacun à leur égard en tous les dépens des causes d'appel & demandes, frais & mises d'exécution envers lesdits Jurés Cuisiniers Traiteurs; & ayant aucunement égard à la demande desdits Jurés Cuisiniers-Traiteurs, portée par Exploit du 10 Février dernier, fait défenses audit Lecomte de récidiver, & le condamne pour la récidive en 100 livres de dommages & intérests envers lesdits Maitres Traiteurs, & aux dépens aussi à cet égard: sur le surplus des autres demandes, fins & conclusions, met les Parties hors de Cour. Si mandons mettre le présent Arrêt à dûe & entiere exécution: de ce faire te donnons pouvoir. Donné en notredite Cour de Parlement le dix-sept Mai, l'an de grace mil sept cent quarante-six, de notre Régne le trente-uniéme. Collationné, BAILLIF. Par la Chambre, DUFRANC.

M^e. TISSERAND, Procureur de la Communauté.

Cet Arrêt a été obtenu pendant la comptabilité & Jurande des Sieurs Louis Potherat, Antoine Bergoignon, Antoine Tinot.

SENTENCE

SENTENCE DU BUREAU DE LA VILLE,

RENDUE SUR DELIBERE,

Qui décharge le Sieur Aubry, Maître Traiteur, de la demande contre lui formée par le Fermier de l'Etappe à Vin de la Place de Greve.

Du 29 Août 1749.

A TOUS ceux qui ces présentes Lettres verront Louis-Basile de Bernage, Chevalier Seigneur de Saint Maurice, Vaux, Chaffy & autres Lieux, Conseiller d'Etat ordinaire, Grand Croix de l'Ordre Royal & Militaire de Saint Louis, Prevôt des Marchands, & les Echevins de la Ville de Paris. SALUT, sçavoir faisons qu'aujourd'hui date desdites présentes, comparans en Jugement devant Nous Me. Jean Caron, Procureur d'Anne Jeanne de Lamery, fille majeure, Heritiere par bénéfice d'inventaire de défunt Jean de Lamery son pere, ci-devant Fermier des Solles & Celliers de l'Hôtel de cette Ville & des droits attribués au Garde de l'Etape à vin, en la Place de Greve, Demanderesse aux fins des Exploits faits par Remy, Huissier, Commissaire en cette Jurisdiction, les 6 Octobre 1746, & 30 Janvier 1747, contrôlés par Piton le 9 Octobre 1746, & premier Février 1747, des moyens & Acte signifiés par ledit Desaint, Huissier Commissaire en cette Jurisdiction, & Forgeot aussi Huissier Commissaire en cette Jurisdiction, les 24 Avril & 31 Mai 1747; & en exécution de notre Sentence du 28 Février dernier & Défenderesse, Me. Jean-Babtiste Houallé Procureur d'Antoine Aubry, Maître Traiteur-Cuisinier-Queux à Paris, ancien Juré de sa Communauté & Rotisseur privilegié du Roi suivant la Cour, Défendeur & Demandeur aux fins de la Requête verbale signifiée par Desaint, Huissier Commissaire en cette Jurisdiction le 11 Avril 1747. Vu les Piéces & Mémoires des Parties mis ès mains du sieur Cochin l'un de Nous Echevin, en exécution de notredite Sentence du 28 Fé-

T

vrier dernier. Ouï le Raport dudit sieur Cochin, ensemble le Procureur du Roi & de la Ville en ses conclusions, & après en avoir deliberé, Nous avons dechargé la Partie d'Houallé de la demande de celle de Charon avec dépens. Ce fut fait & donné au Bureau de la Ville de Paris, l'Audience tenante le Mardi vingt-neuvième jour d'Avril mil sept cent quarante-neuf. *Signé*, TAITBOUT. Contrôlé & Scellé le 12 Mai 1749.

Signé, HASTANIER.

SENTENCE
DE MONSIEUR
LE LIEUTENANT GÉNÉRAL DE POLICE,

QUI condamne le Sieur Desaigles, Marchand de Vin, en 20 liv. de dommages & intérêts envers la Communauté des Maîtres Traiteurs, pour avoir reçu chez lui une compagnie de nôce, & avoir prêté sa maison à un Maître Traiteur.

Du premier Septembre 1752.

A TOUS ceux qui ces presentes Lettres verront: Gabriel Jérôme de Bullion, Chevalier, Comte d'Esclimont, Prevôt de Paris : SALUT. Sçavoir faisons que, sur la requête faite en Jugement devant nous à l'Audience de la Chambre de Police du Châtelet de Paris, par Me Le Fevre, Procureur des Jurés en charge de la Communauté des Maîtres Traiteurs à Paris, demandeurs suivant le procès-verbal de contravention, dressée par Me Regnaudet Commissaire, le 4 Juillet 1751, & exploit donné en conséquence le 10 du même mois, par Durand Huissier à cheval en cette Cour, contrôlé le trois par Berther, & présenté ce jour par Bellot, défendeurs à la requête verbale du 8 Novembre, & demandeurs incidemment suivant leurs moyens du 24 du même mois, & 8 Février dernier, & en exécution de notre Sentence du 28 Avril dernier, contre M⁰ Bidault J. Procureur du sieur Desaigles, Marchand de vin, défendeur & demandeur; Parties ouies, ensemble noble homme M. M⁰ Moreau, premier Avocat du Roi, en ses conclusions, sans que les qualités puissent nuire ni préjudicier. Nous avons l'avis des Gens du Roi homologué, en conséquence, l'avis du Procureur du Roi du 27 Août 1751, infirmé; en conséquence disons que les Statuts, Arrêts, & Réglemens de la Communauté des Traiteurs, & notamment l'article 22 desd. Statuts, seront exécutés selon leur forme & teneur : & pour la contravention commise par la partie de Bidault, en entreprenant sur la profession des Traiteurs, en recevant chez lui une compagnie de Nôce, & en prêtant sa maison à un Maître Traiteur, le condamnons en vingt livres de dommages & intérêts envers la Communauté des parties de Le Fevre. Disons que notre présente Sentence sera imprimée, lue, publiée, & affichée aux frais de la partie de Bidault, que nous condamnons aux dépens. Ce qui sera exécuté nonobstant & sans préjudice de l'appel. En témoin de ce, nous avons fait sceller ces Présentes. Ce fut fait & donné par M⁰ Nicolas-René BERRYER, Chevalier, Conseiller d'Etat, Lieutenant Général de Police au Châtelet de Paris, tenant le Siége, le Vendredi 1 Septembre 1752. Collationné. *Signé*, LA FONTAINE. Scellé le 4 Sept. 1752. *Signé*, SAUVAGE. Contrôlé. *Signé*, HERANT.

La Sentence ci-dessus a été lue, publiée, & affichée, à son de trompe & cri public, par moi Henry de Valois, Juré-Crieur ordinaire du Roi, de la Ville, Prevôté Vicomté de Paris, étendue & Banlieue de ladite Prevôté & Vicomté, demeurant à Paris, rue & Paroisse S. Jacques de la Boucherie, soussigné, accompagné de Louis François Ambezar, Jacques Hallot, & Claude-Louis Ambezar, Jurés-Trompettes, dans tous les lieux & endroits ordinaires & accoutumés; le septiéme jour de Septembre 1752. Signé, DE VALOIS.

T ij

ARREST
DE LA COUR DE PARLEMENT,

Qui maintient les Maîtres Queulx-Cuisiniers-Traiteurs dans le droit & possession d'avoir dans leurs Caves les Vins nécessaires pour la fourniture des Repas, Noces, Festins & Banquets qu'ils entreprennent, soit dans leurs propres maisons, soit chez les Particuliers, & fait défenses aux Marchands de Vin de les y troubler.

Du 5 Août 1761.

LOUIS par la grace de Dieu, Roi de France & de Navarre, au premier Huissier de notre Cour de Parlement, ou autre notre Huissier ou Sergent sur ce requis ; sçavoir faisons, qu'entre les Maîtres & Gardes du Corps des Marchands de Vin de la Ville & Fauxbourgs de Paris, Appellans de Sentence de la Police du Châtelet de Paris, du 8 Août 1755. demandeurs en requête du 30 Octobre aud. an, & défendeurs d'une part ; & Antoine Aubry, Maître Cuisinier-Traiteur à Paris, défendeur & demandeur en requête du 29 Décembre de la même année 1755, d'autre part : & entre ledit Antoine Aubry, Cuisinier-Traiteur à Paris, & ancien Juré de sa Communauté, demandeur aux fins des requête & exploit du 27 Janvier 1756 d'une part ; & les Jurés & Communauté des Maîtres Cuisiniers-Traiteurs de la Ville & Faubourgs de Paris, défendeurs d'autre part : & entre ledit Aubry, demandeur en requête du 30 dudit mois de Janvier, défendeur d'une part ; & les Maîtres & Gardes du Corps des Marchands de Vin de la Ville & Fauxbourgs de Paris, défendeurs & demandeurs en requête du 26 Février 1756, d'autre part : & entre les Jurés, Corps & Communauté des Maîtres Queulx-Cuisiniers-Traiteurs de la Ville & Fauxbourgs de Paris, demandeurs en requête du 5 Mars 1756, tendante à ce qu'ils fussent reçus Parties intervenantes, & autres conclusions d'une part; & lesdits Maîtres & Gardes du Corps des Marchands de Vin de Paris, & ledit Aubry, défendeurs d'autre part : & entre lesdits Maîtres & Gardes du Corps des Marchands de Vin, demandeurs en requête du 12 dudit mois de Mars, d'une part; & les Jurés & Communauté des Traiteurs, & ledit Aubry, défendeurs d'autre part : & entre ledit Aubry, demandeur en requête du 28 Avril 1756, d'une part; & lesdits Maîtres & Gardes du Corps des Marchands de Vin, & les Jurés & Communauté des Traiteurs, défendeurs d'autre part. Vû par notredite Cour la Sentence dudit jour 8 Août 1755, dont est appel, rendue entre les Parties, sur délibéré & sur les conclusions de notre Avocat du Châtelet, par laquelle il auroit été dit que les Statuts, Arrêts & Réglemens du Corps des Marchands de Vin, seroient exécutés selon leur forme & teneur; en conséquence a déclaré la saisie de six bouteilles de vin faite par lesdits Maîtres & Gardes du Corps des Marchands de Vin sur ledit Aubry, bonne & valable; a été ordonné qu'elles demeureroient acquises & confisquées au profit du Corps des Marchands de Vin; a fait main-levée audit Aubry du surplus des vins saisis, à la représentation desquelles bouteilles de vin saisies, les Gardiens contraints par corps, quoi faisant, déchargés; comme aussi a déchargé ledit Aubry de la garde & représentation desdits vins, dont main-levée a été faite; ledit Aubry condamné en cinquante livres de dommages & intérêts au profit du Corps des Marchands de Vin; sur le surplus des demandes & contestations des Parties, les a mis hors de Cour & de procès, & condamné ledit Aubry en tous les dépens. Requête & demandes desdits Maîtres & Gardes du Corps desdits Marchands de Vin, du 30 Octobre 1755, tendante à ce qu'en ce qui touchoit l'appel par eux interjetté de la Sentence de Police du Châtelet de Paris, du 8 Août 1755, au chef qui fait main-levée de la saisie, l'appellation & ce dont est appel, fussent mis au néant, émendant quant à ce, la saisie faite sur ledit Aubry, par exploit du 19 Juillet 1751, fût déclarée bonne & valable; ce faisant, il fût ordonné que tous les vins saisis seroient confisqués au profit du Corps des Marchands de Vin, à la représentation desquels, le Gardien, comme dépositaire de biens de justice, seroit contraint, quoi faisant, déchargé; ce faisant, il fût ordonné que les Statuts, Arrêts & Réglemens du Corps des

Marchands de Vin seroient exécutés selon leur forme & teneur ; en conséquence ils fussent maintenus & gardés dans le droit de faire seuls le commerce de vins dans la Ville & Fauxbourgs de Paris ; il fût fait défenses audit Aubry & à tous autres Traiteurs d'entreprendre sur l'état & commerce des Marchands de Vin, de tenir des magasins de vin, & d'en faire le débit au public, en quelque sorte & manière que ce soit, à peine de confiscation desdits vins, & de tous dépens, dommages & intérêts ; il fût fait défenses audit Aubry de récidiver, sous telles peines qu'il appartiendroit ; & pour la contravention par lui commise, & le tort par lui fait au Corps des Marchands de Vin, il fût condamné en trois mille livres de dommages intérêts, en telle amende qu'il plairoit à notredite Cour arbitrer, & en tous les dépens d'appel & demandes ; il fût en outre ordonné que l'Arrêt qui interviendroit seroit imprimé, lû, publié & affiché par-tout où besoin seroit, & inscrit sur le registre des délibérations de la Communauté des Cuisiniers-Traiteurs. Requête d'Antoine Aubry, du 29 Décembre 1755, & employée pour moyens de nullité, fins de non-recevoir & défenses contre la demande des Marchands de Vin, portée par leur précédente requête, & tendante à ce que sans s'arrêter aux demandes des Marchands de Vin, dans lesquelles ils seroient déclarés non-recevables, en tous cas déboutés, ils fussent pareillement déclarés non-recevables en leur appel de la Sentence du Lieutenant général de Police, du 8 Août 1755, en tous cas l'appellation fût mise au néant, avec amende & dépens ; il fût ordonné que les Statuts, Edits, Déclarations, Arrêts & Réglemens du Corps des Maîtres Cuisiniers-Traiteurs de Paris, seroient exécutés selon leur forme & teneur, ensemble les Arrêts de notredite Cour ; en conséquence ils fussent maintenus & gardés dans le droit exclusif qu'ils ont seuls de faire le commerce de Cuisiniers-Traiteurs dans la Ville & Fauxbourgs de Paris ; il fût fait défense auxdits Marchands de Vin & à tous autres, d'entreprendre sur leur état & commerce de Maîtres Cuisiniers Traiteurs, & dans le droit & possession d'avoir des caves & magasins, d'acheter & faire venir des Provinces tous les vins dont ils ont besoin pour la fourniture de leurs repas, nôces & festins que le public veut prendre chez eux & à leurs Hôtes ; il fût fait défenses aux Marchands de Vin de les y troubler, sous telles peines qu'il appartiendroit, & ils fussent condamnés en trois mille livres de dommages intérêts, & en telle amende qu'il plairoit à notredite Cour, & en tous les dépens; il fût ordonné que l'Arrêt qui interviendroit seroit imprimé, lû, publié & affiché partout où besoin seroit, & inscrit sur les registres des délibérations de la Communauté des Marchands de Vin, & à leurs frais, sous la réserve que ledit Aubry faisoit de se pourvoir contre la Sentence au chef qui lui fait préjudice & grief, & de tous autres droits, actions & conclusions. Arrêt du 9 Février 1756, qui sur l'appel, a appointé les Parties au Conseil, & sur les demandes en droit, & joint. Production des Parties suivant ledit Arrêt. Requête dudit Aubry, du 13 Avril 1756, employée pour avertissement, causes & moyens d'appel desdits Maîtres & Gardes du Corps des Marchands de Vin de Paris, du 26 Avril 1756, servant d'avertissement. Requête dudit Aubry, du 29 Janvier 1756, tendante à ce qu'en conséquence de la litispendance en notredite Cour, sur l'appel des Marchands de Vin de Paris, de la Sentence de Police du 8 Août 1755, leurs demandes & celles dudit Aubry, il fût permis audit Aubry d'y faire assigner aux risques, périls & fortunes desdits Marchands, les Jurés en charge de la Communauté des Maîtres Cuisiniers-Traiteurs de Paris, pour voir dire qu'il auroit acte de la sommation & dénonciation qu'il leur faisoit par ladite requête, de l'appel interjetté par les Maîtres & Gardes du Corps des Marchands de Vin de Paris, de la Sentence du Lieutenant général de Police du Châtelet de Paris, intervenue entre eux & ledit Aubry le 8 Août 1755, en ce qu'elle fait main-levée audit Aubry de leur saisie de ses vins étant dans ses caves & magasins, & de leur requête & demande donnée sur ledit appel le 3 Octobre 1755, & de ce qui a suivi, à ce que les Jurés de ladite Communauté n'en ignorassent, & eussent à intervenir en ladite contestation, & de se joindre à lui pour soutenir le bien jugé du chef de ladite Sentence, & que les Traiteurs ont le droit d'avoir du vin chez eux, & dans leurs caves & magasins, & d'en fournir leurs tables & repas; sinon & à faute de ce faire, que lesdits Jurés demeureroient garans & responsables en leurs propres & privés noms, envers la Communauté & ses Membres de tout événement, faute par eux d'avoir soutenu les droits de la Communauté, ainsi qu'ils y sont obligés conformément aux Statuts d'icelle; & en cas de contestation, ils fussent condamnés aux dépens, sous la réserve de ses droits & actions; au bas de laquelle requête est l'Ordonnance de soient Parties appellées. Exploit d'assignation dudit jour 27 Janvier 1756, donné en vertu de la susdite Ordonnance, à la requête dudit Aubry, aux Jurés en charge de la Communauté des Maîtres Cuisiniers-Traiteurs, pour procéder sur & aux fins de ladite requête & Ordonnance. Autre requête dudit Aubry, du 30 dudit mois de Janvier 1756, tendante à ce qu'il lui fût donné acte de la sommation & contre-sommation qu'il faisoit aux Marchands de Vin, & Maîtres & Gardes de ladite Communauté, aux risques, périls & fortunes des Jurés de la Communauté desdits Maîtres Traiteurs, de la demande en dénonciation de l'appel & demande des Marchands de Vin, portée par ses requête, Ordonnance & exploit du 26 dudit mois de Janvier, à ce qu'ils n'en ignorassent; ce faisant, en adjugeant audit Aubry les conclusions par lui prises, lesdits Maîtres & Gardes des Marchands de Vin fussent condamnés l'acquitter des condamnations qui pourroient intervenir contre lui, au profit de la Communauté des Maîtres Traiteurs, & en tous les dépens faits tant en demandant, défendant, que de la sommation, dénonciation & contre-sommation, & les uns à l'encontre des autres, en tous cas ceux d'entre eux qui succomberoient. Requête des Maîtres & Gardes de la Communauté des Marchands de Vin, du 26 Février audit an 1756, tendante à ce que sans s'arrêter ni avoir égard à la demande & contre-sommation formée contre eux par ledit Aubry, Cuisinier-Traiteur, aux fins de sa requête du 30 Janvier précédent, dans laquelle il seroit déclaré non-recevable, ou en tous cas débouté; ce faisant, les conclusions précédemment prises par lesd. Maîtres & Gardes du Corps des Marchands de Vin, leur fussent adjugées, & que ledit Aubry fût condamné aux dépens. Requête des Jurés, Corps & Communauté des Maîtres Queulx-Cuisiniers Traiteurs de la Ville & Faubourgs de Paris, du 5 Mars audit an 1756, tendante à ce qu'ils fussent reçus Parties intervenantes en ladite Instance, il leur fût donné acte de l'emploi de ladite requête pour moyen d'intervention, & de ce qu'ils se joignoient audit Aubry, & adheroient aux conclusions par lui prises par sa requête du 29 Décembre 1755; ce faisant, l'appellation fût mise au néant avec amende & dépens, il fût ordonné que les Statuts, Edits, Déclarations, Arrêts & Réglemens intervenus en faveur desdits Cuisiniers-Traiteurs, seroient

exécutés

exécutés selon leur forme & teneur ; en conséquence ils fussent maintenus & gardés dans le droit & possession d'avoir dans leurs caves les vins nécessaires pour la suite & fourniture des repas de nôces, festins & banquets qu'ils entreprennent, soit dans leurs propres maisons, soit chez les particuliers ; il fût fait défenses auxdits Marchands de Vin de Paris de les y troubler, sous telles peines qu'il appartiendroit, & pour l'avoir fait, ils fussent condamnés en trois mille livres de dommages intérêts, & en telle amende qu'il plairoit à notredite Cour fixer, & en tous les dépens faits par lesdits Jurés, Corps & Communauté desd. Queulx-Cuisiniers-Traiteurs, à l'encontre de toutes les Parties ; il fût ordonné que l'Arrêt qui interviendroit seroit imprimé, lû, publié & affiché par-tout où besoin seroit, & inscrit sur les registres des délibérations des deux Communautés, aux frais & dépens des Corps & Communauté des Marchands de Vin. Requête de ladite Communauté des Marchands de Vin, du 12 Mars audit an 1756, tendante à ce qu'il leur fût donné acte de ce qu'ils consentoient que les Jurés Traiteurs & Cuisiniers de Paris fussent reçues Parties intervenantes dans ladite Instance ; ladite Requête employée pour défenses à ladite intervention, & tendante à ce que lesdits Jurés Traiteurs fussent purement & simplement déclarés non-recevables dans leursdites intervention & demandes, ou en tout cas ils en fussent déboutés, il fût fait défenses auxdits Cuisiniers-Traiteurs & tous autres, d'entreprendre sur l'état & commerce de vin, d'avoir des caves & magasins de vin, & d'en vendre, débiter, fournir à qui que ce soit, à peine de confiscation desdits vins, & de tous dépens, dommages & intérêts ; il fût ordonné que l'Arrêt qui interviendroit seroit imprimé, lu, publié & affiché par-tout où besoin seroit, & inscrit sur le livre des délibérations des Cuisiniers, à leurs frais & dépens ; il fût donné acte auxdits Maîtres & Gardes du Corps des Marchands de vin, de ce qu'ils sommoient & dénonçoient à Antoine Aubry ladite intervention & demande des Jurés Traiteurs ; en conséquence, celui desdits Aubry ou desdits Traiteurs qui succomberoient fussent condamnés en tous les dépens faits par lesdits Maîtres du Corps des Marchands de vin, tant en demandant, défendant, que des sommations, dénonciations & contre-sommations. Requête dudit Antoine Aubry du 28 Avril audit an 1756, tendante à ce

V

qu'il lui fût donné acte de l'intervention des Jurés, Corps & Communauté des Cuisiniers-Traiteurs de Paris, par leur Requête du 5 Mars 1756, & de ce que par icelle ils se joignoient & adhéroient aux conclusions prises par ledit Aubry, par sa Requête du 29 Décembre 1755, de celles prises par lesdits Jurés Corps & Communauté des Maîtres Cuisiniers-Traiteurs, il fût aussi donné acte audit Aubry de ce qu'à leurs risques il sommoit & dénonçoit auxdits Maîtres & Gardes du Corps des Marchands de Vin, l'intervention, jonction & adhésion aux conclusions prises par ledit Aubry, par lesdits Jurés, Corps & Communauté des Maîtres Cuisiniers-Traiteurs, de la contre-sommation qu'il en faisoit auxdits Jurés, Corps & Communauté des Maîtres Traiteurs; il lui fût pareillement donné acte de ce qu'aux risques, périls & fortune des Maîtres & Gardes du Corps & Communauté des Marchands de Vin, il sommoit & dénonçoit auxdits Jurés, Corps & Communauté des Maîtres Traiteurs, les demandes formées par lesdits Marchands de Vin, par leurs Requêtes des 26 Janvier & 12 Mars 1756, & contenant celles ci devant faites de leur appel de ladite Sentence de Police du 8 Août 1755, & de leur demande portée par leur Requête du 30 Octobre suivant, & de la contre-sommation qu'il en faisoit auxdits Maîtres & Gardes des Marchands de Vin, en adjugeant audit Aubry les conclusions par lui prises, lesdits Marchands de Vin fussent déclarés non-recevables dans toutes leurs demandes, en tout cas l'appellation fût mise au néant, avec amendes & dépens; il fût ordonné que les Statuts, Édits, Ordonnances & Déclarations, Arrêts & Réglemens registrés en notredite Cour en faveur des Jurés, Corps & Communauté des Maîtres Cuisiniers-Traiteurs, seroient exécutés selon leur forme & teneur; en conséquence ils fussent maintenus & gardés ainsi que ledit Aubry, dans le droit & possession d'avoir dans leurs caves les Vins nécessaires pour leur suite & fourniture des repas & nôces, festins & banquets qu'ils entreprennent, soit dans leurs propres maisons, soit chez les particuliers; il fût fait défenses auxdits Marchands de Vin & à tous autres Maîtres & Gardes de la Ville & Banlieue de Paris, de les y troubler, sous telles peines qu'il appartiendroit; & pour l'avoir fait, ils fussent condamnés en trois mille livres de dommages-intérêts envers ledit Aubry, & en telle amende qu'il plairoit à notredite Cour fixer, & en tous les dépens faits par ledit Aubry à l'encontre de toutes les parties, tant en défendant, demandant, que des sommations, dénonciations & contre-sommations, & à l'acquitter de toutes les condamnations qui pourroient intervenir contre lui envers aucunes des Parties; il fût ordonné que l'Arrêt qui interviendroit seroit imprimé, lu, publié & affiché par-tout où besoin seroit, & inscrit sur les registres des délibérations des Marchands de vin, & Jurés, Corps & Communauté des Cuisiniers-Traiteurs, aux frais & dépens des Maîtres & Gardes des Marchands de vin. Arrêt du 19 Mai audit an 1756, qui a reçu les Jurés & Communauté des Traiteurs Parties intervenantes, leur a donné acte de l'emploi par eux fait du contenu en leur Requête pour moyens d'intervention, & pour faire droit sur le surplus de ladite Requête, ensemble sur les autres demandes des Parties, les a appointé en droit à écrire, produire & contredire dans le tems de l'Ordonnance, & le tout joint à l'Instance principale, pour être sur le tout conjointement fait droit. Productions desdites Parties, suivant ledit Arrêt, & Avertissement des Maîtres & Gardes du Corps des Marchands de vin de Paris, du 26 Juin 1756, en exécution du susdit Arrêt. Requête des Jurés, Corps & Communauté des Traiteurs du 19 Juillet de la même année employée pour avertissement en exécution du susdit Arrêt, & tendante à ce que faisant droit sur leur intervention du 5 Mars 1756, il leur fût donné acte de ce que sur l'appel desd. Maîtres & Gardes du Corps des Marchands de vin, de la Sentence de la Chambre de Police du Châtelet de Paris, du 8 Août 1755, en ce qu'elle a fait main-levée aud. Aubry de la saisie des vins trouvés dans ses caves, ils se joignoient audit Aubry & adhéroient aux conclusions par lui prises par sa Requête du 29 Décembre 1755, & tendante en outre à ce que les conclusions par lui prises leur fussent adjugées. Contredits de production desdits Gardes & Corps des Marchands de vin, des 13 Février & 3 Mars 1759, en exécution des Arrêts des 9 Février & 19 Mai 1756. Requête dudit Aubry du 13 Février 1760, employée pour avertissement en exécution de l'Arrêt dudit jour du 19 Mai 1756. Fins de non recevoir & défenses aux demandes desdits Maîtres & Gardes du Corps des Marchands de vin, & écritures. Trois Requêtes dudit Aubry du même jour 13 Février, employées pour contredirs contre

V ij

les productions faites par lesdits Maîtres & Gardes du Corps des Marchands de vin, en exécution des Arrêts susdatés, & par les Maîtres & Communauté des Traiteurs, en exécution de l'Arrêt du 19 Mai 1756. Additions d'avertissement des Jurés en charge de la Communauté des Maîtres Queulx-Cuisiniers-Traiteurs de Paris, du 24 Janvier 1761, servans de contredits de production, en exécution de l'Arrêt du 19 Mai 1756. Production nouvelle desdits Jurés & Communauté des Traiteurs, par Requête du 29 dudit mois de Janvier, tendante à ce que les conclusions par eux prises leur fussent adjugées, & que lesdits Gardes & Marchands de vin fussent condamnés aux dépens faits par lesdits Traiteurs à l'encontre de toutes les Parties ; au bas de laquelle Requête est l'Ordonnance de notredite Cour qui a reçu lad. production nouvelle pour être contredite, & sur lad. demande auroit réservé à y faire droit en jugeant. Requête dudit Aubry du 25 Février audit an 1761, employée pour contredits contre ladite production nouvelle. Autres contredits de ladite production nouvelle desdits Maîtres & Gardes du Corps des Marchands de vin, du 6 Avril dernier. Requête dudit Aubry du 6 Juin dernier, employée pour réponses aux prétendues causes & moyens d'appel desdits Maîtres & Gardes du Corps des Marchands de vin, addition d'avertissement & écritures, & tendante à ce que sans s'arrêter ni avoir égard à tout ce qui a été dit, écrit & produit par lesdits Marchands de vin, non plus qu'à leurs Requêtes & demandes, dans lesquelles ils seroient déclarés non recevables, ou dont en tout cas ils seroient déboutés, les conclusions par lui prises en ladite Instance lui fussent adjugées, & y augmentant, lesdits Gardes & Corps des Marchands de vin fussent condamnés en tous les dépens faits & à faire par ledit Aubry, tant contre eux que contre tous les Traiteurs, tant en demandant, défendant, que des sommations, dénonciations, & contre-sommations même à l'acquitter de ceux auxquels il pourroit être condamné envers les Traiteurs, ou qui pourroient être compensés entre eux ; sur laquelle demande il auroit été réservé à faire droit en jugeant, par Ordonnance étant au bas. Mémoires imprimés respectivement signifiés de la part desdits Maîtres & Gardes du Corps des Marchands de vin, & par les Jurés en charge de la Communauté des Maîtres Cuisiniers-Traiteurs de Paris, les 8 & 23 Juin 1761. Production nouvelle des Marchands de vin, par Requête du 29 Mai 1761, salvations & contredits des Jurés de la Communauté desdits Maîtres Traiteurs, du 27 dudit mois de Juin dernier, servans de contredits de production nouvelle faite par Requête du 29 Mai dernier, en exécution de l'Arrêt du 19 dudit mois. Production nouvelle desdits Maîtres & Gardes du Corps des Marchands de vin, par Requête du 6 Juillet dernier. Requête desdits Jurés en charge, Corps & Communauté desd. Traiteurs, du 13 dudit mois de Juillet, employée pour contredits contre la précédente production nouvelle. Requête dudit Aubry, du 20 dudit mois, aussi employée pour contredits de ladite production nouvelle; salvations à contredits de productions nouvelles desdits Maîtres & Gardes du Corps des Marchands de vin, du 27 dudit mois de Juillet dernier. Requête desdits Marchands de vin du 4 Août présent mois, tendante à ce qu'il leur fût donné acte de la déclaration faite par les Jurés Traiteurs folio 18 de leur Requête du 13 Juillet dernier, qu'ils ne sont pas Cabaretiers, Taverniers, ni Hôteliers : en conséquence, sans s'arrêter à tout ce qui a été dit, écrit & produit par lesdits Jurés Traiteurs, les conclusions prises par lesdits Maîtres & Gardes du Corps des Marchands de vin, leur fussent adjugées, & que les Jurés Traiteurs fussent condamnés en tous les dépens; sur laquelle demande il auroit été réservé à faire droit en jugeant, par Ordonnance étant au bas. Requête dudit Aubry de cejourd'hui employée pour défenses à la précédente demande. Requête desdits Jurés & Communauté des Traiteurs, du même jour, employée pour fins de non-recevoir & défenses à la susdite demande. Acte de redistribution de ladite Instance à M. Jean-Baptiste Maximilien Titon, Conseiller, au lieu de M. Macé. Sommations générales de satisfaire à tous les Arrêts de Réglemens & Ordonnances intervenus en ladite Instance. Conclusions de notre Procureur Général : tout joint & considéré. NOTREDITE COUR, faisant droit sur le tout, a mis & met l'appellation au néant. Ordonne que ce dont est appel sortira son plein & entier effet ; & n'ayant aucunement égard à l'intervention & demandes des Jurés & Communauté des Maîtres Queulx-Cuisiniers-Traiteurs de cette Ville, ordonne que les Statuts, nos Edits, Déclarations, Arrêts & Réglemens de notredite Cour intervenus en faveur desdits Maîtres Traiteurs, seront exécutés selon leur forme & teneur. En conséquence maintient lesdits Traiteurs dans le droit & possession d'avoir dans leurs caves les vins nécessaires pour la suite & fourniture des repas, nôces, festins & banquets qu'ils entreprennent, soit dans leurs propres maisons, soit chez les particuliers ; fait défenses auxdits Marchands de vin de les y troubler, sous telles peines qu'il appartiendra. Ordonne que le présent Arrêt sera imprimé au nombre de deux cens exemplaires, sans être affiché, & qu'il sera inscrit sur les Registres des deux Communautés ; sur le surplus des autres demandes, fins & conclusions, met les Parties hors de Cour ; condamne lesdits Maîtres & Gardes des Marchands de vin en l'amende de douze livres, & en tous les dépens des causes d'appel, intervention & demandes envers ledit Aubry & lesdits Maîtres Traiteurs, même en ceux des sommations & contre-sommations, dans lesquels entreront les frais d'exemplaires & d'enregistrement. Si mandons audit premier Huissier de notredite Cour de Parlement, ou autre requis pour l'exécution du présent Arrêt, mettre icelui à dûe, pleine & entiere exécution, selon sa forme & teneur : de ce faire te donnons plein & entier pouvoir. Donné en Parlement, le cinq Août l'an de grace mil sept cent soixante-un, & de notre Regne le quarante-sixieme. Collationné. *Signé*, LANGELE'. Par la Chambre, *Signé*, DUFRANC.

Le présent Arrêt rendu à la poursuite & diligence des Srs MARCILLE, ROUARD, LEPRESTRE, & COQUIN, Jurés en charge.

EXTRAIT des Registres du Parlement.

COMME de la Sentence donnée par notre Prevôt de Paris ou son Lieutenant le 16 Novembre 1611, entre les Maîtres Jurés Rotisseurs de notre Ville de Paris, demandeurs d'une part : Et Barthelemy Lefebvre, Maitre Cuisinier en notredite Ville, défendeur d'autre part. Par laquelle notredit Prevôt ou son Lieutenant, auroient fait défenses audit Lefebvre, & à tous autres Cuisiniers, d'entreprendre sur le métier de Rotisseur, acheter ou faire acheter volailles ou gibier sur le carreau, ni dans les marchés de notredite Ville de Paris, pour fournir aux nôces, festins & banquets qu'ils entreprendront, leur permettant de faire le mémoire des viandes & gibier qu'il conviendra avoir, & icelui bailler aux Bourgeois, pour par ledit Bourgeois icelles acheter en la boutique de tel Rotisseur que bon lui semblera avec un Cuisinier si bon lui semble, & ce à peine de confiscation de viandes, & de cent livres d'amende; & si auroient pour cette fois déchargé ledit Lefebvre de l'amende sans dépens; eût été par ledit Lefebvre appellé en notredite Cour de Parlement, en laquelle le procès par écrit conclu & reçu pour juger entre lesdites Parties, si bien ou mal auroit été appellé, les dépens respectivement requis, & l'amende pour Nous, joint les griefs hors le procès, prétendus moyens de nullité & production nouvelle dudit Appellant, auxquels griefs les Intimés pourroient répondre, & contre ladite production nouvelle, bailler contredits. Vû le procès, griefs & réponses, forclusions de produire de nouvel par ledit Appellant. Arrêts des 23 Juin 1612, & 7 Mai 1613. Entre les Maitres Jurés Cuisiniers, demandeurs en Requeste du 11 Mai audit an 1612, afin d'être reçus Parties intervenantes audit procès, & se joindre avec led. Lefebvre, & Appellans des Sentences de notredit Prevôt, des 24 Novembre, & premier Décembre 1659, 10 & 28 Juin, 16, 10 Juin 1606, 3 Août 1612, & 26 Février 1613, d'une part; & lesdits Maitres Jurés Rotisseurs, défendeurs en ladite Requeste & intimés, d'autre; par lesquels lesdits Cuisiniers auroient été reçus Parties intervenantes, & sur lesdites appellations appointées au Conseil, & à produire. Productions desd. Parties, tant sur ladite intervention, qu'appellations verbales. Autre Arrêt du 28 Septembre 1612, entre lesdits Jurés Cuisiniers, & ledit Lefebvre, demandeurs en Requeste du 22 Août audit an, afin de défenses particulieres d'exécuter ladite Sentence du 16 Novembre 1611, d'une part; & lesdits Jurés Rotisseurs, défendeurs d'autre; par lequel ladite Requeste auroit été jointe audit procès par écrit. Productions desdites Parties sur lesdites défenses particulieres. Requeste desdits Maitres Rotisseurs, employée pour contredits contre les productions faites par lesdits Maitres Cuisiniers, tant sur ladite intervention, & appointé au Conseil, que défenses particulieres avec forclusion de bailler contredits par lesdits Maitres Cuisiniers, suivant l'Arrêt du 9 Août dernier. Incident de Lettres par lesdits Maitres

Cuisiniers, de Nous obtenues le 4 Août 1612, afin d'etre reçus, & articuler & vérifier les faits y contenus joint aud. procès. Lettres Patentes par lesdits Cuisiniers, de Nous obtenues au mois de Décembre 1612, portant confirmation de leurs Privileges & Statuts, produites audit procès. Autres Lettres, aussi par lesdits Cuisiniers de Nous obtenues le 25 Mai 1612, & 3 Janvier 1614, pour en jugeant les appellations, régler lesdits métiers selon l'utilité publique & commodité des particuliers. Lesdites Lettres communiquées aux Parties, & mises au sac par l'Arrêt du 9 dudit mois de Janvier: Et tout diligemment examiné. NOTREDITE COUR par son Jugement & Arrêt, en tant que touche les appellations verbales & défenses particulieres, sans s'arrêter à nosdites Lettres du 4 Août, a mis & met lesdites appellations au néant, & les Parties hors de Cour & de procès; & faisant droit sur le procès par écrit & intervention desdits Cuisiniers, & pour régler les Parties à l'avenir en ce qui concerne les fonctions de leur métier, suivant nosdites Lettres des 25 Mai 1612, & 3 Janvier dernier, a mis & met l'appellation & Sentence de laquelle a été appellé au néant sans amende; en émendant, ayant aucunement égard à nosdites Lettres de Décembre 1612, ordonne que les Maitres Cuisiniers pourront entreprendre toutes nôces, festins & banquets, tant en leurs maisons privées & salles publiques, qu'en maisons des particuliers que faire voudront, employer & fournir toutes choses nécessaires pour lesdites nôces & festins, pourront acheter les volailles, gibiers & autres viandes, tant pour rotir & bouillir, que pour mettre en pâte dont ils auront besoin pour lesdits festins, ès boutiques & fenêtres de tels Rotisseurs que bon leur semblera, si aucun d'iceux ne leur est nommé par celui qui fera ledit festin, auquel cas n'en pourront prendre ailleurs qu'en la boutique de celui qui leur sera nommé, & ne pourront lesdits Cuisiniers acheter volaille ou gibier sur le carreau, ni ès marchés & places publiques; ains seront tenus les prendre ès boutiques desdits Rotisseurs, à peine d'amende arbitraire: Et pour éviter aux abus & malversations, a permis & permet aux Jurés Rotisseurs aller visiter les volailles, gibiers & autres viandes qui seront fournies par leurs compagnons pour les nôces & festins que feront lesdits Cuisiniers en leurs maisons particulieres & salles publiques, même ès maisons

des

des particuliers, du vouloir & consentement des Maitres desd. maisons, & non autrement, tous dépens compensés. Fait en Parlement, le 18 Janvier 1614. *Signé*, par collation, MINCY.

SENTENCE
DE MONSIEUR
LE LIEUTENANT GÉNÉRAL DE POLICE,

Rendue en faveur de la Communauté des Maîtres Traiteurs de la Ville & Fauxbourgs de Paris.

Contre plusieurs Maîtres Traiteurs.

Portant défenses de demeurer chez les Maîtres Traiteurs, ni de s'associer avec eux, ni de mettre aucune indication de Traiteur.

A TOUS ceux qui ces présentes Lettres verront, Gabriel-Jerôme de Bullion, Chevalier, Comte d'Esclimont, Mestre de Camp du Régiment de Provence, Conseiller du Roi en tous ses Conseils, Prevôt de la Ville, Prevôté & Vicomté de Paris : SALUT. Sçavoir faisons, que sur la requête faite en jugement devant nous à l'audience de la Chambre de Police du Châtelet de Paris, par Me. Nicolas Royer J L. Procureur des Jurés en charge de la Communauté des Maîtres Traiteurs-Cuisiniers-Queulx de cette Ville & Fauxbourgs de Paris, demandeurs aux fins du procès-verbal du sieur Commissaire Nicolet du 16 Février dernier, qui constate la contravention & entreprise faite par Nicolas Meinard, Maître Rotisseur, sur la profession de Traiteur, & aussi la contravention faite par la veuve Cheret, Maître Traiteur, aux Statuts de sa Communauté, & demandeurs aux fins des exploits faits par Havin, Huissier à verge, les 20 & 21 Février dernier, contrôlés à Paris les 20 & 22 dudit mois ; le premier tendant à ce que défenses soient faites audit Mesnard, Rotisseur, d'entréprendre sur la profession de Traiteur, & pour l'avoir fait, qu'il seroit condamné aux dommages & intérêts des demandeurs avec dépens; & le second, à ce que défenses soient faites à la veuve Cheret de louer ni prêter sa vaisselle d'argent à des Rotisseurs & autres, & que pour l'avoir fait, elle sera condamnée aux dommages & intérêts des demandeurs; lesdits Jurés défendeurs à la requête verbale d'intervention & demande d'Hyacinte Mesnard, signifiée le 18 Avril dernier par le Noble, Audiencier, & encore lesdits Jurés Traiteurs, demandeurs aux fins de leur requête verbale signifiée le 17 Mai dernier par Genet, Audiencier, tendante afin d'infirmation de l'avis de M. le Procureur du Roi, que les Statuts, Lettres-patentes, Sentences, Arrêts & Reglemens de la Communauté des maîtres Traiteurs seront exécutés, que défenses seront faites à Nicolas Mesnard, maître Rotisseur, d'entreprendre & faire à l'avenir la profession de Traiteur, que pour l'avoir fait il sera condamné en deux cens cinquante livres de dommages & intérêts envers la Communauté des maîtres Traiteurs, en telle amende qu'il plaira à Justice arbitrer; que défenses seront faites à la veuve Cheret de prêter & louer sa vaisselle d'argent à des maîtres Rotisseurs & à autres qu'à des maîtres Traiteurs, que pour l'avoir fait, elle sera condamnée en deux cens livres de dommages & intérêts, sans avoir égard à l'intervention d'Hyacinte Mesnard dontil sera débouté, & lesdits Nicolas Mesnard, veuve Cheret & Hyacinte Mesnard condamnés aux dépens; lesd. Jurés Traiteurs défendeurs à la requête verbale signifiée de la part d'Hyacinte Mesnard, tendante afin de main-levée de saisie, & que défenses soient faites aux Jurés Traiteurs de le troubler, & encore lesdits Jurés Traiteurs demandeurs aux fins de leurs moyens signifiés le 20 Juin dernier, afin que défenses lui soient faites de prêter son nom à aucun maître Rotisseur ni autres, & condamnation de dommages & intérêts, amende & dépens, & défendeurs à la requête verbale d'intervention signifiée de la part des sieurs Antoine Payen, Jean Rousse, Vincent Babut, Guillaume Boitel & autres anciens jurés de la Communauté des maîtres Traiteurs, assistés de Me Frouard leur Avocat, contre Me Louis Ollivier le jeune, Procureur de Nicolas Mesnard, maître Rotisseur, défendeur aux procés-verbal, exploit de demande, & requête verbale susdatée, & demandeur aux fins des requêtes verbales aussi susdatées, assisté de Me Duret son Avocat, & encore ledit Me Ollivier, Procureur d'Hyacinte Mesnard, intervenant & défendeur aux requête verbale & moyens susdatés, assisté de Me Sandrier son Avocat, contre Me Testart, Procureur de la veuve Cheret, maître Traiteur, défenderesse aux procès-verbal, exploits & requêtes verbales susdatés, assistée de Me Chartier son Avocat, & contre Me. Santus, Procureur d'Antoine Payen, Jean Rousse, Vincent Babut, Guillaume Boitel, & autres anciens Jurés de la Communauté des maîtres Traiteurs, intervenans & demandeurs, suivant la requête verbale signifiée le 10 du présent mois, assistés de Me. Lallier leur Avocat: Parties ouies, sans que les qualités puissent nuire ni préjudicier. Nous avons les parties de Lallier & Hyacinte Mesnard partie de Sandrier reçues parties intervenantes en l'Instance entre les parties de Frouard & Duret, faisant droit sur le tout, avons l'avis du Procureur du Roi infirmé; en conséquence disons que les Statuts, Lettres patentes, Déclarations du Roi, Sentences, Arrêts & Reglemens concernant la Communauté des maîtres Traiteurs seront exécutés selon leur forme & teneur; ce faisant, sans avoir égard à la demande & intervention de la partie de Sandrier dont nous l'avons débouté, faisons défenses à Nicolas Mesnard, maître Rotisseur, partie de Duret, & Hyacinte Mesnard, partie de Sandrier, ainsi qu'à tous autres maîtres Rotisseurs, de demeurer dans une même maison avec aucun maître Traiteur de cette ville de Paris, ni s'associer avec eux ou leurs veuves, conformément à l'article premier des Statuts de ladite Communauté. Faisons pareillement défenses aux maîtres Rotisseurs d'entreprendre sur la profession de Traiteur, ni de mettre dans leurs tableaux aucunes dénominations ni indices qui ayent rapport à ladite profession de Traiteur, sous telles peines qu'il appartiendra; & pour y avoir par les parties de Duret & Sandrier contrevenu ainsi qu'il résulte du procès-verbal du Commissaire Nicolet, les condamnons solidairement aux dépens envers les parties de Frouard & Lallier. Faisons défenses auxdites parties de Duret & Sandrier de récidiver sur plus grande peine. Et sera notre présente Sentence lue, publiée & affichée par-tout où besoin sera. En ce qui concerne la partie de Chartier seulement, avons la cause continuée au premier jour, dépens, dommages & intérêts à cet égard réservés, ce qui sera exécuté nonobstant & sans préjudice de l'appel. En témoin de ce nous avons fait sceller ces présentes, qui furent faites & données par Messire René Herault, Chevalier, Conseiller du Roi en ses Conseils, Lieutenant général de police au Châtelet de Paris, y tenant le siége, le vendredi dix-huit Juillet mil sept cent vingt-sept. Collationné. *Signé*, CUYRET. Et scellé le vingt-six Juillet mil sept cent vingt-sept. DOYARD.

PAR Sentence rendue par M^r le Lieutenant général de Police au Châtelet de Paris, le 18 Juillet 1727, entre les sieurs Trotreau, Guillaume Choyer, Jean-Baptiste Roger, Alexis Dufieux, maîtres & Jurés en charge de la Communauté des maîtres Traiteurs à Paris, plaidant par Me. Frouard, Avocat, & sieurs Antoine Payen, Delamarre, Boitel, de Reconseille, Bondal, Babut, Meignen, Charmois, Baudet, de la Forge, de la Hoche, Dubuisson, Boisseler, Bernier, & autres maîtres & anciens de ladite Communauté des maîtres Traiteurs à Paris, intervenans, Me. Lallier, Avocat plaidant, contre Antoine Jean, maître Rotisseur, Me. Ollivier le jeune son Procureur, Me. Duret, Avocat plaidant; & encore contre Jean-Baptiste Jacquesson, maître Traiteur, intervenant, Me. Ollivier le jeune son Procureur, Me. Sandrier, Avocat plaidant. Appert pareil jugement avoir été rendu que celui porté par la Sentence ci-dessus du même jour, rendue contre Nicolas Mesnard, maître Rotisseur, & Hyacinte Mesnard, maître Traiteur.

Par autre Sentence du même jour entre lesdits sieurs Jurés & anciens de la Communauté des maîtres Traiteurs, ci-devant dénommés, plaidans par le ministere des mêmes Officiers, contre Martin Caillou, maître Rotisseur, & encore Simon Couteux, maître Traiteur, plaidans les mêmes Officiers. Appert pour pareille contravention pareil jugement avoir été rendu.

Par autre Sentence du même jour entre les mêmes Jurés & anciens de la Communauté des maîtres Traiteurs à Paris, ci-devant nommés, plaidans par le ministere des mêmes Avocats, contre François François, maître Rotisseur; & encore contre George Bataille, maître Traiteur à Paris, plaidans aussi les mêmes Avocats. Appert pour pareille contravention pareil jugement.

ARREST
DE LA COUR DE PARLEMENT,
EN FORME DE REGLEMENT,

QUI ordonne que sans qu'il soit besoin de l'Ordonnance préalable du Lieutenant Général de Police, les Jurés-Traiteurs pourront se transporter chez les Maitres Rotisseurs pour y faire leur visite, assistés d'un Commissaire seulement.

Du 11 Juin 1714.

Extrait des Registres du Parlement.

ENTRE les Jurés & Communauté des Maitres Cuisiniers-Traiteurs de la Ville & Faubourgs de Paris, Appellans de la Sentence rendue par le Lieutenant Général de Police au Châtelet le 6 Mars 1614, d'une part; & Jacques Quoniam, Maitre Rotisseur, & les Jurés & Communauté des Maitres Rotisseurs à Paris, Intimés, d'autre, & entre lesdits Jurés en charge de la Communauté des Maitres Rotisseurs, demandeurs en requête par eux présentée à la Cour le 21 Avril 1714, à ce qu'en venant plaider sur l'appel, il fût ordonné que les Arrêts & Réglemens de la Police & de la Cour seront exécutés : ce faisant, faire très-expresses inhibitions & défenses aux Jurés de la Communauté des Maitres Traiteurs, de se transporter à l'avenir, sous quelque prétexte que ce soit, dans les maisons & boutiques des Maitres Rotisseurs, sans en avoir préalablement obtenu la permission du Lieutenant Général de Police, à peine de telle amende qu'il plaira à la Cour arbitrer, & de tous dépens, dommages & intérêts, & condamner lesdits Jurés Traiteurs aux dépens de la cause d'appel, d'une part; & lesdits Jurés & Communauté des Maitres Traiteurs à Paris, défendeurs d'autre : Et entre lesdits

Jurés Traiteurs, demandeurs en requête du deux Juin présent mois, à ce que l'avis du Substitut de Monsieur le Procureur Général au Châtelet de Paris fût exécuté : ce faisant, les Statuts des demandeurs vérifiés & registrés en la Cour, ensemble les Arrêts de la Cour, seront exécutés, & suivant iceux défenses aux Rotisseurs de faire aucunes fricassées ni ragoûts, à peine d'amende, & pour en avoir fait le condamner aux dommages & intérêts ; & lui & la Communauté de Rotisseurs à Paris, défendeurs d'autre : Après que Goudouin, Avocat des Jurés en charge de la Communauté des Maitres Cuisiniers-Traiteurs, & Chastelain, Avocat des Jurés en charge de la Communauté des Maitres Rotisseurs ont été ouis : ensemble Chauvelin pour le Procureur Général du Roi : LA COUR en tant que touche l'appel, a mis & met l'appellation au néant : Ordonne que ce dont a été appellé sortira effet ; ayant aucunement égard à la requête des parties de Chastelain, fait défenses aux parties de Goudouin d'aller en visite chez les parties de Chastelain, si elles ne sont assistées d'un Commissaire seulement : Condamne les parties de Goudouin en l'amende de douze livres & aux dépens de la cause d'appel seulement, les autres compensés. Fait à Paris en Parlement le onziéme Juin mil sept cent quatorze. Collationné. *Signé*, LORNE.

Le dix-neuf Juin 1714, signifié à Mes. Richer & C. Charpentier, Procureurs. Signé, LEVIEL, *Huissier*.

DELANGELLERYE.

Ledit Arrêt obtenu du temps de Jacques Borel, Philbert Blanchard, Jean Dereconseille, Jean Dubois, Jurés en charge.

ARREST
DE LA COUR DE PARLEMENT,

Rendu en faveur de la Communauté des Maitres Traiteurs.

Contre Antoine Jean, François François, Martin Caillou, Antoine de Larme, Leger de Ligny, Claude Robillard, Jacques Petit, Jean Jacquesson, & Michel Mesnard, tous Maitres Rotisseurs à Paris.

Portant défenses auxdits Maitres Rotisseurs de s'associer & de demeurer en même maison avec aucun Maitre Traiteur.

Du 22 Juin 1730.

NOTREDITE COUR faisant droit sur le tout, a mis & met les appellations au néant, ordonne que ce dont a été appellé, sortira son plein & entier effet ; condamne lesdits Antoine-Jean, Jean-Baptiste Jacquesson, François François, Georges Bataille, Martin Caillou, & Simon Couteux, en l'amende de douze livres ; ordonne que les Statuts de la Communauté des Maitres Traiteurs, les Lettres-Patentes portant confirmation desdits Statuts, notre Déclaration du vingt-cinq Décembre mil sept cent quatre, registrée en notredite Cour, & les Arrêts & Réglemens concernans la Communauté desd. Maitres Traiteurs, seront exécutés selon leur forme & teneur : en conséquence fait défenses ausdits de Larme, de Ligny, Robillard, Petit, Jacquesson & Mesnard, d'y convrevenir ni de s'associer avec aucun Maitre Traiteur, & même de demeurer dans une même maison avec aucuns des Maitres Traiteurs, d'entreprendre sûr le métier desdits Maîtres Traiteurs, ni de mettre dans leurs tableaux & enseignes aucune dénomination ni indication qui ait relation au métier de Traiteur, à peine de trois cent livres d'amende; ordonne que celles qui ont été mises seront ôtées & effacées: ayant aucunement égard à la demande desdits Jean, Caillou, de Larme, Mesnard & autres Rôtisseurs, portée par leur requête du treize Mai présent mois, fait aussi défenses à tous Maîtres Traiteurs de s'associer avec aucuns des Maîtres Rôtisseurs, & d'entreprendre sur le métier desd. Maîtres Rôtisseurs, sous les mêmes peines que dessus; sur le surplus de toutes les autres demandes, fins & conclusions des parties, les a mis hors de Cour; condamne lesdits Antoine Jean, Jean-Baptiste Jacquesson, François François; George Bataille, Martin Caillou, Simon Couteux, Antoine de Larme, Leger de Ligny, Claude Robillard, Jacques Petit, Jean Jacquesson, & Michel Mesnard, aux trois quarts des dépens des causes d'appel & demandes, chacun à leur égard; l'autre quart, ensemble ceux de la demande contre lesdits Courbet, Sauvage, & le Roux, compensés: TE MANDONS de mettre le présent Arrêt à exécution, de ce faire te donnons pouvoir. Donné à Paris en Parlement le seize Mai, l'an de grace mil sept cent trente, & de notre Regne le quinziéme. Collationné. *Signé*, BESNARD. & scellé le vingt-un Juin mil sept cent trente. *Signé*, GAULTIER. *Et au-dessous est écrit*: Le vingt-sept Mai mil sept cent trente, signifié & baillé copie à Mes Champenois & Richer, Procureurs, en leurs domiciles, en parlant à leurs Clercs. *Signé*, DUBIGNON-GRAVELLE.

SENTENCE

ARREST DU PARLEMENT,

Rendu contre la Communauté des Maîtres Rotisseurs, qui ordonne que les Maîtres Traiteurs continueront de piquer & larder de tout lard & avec toutes lardoires, toutes les viandes qui leur seront nécessaires dans leurs repas; ensemble de faire rôtir toutes viandes qui leur seront nécessaires dans les repas seulement qu'ils entreprendront.

Du 30 Janvier 1751.

LOUIS par la grace de Dieu, Roi de France & de Navarre : au premier des Huissiers de notre Cour de Parlement, ou autre notre Huissier ou Sergent sur ce requis ; sçavoir faisons qu'entre les Jurés en charge de la Communauté des Maîtres Rotisseurs de la Ville, Faubourgs & Banlieue de Paris, appellans d'une Sentence rendue au Châtelet de Paris le 6 Septembre 1748, & de ce qui a suivi, demandeurs en trois requêtes des premier, 6 Mars & 14 Avril 1749, & défendeurs d'une part ; Claude Jaquot Maître Traiteur à Paris, Intimé, défendeur & demandeur en requête du 14 Avril 1749 ; Joseph Mongenot Maître Traiteur à Paris, Intimé, défendeur & demandeur en requête du 1 Avril 1749 ; & Jean Remy Maître Traiteur à Paris, aussi Intimé, défendeur & demandeur en requête du 28 Mars 1749, d'autre part : Et entre Jacques-Michel Minet maître Traiteur à Paris, & Jean Montabon aussi maître Traiteur à Paris, appellans de la même Sentence de Police dudit jour 6 Septembre 1748, demandeurs en deux requêtes du même jour 16 Décembre 1748, & défendeurs d'une part ; & les Jurés Rotisseurs de Paris, Intimés, défendeurs & demandeurs en deux requêtes des 7, & 27 Janvier 1749, d'autre part : Et encore lesdits Jurés Rotisseurs, appellans de la Sentence dudit jour 6 Septembre 1748, aux chefs expliqués par leur requête, d'une part ; & ledit Jean Montabon à cet égard, Intimé d'autre part : Et entre les Jurés & Communauté des maîtres Queulx-Cuisiniers-Traiteurs de la Ville, Faubourgs & Banlieue de Paris, intervenans & demandeurs en requête du 13 Février 1750, d'une part ; & les Jurés en charge de la Communauté des maîtres Rotisseurs de Paris, Jean Montabon maître Traiteur à Paris, Joseph Mongenot aussi maître Traiteur à Paris, Claude Jacquot & Jean Remy aussi maîtres Traiteurs, défendeurs d'autre part : Et entre Jean Montabon maître Traiteur à Paris, demandeur en requête du 14 Février 1750, d'une part ; & les Jurés & Communauté des maîtres Rotisseurs défendeurs d'autre part : Et entre lesdits Jurés en charge de la Communauté des maîtres Rotisseurs de la Ville & Faubourgs de Paris, demandeurs en requête du 20 Avril 1750, d'une part ; & le sieur Mongenot maître Traiteur, défendeur d'autre : Et entre lesdits Jurés & Communauté desdits maîtres Rotisseurs de Paris, demandeurs en requête du 8 Juin 1750, d'une part ; & lesdits Jurés en charge de la Communauté des maîtres Traiteurs défendeurs d'autre : Et entre lesdits Jurés & Communauté des maîtres Queulx-Cuisiniers & Traiteurs de la Ville & Faubourgs de Paris, intervenans, prenant le fait & cause de Hugues-Jacques-Michel Minet maître Traiteur, & demandeurs en requête du 18 Juillet 1750, d'une part ; & ledit Hugues-Jacques-Michel Minet, & les Jurés & Communauté des maîtres Rotisseurs de la Ville & Faubourgs & Banlieue de Paris, défendeurs d'autre part : Et entre lesdits Jurés & Communauté desdits maîtres Rotisseurs, demandeurs en requête du 20 Juillet 1750, d'une part ; & lesdits Jurés Communauté desdits maîtres Traiteurs, & ledit Jacques Minet défendeurs d'autre : Et entre lesdits Jurés & Communauté des maîtres Traiteurs de Paris, demandeurs en requête d'intervention, & de prise de fait & cause, du 18 Juillet 1750, d'une part ; & lesdits Jurés & Communauté des maîtres Rotisseurs, & ledit Minet maître Traiteur, défendeurs d'autre : Et entre les Jurés en charge de ladite Communauté des maîtres Traiteurs, demandeurs en requête du 23 Juillet 1750, d'une part ; lesdits Jaquot, Remy, Mongenot, & Montabon, & les Jurés & Communauté desdits maîtres Rotisseurs, défendeurs d'autre : Et entre lesdits Jurés en charge, Corps Communauté des maîtres Rotisseurs de la Ville & Faubourgs & Banlieue de Paris, demandeurs en requête du 3 Août 1750, d'une part ; & lesdits Jaquot, Remy, Montabon, & ledit Mongenot, Traiteurs, & la Communauté desdits maîtres Traiteurs défendeurs d'autre : Et entre lesdits Jurés & Communauté desdits maîtres Traiteurs de Paris, demandeurs en requête du 18 Janvier 1751, d'une part ; & les Jurés & Communautés des maîtres Rotisseurs, & lesdits Mongenot, & autres, défendeurs d'autre : Et entre les Jurés & Communauté desdits maîtres Traiteurs de Paris, demandeurs aux risques des Jurés & Communauté desdits maîtres Rotisseurs de la même Ville de Paris, aux fins des commission & exploit du 16 Janvier 1750, & défendeurs d'une part ; & Jean-Baptiste Tisserand procureur en notredite Cour, défendeur & demandeur eu requête du 19 Janvier 1750, d'autre part : Et lesdits Jurés en charge & Communauté des maîtres Rotisseurs de Paris, aussi défendeurs d'autre part. VÛ PAR NOTRE COUR la Sentence de police du Châtelet de Paris du 6 Septembre 1748, dont est appel, contradictoirement rendue sur les conclusions du Substitut de notre Procureur Général audit Siégée entre Claude Jacquot maître Traiteurs à Paris, demandeur d'une part ; & les maîtres Jurés en charge de la Communauté des maîtres Rotisseurs de la Ville de Paris, saisissans, demandeurs & défendeurs d'autre, par laquelle sans que les qualités pussent nuire ni préjudicier, faisant droit sur les demandes & contestations des parties, auroit été ordonné, que les Statuts, Sentences, Réglemens & Arrêts de ladite Communauté des maîtres Traiteurs, & celle desdits Rotisseurs, seroient exécutés selon leur forme & teneur, & notamment l'Arrêt de 1746, en conséquence, les saisies faites par les Jurés Rotisseurs, sur les nommés Raillard, Mongenot, Jacquot & Remy, avoient été déclarées nulles, lesdits Jurés Rotisseurs auroient été condamnés envers chacun des susdits, en dix livres d'amende, dommages-intérêts : & à l'égard du nommé Montabon, la saisie faite sur lui, du lapreau piqué dont est question, auroit été déclarée bonne & valable, le surplus de la saisie faite sur lui, auroit été déclarée nulle, & pour la contravention il auroit été condamné en 20 livres de dommages-intérêts envers lesdits Jurés Rotisseurs, &

Y ij

à l'égard des nommés Duhan & Minet, les saisies sur eux faites par lesdits Jurés Rotisseurs auroient été déclarées bonnes & valables, & pour la contravention, ils auroient été condamnés chacun en quarante livres de dommages-intérêts envers lesdits Jurés Rotisseurs : Et lesdits Jurés & Communauté des Rotisseurs condamnés aux dépens envers lesdits Raillard, Mongenot, Jacquot & Remy, & ledit Montabon, Duhan & Minet, condamnés aux dépens envers lesdits Jurés & Communauté des maitres Rotisseurs, ce qui seroit exécuté nonobstant & sans préjudice de l'appel. Autre Sentence de Police du Châtelet de Paris du même jour 6 Septembre 1748, dont est appel, contradictoirement rendue entre lesdits maitres Rotisseurs de Paris saisissans, demandeurs & défendeurs d'une part ; & Jean Montabon maitre Traiteur à Paris, partie saisie, défendeur & demandeur d'autre part ; par laquelle sans que les qualités pussent nuire ni préjudicier, auroit été ordonné que les Sentences, Arrêts & Réglemens de ladite Communauté des maitres Rotisseurs, seroient exécutés selon leur forme & teneur, & notamment l'Arrêt de 1746 ; défenses auroient été faites audit Montabon, & à tous autres d'y contrevenir aux peines de droit ; la saisie en contravention faite sur ledit Montabon, à la requête desdits jurés Rotisseurs le 5 Novembre 1747, auroit été déclarée bonne & valable pour le lapreau seulement, lequel demeureroit confisqué au profit de ladite Communauté des maitres Rotisseurs ; à la représentation duquel lapreau seroit le nommé Lenormand Marchand Miroitier, gardien, contraint quoi faisant déchargé, & pour la contravention commise par ledit Montabon, il auroit été condamné en vingt livres de dommages-intérêts envers lesdits Jurés Rotisseurs, & aux dépens, ce qui seroit exécuté nonobstant & sans préjudice de l'appel. Autre Sentence de la Chambre de police du Châtelet de Paris du 6 Septembre 1748, dont est appel, entre lesdits Jurés en charge de la Communauté des maitres Rotisseurs de Paris, saisissans, demandeurs & défendeurs d'une part ; & Hugues-Jacques-Michel Minet, maitre Traiteur à Paris, partie saisie, défendeur & demandeur d'autre part, par laquelle sans que les qualités pussent nuire ni préjudicier, auroit été ordonné que les Sentences, Arrêts & Reglemens concernant la Communauté des maîtres Rotisseurs, & notamment l'Arrêt de

1746, seroient exécutés selon leur forme & teneur, défenses auroient été faites audit Hugues-Jacques-Michel Minet d'y contrevenir aux peines de droit, & pour la contravention commise par lui, la saisie en contravention sur lui faite à la requête desdits Jurés Rotisseurs le 5 Novembre 1747, auroit été déclarée bonne & valable, & ordonné que les marchandises saisies seroient & demeureroient confisquées au profit de la Communauté desdits maîtres Rotisseurs, à la représentation desquelles seroit Nicolas Guillaume gardien d'icelles contraint, quoi faisant déchargé, & ledit Minet auroit été condamné en quarante livres de dommages-intérêts envers lesdits Jurés Rotisseurs & aux dépens. Requête & demande de Hugues-Jacques-Michel Minet, maître Pâtissier-Traiteur à Paris, du 18 Décembre 1748, à ce que l'appellation & ce dont est appel fussent mis au néant; émendant, la saisie faite sur ledit Minet à la requête des Rotisseurs le 5 Novembre 1747, fût déclarée nulle, injurieuse, tortionnaire & déraisonnable; en conséquence ordonner que les choses sur lui saisies lui seroient rendues & restituées, à ce faire le nommé Guillaume gardien contraint par toutes voies dûes & raisonnables, même par corps, comme dépositaire de Justice, quoi faisant déchargé; il fût fait défenses aux Jurés Rotisseurs de récidiver, & faire à l'avenir de pareilles saisies chez ledit Minet, sous telle peine qu'il appartiendra, & pour l'avoir fait, ils fussent condamnés en tels dommages-intérêts qu'il plairoit à notredite Cour arbitrer; il fût pareillement ordonné que les Statuts, Arrêts & Reglemens de la Communauté des maîtres Traiteurs seroient exécutés selon leur forme & teneur, & les Jurés Rotisseurs fussent condamnés en tous les dépens, tant des causes principale que d'appel & demande. Requête & demande de Jean Montabon, maître Traiteur à Paris, du 18 Décemb. 1748, à ce que l'appellation & ce dont est appel fussent mis au néant; émendant, la saisie faite sur ledit Montabon à la requête desdits Jurés Rotisseurs fût déclarée nulle, injurieuse, tortionnaire & déraisonnable, en conséquence il fût ordonné que les choses sur lui saisies lui seroient rendues & restituées, à ce faire le nommé le Normand contraint, quoi faisant déchargé, il fût fait défenses aux Jurés Rotisseurs de récidiver, & de faire à l'avenir de pareilles saisies chez ledit Montabon, & pour l'avoir fait, ils fussent condamnés en tels dommages-intérêts qu'il plairoit à notredite Cour arbitrer; il fût pareillement ordonné que les Statuts, Arrêts & Reglemens de ladite Communauté des maîtres Traiteurs feroient exécutés selon leur forme & teneur, & lesdits Jurés Rotisseurs fussent condamnés en tous les dépens, tant des causes principale que d'appel & demande. Requête & demande desdits Jurés en charge de la Communauté des maîtres Rotisseurs de la Ville, Fauxbourgs & Banlieue de Paris, du 7 Janvier 1749, à ce qu'il fût ordonné que les article I^r. XI. & XXVII. des nouveaux Statuts de la Communauté des maîtres Rotisseurs dûement regiſtrés, ensemble l'Arrêt de notredite Cour du 19 Janvier 1746, rendu contre la Communauté des maîtres Traiteurs de Paris sur leur opposition à l'enregistrement des articles I^r. XI. XXV. & XXVII. desdits Statuts, seroient exécutés selon leur forme & teneur, il fût donné acte auxdits Jurés en charge de la Communauté des maîtres Rotisseurs de la déclaration faite par ledit Minet par le procès-verbal dressé par le Commissaire Regnaudet le 5 Novembre 1747, que les viandes sur lui saisies & dont est question, lui avoient été vendues par le nommé Ruelle, maître Rotisseur, sans boutique, Regrattier étalant sur le carreau de la Vallée, trouvé chez ledit Minet, piquant de lard fin les volailles, gibier & viandes dont il s'agit par l'exploit de saisie, & attendu la contravention manifeste de la part dudit Minet auxdits articles I. XI. XXV. & XXVII. desdits Statuts, & à l'Arrêt de notredite Cour dudit jour 19 Janvier 1746, prononçant sur ledit appel, sans s'arrêter ni avoir égard à la demande dudit Minet, il fût déclaré purement & simplement non-recevable dans son appel, & condamné en l'amende & aux dépens de la cause d'appel & demande. Autre Requête & demande des Jurés & Communauté des maîtres Rotisseurs, du 27 Janvier 1749, à ce qu'ils fussent reçus appellans de lad. Sentence du 6 Septembre 1748, rendue en la Chambre de Police du Châtelet, en ce que par icelle le surplus des viandes saisies sur ledit Montabon par exploit du 5 Novembre 1747, n'auroient point été déclarées confisquées au profit de ladite Communauté des Rotisseurs, & à la représentation d'icelle ou de la valeur, le gardien contraint, ledit appel fût tenu pour bien relevé; en prononçant sur les appels respectivement interjettés de ladite Sentence, il fût ordonné que les articles I. XI.

XXV. & XXVII. des nouveaux Statuts de ladite Communauté des Rotisseurs dûement regiftrés, enfemble l'Arrêt de notredite Cour du 19 Janvier 1746, rendu contre ladite Communauté des maîtres Traiteurs de Paris fur leur oppofition à l'enregiftrement des articles I. XI. XXV. & XXVII. felon leur forme & teneur; ce faifant attendu la contravention manifefte auxdits articles des Statuts & audit Arrêt de notredite Cour, en tant que touchoit l'appel interjetté par ledit Montabon, fans s'arrêter ni avoir égard à fa demande, dans laquelle il feroit déclaré non-recevable, il fût pareillement déclaré non-recevable dans fon appel, ou en tout cas l'appellation fût mife au néant, il fût ordonné que ce dont eft appel fortiroit fon plein & entier effet, & ledit Montabon fût condamné auxdépens de la caufe d'apel & demande à cet égard; en ce qui touchoit l'appel defdits Jurés & Communauté defdits maîtres Rotiffeurs, l'appellation & ce dont eft appel fuffent mis au néant; émendant, la faifie faite par lefdits Jurés Rotiffeurs par exploit du 5 Novembre 1747 fur ledit Montabon, de quatre poulets aux œufs, dont deux piqués & deux prêts à mettre à la broche, quatre poulardes prêtes à mettre à la broche, deux pigeons piqués, un autre fait, & un autre en plume, & de deux bécaffes toutes prêtes à piquer, fut déclarée bonne & valable, en conféquence il fût ordonné que lefdites chofes faifies feroient & demeureroient confifqées au profit de ladite Communauté des Rotiffeurs ou la valeur d'icelles, à la repréfentation defdites volailles faifies ou de la valeur, feroit Jacques le Normand, maître Miroitier à Paris, qui s'en étoit rendu gardien, contraint par toutes voies, même par corps, quoi faifant déchargé; il fût fait défenfes audit Montabon de ne plus à l'avenir entreprendre fur le métier & profeffion defdits maîtres Rotiffeurs, fous telles peines qu'il appartiendroit, & pour l'avoir fait, il fût condamné en l'amende, conformément aux articles des Statuts de la Communauté des Rotiffeurs & en leurs dommages-intérêts, & en outre ledit Montabon fût condamné aux dépens fur l'appel defdits Jurés & Communauté des Rotiffeurs & de ladite demande, fauf à augmenter auxdites conclufions & fous les réferves de tous autres droits. Requête & demande defdits Jurés & Communauté defdits maîtres Rotiffeurs de Paris, du premier Mars 1749, à ce qu'il fût ordonné que les

Articles I. XI. XXV. & XXVII. des nouveaux Statuts pour la Communauté des Rotisseurs, regiſtrés en notredite Cour par Arrêt du 19 Janvier 1746, enſemble l'Arrêt de notredite Cour du 19 Janvier 1746, intervenu entre la Communauté des Maitres Rotisseurs & des Maitres Traiteurs ſur l'oppoſition formée par ces derniers à l'Enregiſtrement deſdits nouveaux Statuts, ſeroient exécutés ſelon leur forme & teneur, & l'Arrêt dudit jour 19 Janvier 1746, declaré commun avec ledit Jacquot, & en conſéquence prononçant ſur l'appel deſdits Jurés & Communauté des Maitres Rotisseurs, l'appellation & ce dont eſt appel fuſſent mis au néant; émendant, leſdits Jurés & Communauté des Rotisseurs fuſſent déchargés des condamnations contre eux prononcées au profit dudit Jacquot, la ſaiſie faite par leſdits Jurés & ladite Communauté des Maitres Rotisseurs ſur ledit Jacquot par exploit du 28 Novembre 1747, de quatre poulets en broche, dont deux piqués & les deux autres bardés, un levreau auſſi piqué le tout de lard fin, deux poulardes, deux chapons, & le tout en plume, & un reſtant de lard fin coupé en lardons ſur une aſſiette de fayence, fût declarée bonne & valable, en conſéquence il fût ordonné que leſdites choſes ſaiſies ſeroient & demeureroient confiſquées au profit deſdits Jurés & Communauté des Rotisseurs ou la valeur d'icelles, à la repréſentation des choſes ſaiſies ou de la valeur, ſeroit François Huot Maitre Bottier à Paris, qui s'en eſt rendu gardien, contraint ſolidairement avec ledit Jacquot, même par corps, quoi faiſant, il en ſeroit & demeureroit bien & valablement dechargé ; il fût fait défenſes audit Jacquot de ne plus à l'avenir entreprendre ſur le métier & profeſſion deſdits Rotisseurs ſous telles peines qu'il appartiendroit, & pour l'avoir fait il fût condamné en l'amende, conformément aux Articles des nouveaux Statuts deſdits Jurés & Communauté deſdits Rotisseurs, & à l'Arrêt du 19 Janvier 1746, & aux dommages-intérêts deſdits Jurés & Communauté deſdits Rotisseurs, ledit Jacquot fût en outre condamné en tous les dépens tant des cauſes principale d'apel & demande, ſauf d'autres concluſions. Autre Requête & demande deſdits Jurés & Communauté des Maitres Rotisseurs de Paris, du 6 Mars 1749, à ce qu'il fût ordonné que les Articles Ier. & XXV de leurs nouveaux Statuts regiſtrés en notredite Cour, enſemble l'Arrêt du du 19 Janvier 1746, intervenu avec ladite Communauté des Maîtres Traiteurs, seroient exécutés selon leur forme & teneur; ce faisant, prononçant sur l'appel, l'appellation & ce dont est appel fussent mis au néant en ce que la saisie des poulets & des quatre grives trouvés en broche chez le nommé Mongenot par le Procès-verbal du 6 Septembre 1747, n'auroit point été déclarée valable, la confiscation ordonnée avec amende, dommages-intérêts, & en ce que lesdits Jurés & ladite Communauté des Maîtres Rôtisseurs auroient été condamnés en dix livres de dommages intérêts & aux dépens envers ledit Mongenot, emendant lesdits Jurés & Communauté desdits Rôtisseurs, fussent déchargés desdites condamnations, la saisie du poulet & des quatre grives trouvés en broche & dont est question, fût déclarée bonne & valable, il fût ordonné qu'ils seroient & demeureroient confisqués au profit desdits Jurés & Communauté des Rôtisseurs, ou la valeur d'iceux à la représentation seroit le gardien contraint par toutes voyes, même par corps, quoi faisant déchargé, il fût fait défenses audit Mongenot de plus à l'avenir entreprendre sur le métier & profession des Rôtisseurs sous telles peines qu'il appartiendroit, & pour l'avoir fait il fût condamné en l'amende conformément aux Articles desdits Statuts & aux dommages-intérêts, ledit Mongenot fût condamné aux dépens des causes principale, d'appel & demande, sauf d'autres conclusions. Requête & demande de Jean Remy, Maître Traiteur à Paris du 28 Mars 1749, à ce que l'appellation fût mise au néant, il fût ordonné que ce dont est appel sortiroit son plein & entier effet, & lesdits Jurés Rôtisseurs condamnés en l'amende & aux dépens des causes d'appel & demande. Requête & demande de Joseph Mongenot, Maître Traiteur à Paris, du premier Avril 1749, à ce que sans avoir égard à la Requête & demande desdits Jurés Rôtisseurs dans laquelle ils seroient déclarés non-recevables ou dont en tout cas ils seroient déboutés, l'appellation fût mise au néant, il fût ordonné que ce dont est appel sortiroit son plein & entier effet, lesdits Jurés desdits Maîtres Rôtisseurs fussent condamnés en l'amende ordinaire de douze livres, & aux dépens des causes d'appel & demande, sauf d'autres conclusions. Requête & demande desdits Jurés en charge de ladite Communauté des Maîtres Rôtisseurs de Paris du 14 Avril 1749, à ce que sans avoir égard à la demande dudit Remy portée par sa requête du 28

Mars precédent, dans laquelle il seroit declaré non-recevable, ou dont en tout cas il seroit débouté, il fût ordonné que les Articles Ier. & XXV des nouveaux Statuts de la Communauté des Rotisseurs de Paris, regiftrés en notredite Cour le 19 Janvier 1746, intervenus avec la Communauté des Traiteurs, seroient exécutés selon leur forme & teneur, ce faisant prononçant sur l'appel, l'appellation & ce fussent mis au néant, émendant lesdits Jurés & Communauté des Rotisseurs fussent déchargés des condamnations contr'eux prononcées par ladite Sentence, en conséquence la saisie par eux faite sur ledit Remy par Procès-verbal du 6 Novembre 1747, d'un Levreau piqué de lard sin que ledit Remy étoit convenu dans l'instruction de la cause principale être à la broche lors de la saisie, & d'un autre Levreau en poil, fût déclarée bonne & valable, il fût ordonné que lesdits deux Levreaux seroient confisqués au profit desdits Jurés & Communauté des Rotisseurs ou la valeur d'iceux, à la représentation seroit le nommé François Vernier gardien d'iceux contraint par toutes voyes, même par corps, quoi faisant dechargé ; défenses fussent faites audit Remy de ne plus à l'avenir entreprendre sur le métier & profession des Rotisseurs sous telles peines qu'il appartiendroit, & pour l'avoir fait il fût condamné en l'amende conformément aux Articles desdits Statuts & aux dommages-intérêts, ledit Remy fût en outre condamné aux dépens des causes principale, d'appel & demandes, sauf d'autres conclusions. Requête & demande de Claude Jacquot Maitre Traiteur à Paris du 14 Avril 1749, à ce que sans avoir égard à la Requête & demande desdits Rotisseurs, dans laquelle ils seroient déclarés non-recevables, ou dont en tout cas ils seroient déboutés, l'appellation fût mise au néant ; ordonner que ce dont est appel sortiroit son plein & entier effet, & lesdits Jurés Rotisseurs fussent condamnés en l'amende & aux dépens des causes d'appel & demandes. Arrêt du 14 Août 1749, par lequel notredite Cour sur les appels auroit appointé les Parties au Conseil, & sur les demandes respectives en droit & joint. Causes & moyens d'appel des Jurés en charge de la Communauté des Maitres Rotisseurs de la Ville & Faubourgs de Paris du 29 Août 1749, contre ladite Sentence de Police du Châtelet du 6 Septembre 1748, & ce qui a suivi lesdites causes d'appel servant aussi d'avertissement, & leur production par inventaire signifié le 4 Septembre 1749, les réponses de Jean

Remy Maître Traiteur à Paris du 26 Janvier 1750, auxdites causes d'appel servant aussi d'avertissement, & sa production par inventaire signifié le 6 Février 1750. Réponses de Claude Jacquot, Traiteur, du 27 Janvier 1750, aux causes d'appel desd. Jurés & Communauté desd. Rotisseurs du 24 Août précédent, lesdites réponses à causes d'appel servant aussi d'avertissement & sa production par inventaire le 6 Février 1750 aux causes d'appel des jurés & Communauté desdits Rotisseurs, du 24 Août 1749 ; lesd. réponses à causes d'appel servant aussi d'avertissement, & sa production par inventaire du 12 Fév. 1750, les réponses du 7 Fév. 1750 fournies par Jean Montabon, Maître Traiteur, aux causes d'appel des Jurés & Communauté desdits Rotisseurs du 24 Août 1749, lesdites réponses à causes d'appel servant aussi d'avertissement & sa production par inventaire signifié le 12 Février 1750. Causes & moyens d'appel de Hugues-Jacques-Michel Minet Me. Patissier-Traiteur du 23 Janv. 1750, contre la Sentence de Police du 6 Sept. 1748, lesd. causes d'apel servant aussi d'avertissement & sa production en exécution dud. Arrêt ; les réponses desd. Jurés & Communauté des Rotisseurs, du 21 Avril 1750, aux causes d'appel dudit Minet du 23 Janvier précédent ; lesd. réponses à cause d'appel servant aussi de contredits contre la production dudit Minet, causes & moyens du 15 Janvier 1751, contre la Sentence de Police du Châtelet du 6 Sept. 1748 ; les salvations desdits Jurés & Communauté des maîtres Rotisseurs de Paris des 20 & 29 Avril 1750, servant de contredits contre les productions desdits Joseph Mongenot, Jean Remy, Jean Montabon, & Claude Jacquot, Traiteurs ; Salvations de Hugues-Jacques-Michel Minet, du 15 Janvier 1751, aux réponses à causes d'appel desdits Jurés & Communauté des Rotisseurs, du 21 Avril 1750, lesdites salvations & réponses à causes d'appel servant aussi de contredits contre la production desdits Jurés & Communauté desdits maîtres Rotisseurs. Réponses desdits Jurés & Communauté desdits maîtres Traiteurs, du 15 Janvier 1761, aux causes d'appel des Jurés en charge de la Communauté des Rotisseurs, du 29 Août 1749, lesdites réponses à causes d'appel servant aussi de contredits contre la production desdits Jurés & Communauté desdits Rotisseurs, & de salvations à leurs contredits. Requête & demande desdits Jurés & Communauté desdits maîtres Queulx-Cuisiniers-Traiteurs de la Ville, Fauxbourgs & Banlieue de la ville de Paris, du 13 Février 1750, à ce qu'ils fussent reçus parties intervenantes dans ladite Instance d'entre lesdits Jurés & Communauté des Rotisseurs de la Ville, & Fauxbourgs de Paris; & lesdits Mongenot, Jacquot, Remy, & Montabon, maîtres Traiteurs, sur l'appel interjetté par lesdits Rotisseurs de ladite Sentence du Chatelet de Paris du 6 Septembre 1748, il leur fût donné acte de l'emploi du contenu en leur requête pour moyens d'intervention, même de ce qu'ils prenoient sur ledit appel le fait & cause desdits Mongenot, Jacquot, Remy & Montabon; en conséquence sans s'arrêter aux demandes des Jurés Rotisseurs formées sur leur appel, & en adjugeant auxdits Mongenot, Jacquot, & Montabon les conclusions qu'ils avoient prises sur ledit appel, avec amende & dépens, il fût ordonné que les Statuts & Reglemens de ladite Communauté des Traiteurs, & notamment l'Arrêt du 18 Janvier 1614, en ce que par l'article XXVII. des nouveaux Statuts des Rotisseurs, il est ordonné que les Traiteurs s'y conformeront, seroient exécutés, ce faisant, lesdits Jurés & Communauté des Traiteurs fussent maintenus & gardés dans le droit & possession dans laquelle ils sont d'acheter chez tels maîtres Rotisseurs que bon leur semblera, ayant boutique ou échope à la Halle, toutes les volailles, gibiers, agneaux, chevreaux & cochons de lait dont ils auront besoin pour fournir aux besoins des festins & repas qui leur seront commandés; il fût donné acte auxdits Jurés & Communauté des Traiteurs, de ce qu'ils consentoient n'employer dans lesdits repas & festins les volailles & gibiers nécessaires pour le roti, & que les compagnies desireroient être piquées de lard fin, qu'ils ne les ayent préalablement achetés tous piqués de lard fin chez lesdits Rotisseurs; en conséquence lesdits Jurés & Communauté fussent maintenus dans le droit & possession dans laquelle ils sont de faire rôtir dans leur cuisine, & pour les besoins seulement des repas qui leur sont commandés, lesdites viandes, volailles, gibiers, piqués ou non piqués, qu'ils auront achetés desdits maîtres Rotisseurs, expliquant l'Arrêt du 19 Janvier 1746, en ce que par icelui les Rotisseurs sont maintenus dans le droit de piquer de lard fin indistinctement toutes sortes de viandes, & qu'il y est fait défenses aux Traiteurs d'employer dans leurs festins des viandes piquées de lard fin, si elles n'ont été achetées des Rotisseurs, il fût déclaré que le droit de piquer de lard fin est borné aux viandes de volailles &

gibiers de rotisserie, & pour rotir seulement; en conséquence lesdits Jurés & Communauté des Traiteurs fussent maintenus & gardés dans le droit & possession dans laquelle ils sont de piquer de lard fin, & barder tous les poissons, viandes de boucherie, volailles & gibiers qu'il convient être piqués de lard fin & bardés pour former les entrées maigres & grasses, nécessaires dans les festins & repas, lesdits Jurés Rotisseurs fussent condamnés aux dépens, sauf d'autres conclusions. Arrêt du 14 Février 1750, par lequel notredite Cour auroit reçu lesdits Jurés & Communauté des Traiteurs parties intervenantes, leur auroit donné acte de l'emploi du contenu en leur requête pour moyens d'intervention, & de leur prise de fait & cause, & pour faire droit sur ladite intervention & demande, auroit appointé les parties en droit & joint à ladite Instance. Avertissement desdits Jurés & Communauté desdits Traiteurs du 21 Février 1750, & leur production en exécution dudit Arrêt. Sommation faite aux autres parties d'écrire, produire, contredire, & satisfaire audit Arrêt. Requête & demande de Jean Montabon, maître Traiteur à Paris, du 14 Février 1750, à ce que l'Arrêt qui interviendroit en tant que touchoit l'appel interjetté par les Jurés Rotisseurs de la Sentence du Lieutenant général de Police du Châtelet de Paris, du 6 Septembre 1748, sans s'arrêter à la demande par eux formée sur ledit appel, par leur requête du 20 Janvier 1749, dans laquelle ils seroient déclarés non-recevables ou dont ils seroient déboutés, l'appellation fût mise au néant, il fût ordonné que ce dont est appel sortiroit son plein & entier effet, & les Jurés Rotisseurs fussent condamnés en l'amende & aux dépens de la cause d'appel & demande, sauf audit Montabon à prendre sur son appel particulier de la même Sentence, telles conclusions qu'il aviseroit bon être: au bas de laquelle requête ainsi employée pour avertissement, écritures & production sur la demande, est l'Ordonnance de notredite Cour qui l'a reglée en droit & joint, & donne acte de l'emploi. Requête & demande desdits Jurés en charge de ladite Communauté des maîtres Rotisseurs, du 20 Avril 1750, à ce qu'en expliquant les conclusions de leur requête du 6 Mars, & icelles augmentant, il fût ordonné l'exécution des articles I. XXV. & XXVII. des nouveaux Statuts des maîtres Rotisseurs, regiftrés en notredite Cour, ensemble de l'Arrêt du 19 Janvier 1746, faisant droit sur l'appel, l'appellation & ce dont est appel fussent mis au néant, en ce que, 1°. la saisie du poulet & des quatre grives trouvées en broche chez ledit Mongenot n'auroit point été déclarée bonne & valable, & que ladite confiscation n'en a point été ordonnée ; 2°. en ce que la saisie des trois pigeons en plumes, & de trois poulets communs & deux chapons en plumes n'auroit point été déclarée valable, & que la confiscation n'en a point été ordonnée ; 3°. en ce que lesdits Jurés & Communauté des Rotisseurs auroient été condamnés en dix livres de dommages-intérêts & aux dépens ; émendant, lesd. Jurés & Communauté des Rotisseurs fussent déchargés des condamnations contr'eux prononcées, en ce que ladite saisie du poulet, des quatre grives, trouvés en broche, des six pigeons en plume & plumés, de trois poulets communs & deux chapons en plume faite chez ledit Mongenot, par procès-verbal du 6 Novembre 1747, fut déclarée bonne & valable, il fut ordonné que lesdites volailles saisies seroient & demeureroient confisquées au profit de ladite Communauté des maîtres Rotisseurs, ou la valeur d'icelles, à la représentation des choses saisies ou de leur valeur, le nommé Boulanger, gardien, contraint par toutes voies dûes & raisonnables, & même par corps ; quoi faisant, il en demeureroit bien & valablement quitte & déchargé, & ledit Mongenot fut condamné aux dépens des causes principale, d'appel & demande, sauf d'autres droits : au bas de laquelle requête aussi employée pour avertissement, écritures & production sur ladite demande, est l'Ordonnance de notredite Cour qui l'a reglée en droit & joint, & donne acte de l'emploi. Production desdits Jurés & Communauté des Rotisseurs de Paris, en exécution de l'Arrêt du 14 Février 1750, par requête du 8 Juin 1750, icelle aussi employée pour fins de non-recevoir & défenses à l'intervention prise de fait & cause, & demande des Jurés & Communauté des maîtres Traiteurs, portées en leur requête du 13 Février 1750, ensemble pour réponse à l'avertissement de ladite Communauté des Traiteurs du 21 dud. mois de Février, & tendante à ce que lesdits jurés & Communauté des Maîtres Traiteurs fussent déclarés non-recevables dans leur intervention & prise de fait & cause des nommés Mongenot, Jacquot, Remy & Montabon, Traiteurs ; & sans s'y arrêter, il fut adjugé auxdits jurés & Communauté des Rotisseurs, sur leur appel de la Sentence de Police du Châtelet du 6 Septembre 1748, les conclusions par eux prises contre lesdits Mongenot, Jacquot, Remy & Montabon, avec dépens; lesdits jurés & Communauté des Maitres Traiteurs fussent pareillement déclarés non-recevables dans le surplus de leur demande, il fut ordonné que l'Arrêt de notredite Cour du 19 Janvier 1746 seroit exécuté purement & simplement, & les jurés & Communauté des Maitres Traiteurs fussent condamnés en tous les dépens de leur intervention, prise de fait & cause & demande, & réservees par l'Arrêt du 14 Février 1750, & en ceux de ladite demande, sauf d'autres droits & conclusions; au bas de laquelle Requeste aussi employée pour avertissement, écritures & production sur ladite demande, est l'Ordonnance de notredite Cour qui l'a réglée en droit & joint, & donne acte des emplois. Requeste desd. jurés & Communauté desdits Rotisseurs du 10 Juin 1750, employée pour fins de non-recevoir & défenses contre la demande de Montabon, portée par sa Requeste du 14 Février 1750, ensemble pour avertissement, écritures & production en exécution de l'Ordonnance apposée au bas de ladite Requeste, & tendante à ce que ledit Montabon fût déclaré non-recevable dans ladite demande; il fût donné acte auxdits jurés & Communauté desdits Rotisseurs, des déclarations faites par ledit Montaubon par sadite Requeste, qu'il avoit acheté toutes les volailles sur lui saisies par lesdits jurés & Communauté desd. Rotisseurs, de différens Maitres Rotisseurs, tant à la halle qu'ailleurs, c'est-à-dire, en plume & en poil, & il fût adjugé auxdits jurés & Communauté desdits Rotisseurs, les fins & coclusions par eux prises, tant sur leur appel que sur celui de Montabon, de la même Sentence de Police du 6 Septembre 1748, avec dépens, il fût pareillement condamné aux dépens des demandes, sauf d'autres conclusions; au bas de laquelle Requeste est l'Ordonnance de notredite Cour qui a donné acte de l'emploi, & réservé d'y faire droit en jugeant. Production nouvelle desdits jurés & Communauté des Rotisseurs, par Requeste du 10 Juillet 1750, & les contredits contre icelle desd. jurés & Communauté des Traiteurs, par Requeste du 23 Novembre 1750. Contredits desdits jurés & Communauté des Traiteurs du 22 Août 1750 contre la production faite par les jurés & Communauté des Rotisseurs en exécution de l'Arrêt du 14 Février 1750, lesdits contredits de production servant aussi de salvation & réponses à la Requeste des Rotisseurs du 8 Juin 1750. Les salvations desdits jurés & Communauté des Maitres Rotisseurs du 23 Novembre 1750 servans aussi de réponses aux écritures du 22 Août précédent. Requeste & demande desdits jurés & Communauté desdits Maitres Queulx-Cuisiniers-Traiteurs de la Ville & Fauxbourgs de Paris du 18 Juillet 1750, à ce qu'ils fussent reçus Parties intervenantes en ladite Instance d'entre la Communauté des Rotisseurs & Hugues-Jacques-Michel Minet, Maitre Traiteur, il leur fût donné acte de l'emploi du contenu en leur requeste pour moyens d'intervention ; sur laquelle faisant droit, il fût donné acte auxdits jurés & Communauté des Traiteurs de ce que sur l'appel interjetté par ledit Minet, Traiteur, de ladite Sentence de Police du 6 Septembre 1748, ils prenoient le fait & cause dud. Minet ; en conséquence faisant droit sur l'appel interjetté de ladite Sentence, l'appellation & ce dont est appel fussent mis au néant ; émendant, sans avoir égard aux demandes formées par lesdits jurés & Communauté des Maitres Rotisseurs, tant en cause principale qu'en notredite Cour, dont ils seroient déboutés, il fût ordonné que les Statuts & Réglemens de la Communauté des Maitres Traiteurs, & notamment l'Arrêt de notredite Cour du 18 Janvier 1614, auquel par l'article XXVII. des nouveaux Statuts des Rotisseurs il est ordonné que les Maitres Traiteurs se conformeront, seroient exécutés selon leur forme & teneur ; ce faisant, les jurés & Communauté desdits Maitres Traiteurs fussent maintenus & gardés dans le droit & possession dans laquelle ils sont d'acheter chez tels des Maitres Rotisseurs que bon leur sembleroit, ayant boutique ou échope, à la halle ou autres marchés publics, toutes les volailles & gibiers, agneaux, chevreaux & cochons de lait dont ils auront besoin pour fournir aux besoins des repas qui leur seront commandés, en expliquant l'Arrêt du 19 Janvier 1746, en conséquence lesdits jurés & Communauté des Maitres Traiteurs fussent maintenus & gardés dans le droit & possession dans laquelle ils sont de piquer de lard fin, & barder tous les poissons, viande de boucherie, volailles & gibiers qu'il convient d'être piqués de lard fin & bardés pour former les entrées maigres & grasses;

graſſes néceſſaires dans les feſtins & repas qu'ils ont ſeuls droit d'entreprendre ; & leſdits jurés & Communauté des Maitres Rotiſſeurs fuſſent condamnés en tous les dépens, tant des cauſes principale que d'appel & demande, ſauf d'autres concluſions. Requête & demande deſdits jurés en charge, Corps & Communauté des Maitres Rotiſſeurs de la Ville, Fauxbourgs & Banlieue de Paris, du 20 Juillet 1750, à ce que leſdits jurés & Communauté deſdits Traiteurs fuſſent déclarés purement & ſimplement non-recevables dans leur demande du 18 dudit mois de Juillet, il fût ordonné que l'article XXVII. des nouveaux Statuts deſd. Maitres Rotiſſeurs, enſemble l'Arrêt de notredite Cour du 19 Janvier 1746, ſeroient exécutés ſelon leur forme & teneur ; ce faiſant, ſans s'arrêter ni avoir égard à l'intervention, priſe de fait & cauſe deſd. Traiteurs pour led. Minet, il fût adjugé auxdits jurés & Communauté deſd. Rotiſſeurs, les fins & concluſions par eux priſes contre ledit Minet ſur ſon appel de la Sentence de Police du 6 Septembre 1748, l'Arrêt qui interviendroit fût declaré commun avec ledit Minet, les jurés & Communauté deſdits maitres Traiteurs & ledit Minet, chacun à leur égard fuſſent condamnés en tous les dépens, ſauf d'autres concluſions. Arrêts des 21 & 24 Juillet 1750, par leſquels notredite Cour auroit reçu leſdits jurés & ladite Communauté des Traiteurs, parties intervenantes, leur auroit donné acte de l'emploi du contenu en leur requête pour moyen d'intervention, & de leur priſe de fait & cauſe pour ledit Minet, & pour faire droit ſur leſdites demandes, auroit appointé les parties en droit & joint à ladite inſtance, auroit joint les fins de non-recevoir des maitres Rotiſſeurs, & les défenſes réſervées au contraire, dépens réſervés. Fins de non-recevoir des jurés en charge de ladite Communauté deſdits maitres Rotiſſeurs de Paris, du 29 Juillet 1750, ſervant auſſi d'avertiſſement en exécution deſdits Arrêts. Productions reſpectives des parties, celle de la Communauté des Traiteurs par requête du 24 dudit mois de Juillet auſſi employée pour avertiſſement, ſommation de contredire, en exécution deſdits Arrêts. Requête & demande deſdits jurés en charge de la Communauté des maitres Queulx-Cuiſiniers-Traiteurs de la Ville & Fauxbourgs de Paris, du 23 Juillet 1750, à ce qu'en expliquant & rectifiant les concluſions par eux priſes par leur requête d'intervention du 13 Février

1750, par l'Arrêt qui interviendroit, faisant droit sur leur intervention & demande, il leur fût donné acte de ce que sur l'appel interjetté par lesdits jurés Rotisseurs, de la Sentence du Lieutenant Général de Police du Châtelet de Paris, du 6 Septembre 1748, ils prenoient le fait & cause desdits Jacquot, Remy, Mongenot & Montabon, en conséquence, sans s'arrêter aux demandes desdits jurés Rotisseurs formée sur leur appel, & en adjugeant auxdits Jacquot, Remy, Mongenot & Montabon, les conclusions par eux prises sur ledit appel, il fût ordonné que les Statuts de la Communauté des Traiteurs, & notamment l'Arrêt du 18 Janvier mil six cent quatorze, auquel par l'article 27 des Statuts des jurés Rotisseurs, il est ordonné, que les maitres Traiteurs se conformeront, seroient exécutés, ce faisant lesdits jurés & Communauté desdits Traiteurs fussent maintenus & gardés dans le droit & possession dans laquelle ils sont d'acheter chez tels maitres Rotisseurs que bon leur sembleroit, ayant boutique & échope à la Halle ou autres marchés publics, toutes les volailles, gibiers, agneaux, chevreaux & cochons de lait, dont ils auront besoin pour fournir aux besoins des repas & festins qui leur sont commandés : en expliquant l'Arrêt du 19 Janvier 1746, lesd. jurés en charge de la Communauté des maitres Traiteurs fussent pareillement maintenus & gardés dans le droit & possession dans laquelle ils sont de piquer de lard fin & barder tous les poissons, viandes de boucherie, volailles & gibiers qu'il convient être piqué de lard fin & bardé pour former les entrées maigres & grasses nécessaires dans les festins & repas qui leur sont aussi ordonnés : Et au surplus sans avoir égard aux demandes des jurés Rotisseurs, dans lesquelles ils seroient déclarés non-recevables, ou dont en tout cas ils seroient déboutés, il fut adjugé auxdits jurés & Communauté des Traiteurs, les conclusions par eux prises avec dépens ; au bas de laquelle requête aussi employée pour avertissement, écritures & production sur ladite demande, est l'Ordonnance de notredite Cour qui l'a reglée en droit & joint, & donne acte de l'emploi. Requête desdits jurés & Communauté des maitres Rotisseurs du 30 Juillet 1750, employée pour fin de non-recevoir, & défenses contre ladite demande, ensemble pour avertissement, écritures & production sur icelle, en exécution de ladite Ordonnance, & tendante à ce que lesdits jurés Traiteurs fussent déclarés purement & simplement non-recevables dans leurdite demande du 23 Juillet 1750, il fût en tant que besoin étoit ou seroit, donné acte auxdits Jurés & Communauté desdits Rotisseurs, de ce que les jurés Traiteurs par leur demande dudit jour 22 Juillet, en expliquant & rectifiant les conclusions prises par leur intervention & demande, en ladite instance du 13 Février 1750, ils se sont déportés du chef de demande qui auroit pour objet d'être maintenus & gardés dans le prétendu droit & possession de faire rôtir dans leur cuisine, & pour les besoins des repas qui leur sont commandés, les volailles & gibiers piqués ou non piqués qu'ils auront achetés, puisque par leur nouvelle demande ils n'ont point repris ce chef de conclusions, & qu'ils n'ont conclu qu'à l'adjudication d'icelle nouvelle demande, & auroient abandonné totalement celle dudit jour 13 Février 1750, ce faisant, il fût adjugé auxdits jurés & Communauté desdits Rotisseurs, les fins & conclusions prises en l'instance sur la premiere demande des Traiteurs, & les jurés Traiteurs fussent condamnés en tous les dépens de ladite premiere demande, en ceux de celle dudit jour 23 Juillet 1750, & en ceux de ladite demande, sauf d'autres conclusions; au bas de laquelle requête est l'Ordonnance de notredite Cour, qui a donné acte de l'emploi & réserve d'y faire droit en jugeant. Requête desdits jurés & Communauté desd. maitres Rotisseurs de la Ville & Faubourgs de Paris, du 29 Novembre 1750, employée pour défenses à ladite demande en jugeant. Requête & demande desdits jurés & Communauté des maitres Rotisseurs, du 30 Juillet 1750, à ce qu'en adjugeant les conclusions par eux prises par leur requête du vingt dudit mois de Juillet, lesdits jurés & Communauté des Traiteurs, & ledit Minet fussent chacun à leur égard condamnés aux dépens réservés par leur Arrêt de Réglemens du même jour vingt-un dudit mois de Juillet, & aux dépens de l'appel & demande, sauf d'autres conclusions; au bas de laquelle requête est l'Ordonnance de notredite Cour, qui a réservé d'y faire droit en jugeant. Production nouvelle desd. jurés & Communauté des maitres Rotisseurs, par requête du 31 Juillet 1750, contenant aussi demande à ce qu'il leur fût donné acte des aveu & reconnoissance faite par lesdits Jurés Traiteurs par leurs salvations signifiées le 26 Février 1750, que lesdits Jurés & Communauté desdits Rotisseurs ont seuls le droit de piquer & rotir les viandes dont les Traiteurs se servent dans les festins, banquets & colations, & en conséquence desd. aveu & reconnoissance, qui se trouvent conformes aux articles des anciens & nouveaux Statuts des Rotisseurs, & à l'Arrêt de notredite Cour du 19 Janvier 1746, sans s'arrêter ni avoir égard aux demandes & écritures des Traiteurs, il fût adjugé audits Jurés & Communauté des Rotisseurs les conclusions par eux prises contre toutes les parties avec dépens, sauf d'autres droits & conclusions : au bas de laquelle requête est l'Ordonnance de notredite Cour qui a reservé d'y faire droit en jugeant. Requête de Joseph Mongenot, Traiteur, du 23 Novembre 1750, employée pour défenses à ladite demande en jugeant. Requête desdits Jurés & Communauté des Traiteurs, du 23 Novembre 1750, employée pour contredits contre la production nouvelle desdits Jurés Rotisseurs, faite par leur requête du 31 Juillet audit an. Requête & demande desdits Jurés en charge, Corps & Communauté des Rotisseurs de la Ville, Fauxbourgs & Banlieue de Paris, du 3 Août 1750, à ce qu'il fût ordonné que les articles I. XI. XXV. & XXVII. des nouveaux Statuts desdits Rotisseurs registrés en notredite Cour du 19 Janvier 1746, intervenu sur les opposition & demande des Jurés Traiteurs à l'enregistrement desdits nouveaux Statuts dont ils ont été déboutés & mis hors de Cour par ledit Arrêt, ensemble l'Arrêt de notredite Cour du 18 Janvier 1614, seroient exécutés selon leur forme & teneur ; ce faisant, lesdits Jurés & Communauté des Rotisseurs fussent maintenus & gardés dans le droit & possession, à l'exclusion de tous Traiteurs & autres gens de bouche, de faire rotir toutes sortes de volailles, gibiers, agneaux, chevreaux & cochons de lait pour la commodité publique ; il fût fait défenses auxdits Mongenot, Jacquot, Remy, Montabon & Minet, Traiteurs, & aux Jurés & Communauté des maîtres Traiteurs & membres d'icelle, de faire rotir à la broche à leur cuisine & maisons pour les festins & repas qui leur seront commandés, même pour leur consommation particuliere, ainsi qu'il auroit été ordonné par l'Arrêt du 19 Janvier 1746, à l'égard des Marchands de vin de Paris, aucunes volailles, gibiers, agneaux, chevreaux & cochons de lait, il leur fut enjoint de s'en fournir tous rotis à la broche, piqués, lardés & bardés & prêts à servir sur table chez lesdits Rotisseurs, à peine de trois cens livres d'amende, lesdits Jurés & Communauté desdits Rotisseurs fussent pareillement maintenus & gardés dans le droit & possession conformément à l'Arrêt du 19 Janvier 1746, de piquer & larder de lard fin indistinctement toutes sortes de viandes, il fût fait défenses auxdits particuliers Traiteurs, aux Jurés & Communauté des Traiteurs, & à tous Traiteurs & gens de bouche de piquer & larder de lard fin & à la maniere des Rotisseurs aucunes viandes grasses ou maigres, volailles, gibiers, agneaux, chevreaux, cochons de lait, pour faire des ragouts, entrées & fricassées, il fût ordonné qu'ils seroient tenus de les faire piquer, larder & barder desdits maitres Rotisseurs en boutique & non d'autres; il leur fût pareillement fait défenses de se servir dans leurs maisons ou ailleurs, d'aucuns Rotisseurs, compagnons & apprentifs Rotisseurs, en conséquence il fût fait défenses auxdits Traiteurs, qui ne réuniroient point à leur Maitrise celle de Rotisseur, & à ladite Communauté, de se servir & faire usage de la petite lardoire & de la broche pour faire rotir les volailles, gibiers, agneaux & cochons de lait, à peine de cinq cens livres d'amende, sauf aux Traiteurs à faire usage de la grosse lardoire, pour seulement larder de gros lard, conformément audit Arrêt, les volailles & gibiers qu'ils employeroient dans leurs ragouts & fricassées, & de la grosse broche pour y faire rotir seulement les viandes de boucherie qui ne sont point du métier desdits Rotisseurs; il fût pareillement fait défenses auxdits Traiteurs & à la Communauté d'acheter, soit sur le carreau de la Vallée, à la Halle, aux échopes ou autres marchés publics & d'aucuns maitres Rotisseurs-regrattiers vendans en échopes, & des Marchands forains, soit pour les festins, entrées, ragouts & fricassées qui leur sont commandés, soit pour leur propre consommation, aucunes pieces de volailles, gibiers, agneaux & cochons de lait, soit jeunes ou vieux, il leur fût enjoint de s'en fournir uniquement desdits maitres Rotisseurs en boutique & non ailleurs, conformément à l'Arrêt du 18 Janvier 1614, à l'article XXVII. des nouveaux Statuts des Jurés Rotisseurs, & à l'Arrêt de notredite Cour du 19 Janvier 1746, à peine de confiscation & de cent livres d'amende; sans s'arrêter ni avoir égard aux demandes desdits Mongenot, Jacquot, Montabon, Remy & Minet,

Traiteurs, ni aux interventions prises de fait & cause pour eux des Jurés & Communauté desdits Traiteurs, prononçant sur les différens appels respectivement interjettés par lesdits Jurés & Communauté des Rotisseurs, Montabon & Minet, de la même Sentence du 6 Septembre 1748, il fût adjugé auxdits Jurés & Communauté desdits maîtres Rotisseurs les fins & conclusions par eux prises à tous égards par leurs différentes requêtes & demandes sur lesdits appels, tant contre ledit Montabon, Minet, Mongenot, Jacquot & Remy, que contre les Jurés & Communauté desdits Traiteurs sur leurs interventions & demandes, il fût fait défenses auxdits particuliers Traiteurs de ne plus à l'avenir contrevenir aux Statuts de la Communauté des Rotisseurs & à l'Arrêt de notredite Cour du dix-neuf Janvier 1746, ni d'entreprendre sur le métier & profession desdits Rotisseurs, sous toutes peines qu'il appartiendroit, & pour l'avoir fait ils fussent condamnés en cent livres de dommages-intérêts, lesdits Jurés Traiteurs fussent declarés purement & simplement non-recevables dans leurs interventions prises de fait & cause & demandes, il fût ordonné que l'Arrêt qui interviendroit qui seroit réglement entre les deux Communautés seroit inscrit sur les Registres des Traiteurs à leurs frais & dépens, il fût pareillement ordonné qu'il seroit lû, publié, imprimé & affiché dans les endroits où il appartiendroit, aux frais & dépens desdits particuliers Traiteurs & des Jurés & Communauté desdits Traiteurs, lesdits Montabon, Minet, Mongenot, Remy & Jacquot, & les Jurés & Communauté des Maîtres Traiteurs fussent chacun à leur égard condamnés en tous les dépens des causes principale, d'appel & demandes; au bas de laquelle requête aussi employée pour avertissement, écritures & productions sur ladite demande, est l'Ordonnance de notredite Cour qui l'a reglée en droit & joint, & donne acte de l'employ. Requête desdits Jurés & de la Communauté desdits Traiteurs du 23 Novembre 1750, employée pour défenses contre ladite demande, ensemble pour avertissement, écritures & production sur icelle en exécution de ladite Ordonnance. Production nouvelle desdits Jurés & Communauté desdits Traiteurs par Requête du 19 Août 1750, & les contredits contre icelle des Jurés & Communauté des Rotisseurs du 27 dudit mois. Requête & demande desdits Jurés en charge de la Communauté des

Maîtres Traiteurs de Paris du 23 Novembre 1750, à ce qu'en leur adjugeant les conclusions par eux précédemment prises par l'Arrêt qui interviendroit, les Jurés & Communauté des Maîtres Rotisseurs fussent condamnés en tous les dépens, même en ceux réservés par les différens Arrêts de notredite Cour, au bas de laquelle Requête est l'Ordonnance de notredite Cour qui a réservé d'y faire droit en jugeant. Productions nouvelles des Jurés & Communauté desdits Maîtres Rotisseurs, par Requête du 24 Novembre 1750, contenant aussi demande à ce qu'il fût ordonné que les Sentences rendues par le Lieutenant-Général de Police le 15 Décembre 1744, & 6 Septembre 1748, seroient exécutés selon leur forme & teneur, au surplus il fut adjugé auxdits Jurés Rotisseurs les conclusions par eux prises en l'instance avec dépens, au bas de laquelle Requête est l'Ordonnance de notredite Cour qui a réservé d'y faire droit en jugeant. Production nouvelle desdits Jurés & Communauté des Rotisseurs par Requête du premier Décembre 1750, les contredits desdits Jurés & Communauté des Maîtres Traiteurs du 15 Janvier 1751, contre les deux productions nouvelles des Jurés Rotisseurs des 24 Novembre & dernier Décembre 1750. Les salvations desdits Jurés & Communauté des Rotisseurs du 20 Janvier présent mois auxdits contredits de production nouvelle, lesdites salvations & contredits de production nouvelle servant aussi de salvations & réponses à causes d'appel. Production nouvelle desdits Jurés & Communauté desdits Rotisseurs par Requête du 3 Décembre 1750, sommation de la contredire. Requête & demande desdits Jurés & Communauté desdits Rotisseurs du 4 Janvier présent mois, à ce qu'il leur fût donné acte des reconnoissances faites par les Jurés Traiteurs dans leurs Requêtes, écritures & Mémoire imprimés, signifiés, des demandes formées par ladite Communauté desdits Traiteurs les 30 Janvier & 28 Juillet 1745, dans l'instance jugée par l'Arrêt du 19 Janvier 1746, & des aveux par eux faits que lesdites demandes étoient du fait des Jurés Traiteurs lors en charge, comme aussi des discutions qu'ils ont faites desdites demandes en l'instance ; il fût pareillement donné acte auxdits Jurés & Communauté des Rotisseurs de ce que les Jurés Traiteurs ont demandé en l'instance l'exécution de l'Arrêt du 19 Janvier 1746, intervenu sur les demandes de 1745, & de l'explication d'icelui, sans s'arrêter ni avoir égard au prétendu desaveu mis au Greffe de notredite Cour le 18 Décembre 1750, signifié le 23 dudit mois par les Jurés Traiteurs des Requêtes données les 30 Janvier & 28 Juillet 1745, dans l'instance jugée par l'Arrêt du 19 Janvier 1746, par le ministere de M^e. Tisserand, Procureur en notredite Cour, il fût adjugé auxdits Jurés & Communauté des Rotisseurs les conclusions par eux prises contre toutes les Parties avec dépens, sauf auxdits Jurés Traiteurs à instruire par la suite & hors les instances dont il s'agit, si bon leur semble, leur prétendu désaveu contre ledit Me Tisserand leur Procureur ; & les jurés Traiteurs, & les autres particuliers Traiteurs, fussent condamnés aux dépens de ladite demande, sauf d'autres droits & conclusions. Requête desdits jurés & Communauté desdits Traiteurs, du 26 Janvier 1751, employée pour défenses à ladite demande en jugeant. Requête dudit Jean Montabon, du 15 Janvier 1751, contenant demande, à ce qu'en tant que touchoit l'appel interjetté par lesdits jurés & Communauté des Rotisseurs, de la Sentence de Police du 6 Septembre 1748, l'appellation fût mise au néant avec amende, en tant que touchoit l'appel interjetté par ledit Montabon, de la même Sentence de Police du 6 Septembre 1748, l'appellation & ce dont est appel fussent mis au néant, émendant, attendu l'impossibilité où se trouvent les jurés Rotisseurs, de prouver la contravention qu'ils imputent audit Montabon, ledit Montabon fût déchargé des condamnations contre lui prononcées par la Sentence dont est appel, la saisie faite sur ledit Montabon, à la requête desdits jurés Rotisseurs, le 5 Novembre 1749, du lapreau qu'on lardoit, fût déclarée nulle, injurieuse, tortionnaire & déraisonnable ; en conséquence, il fût ordonné que led. lapreau seroit rendu & restitué, qu'à le faire le nommé le Normand établi gardien, seroit contraint par toutes voies dûes & raisonnables, même par corps, comme dépositaire de justice, quoi faisant déchargé, défenses fussent faites auxdits jurés Rotisseurs de récidiver & de faire à l'avenir de pareilles saisies chez ledit Montabon, sous telles peines qu'il appartiendroit, & pour l'avoir fait, ils fussent condamnés en tels dommages-intérêts qu'il plairoit à notredite Cour, & les jurés & Communauté des Rotisseurs fussent condamnés en tous les dépens, tant des causes principale que d'appel & demandes, même en

ceux

ceux réservés ; au bas de laquelle requête est l'Ordonnance de notredite Cour, qui a réservé d'y faire droit en jugeant. Requête desdits jurés & Communauté desdits Rotisseurs, du 16 du présent mois, employée pour défenses à ladite demande en Jugement. Production nouvelle desdits jurés & Communauté desdits maitres Traiteurs, par requête du 18 Janvier présent mois, contenant aussi demande, à ce qu'il leur fût donné acte de ce qu'aux risques, périls & fortunes dudit Mᵉ Tisserant, Procureur en notredite Cour, ils sommoient & dénonçoient auxdits jurés & Communauté desdits Rotisseurs de la Ville, Faubourgs de Paris, tant le désaveu du 17 Décembre dernier, que la Commission obtenue en la Chancellerie du Palais le 16 du présent mois, pour faire assigner ledit Mᵉ Tisserant procureur, pour voir déclarer ledit désaveu bon & valable, & l'exploit d'assignation donné audit Me Tisserant le même jour, en vertu de ladite commission, le tout visé ci-après ; ce faisant, en déclarant ledit désaveu bon & valable, les procédures sur lesquelles l'Arrêt du 19 Janvier 1746, étoit intervenu, fussent déclarées nulles, & led. Arrêt comme non-avenu, en ce qui pouvoit concerner ladite Communauté desdits Traiteurs, & au surplus en adjugeant auxdits jurés & Communauté des Traiteurs, les conclusions par eux prises en l'instance, il fût ordonné, que les Statuts de lad. Communauté desdits maitres Traiteurs, & notamment l'Arrêt de notredite Cour du 18 Janvier 1614, auxquels par l'article 27 des Statuts desdits maitres Rotisseurs, il est ordonné, que lesdits maitres Traiteurs se conformeront, seroient exécutés ; ce faisant, les jurés & Communauté des maitres Traiteurs fussent gardés & maintenus dans le droit & possession, dans lesquels ils sont depuis l'année 1599, qu'ils ont été érigés en Communauté, d'entreprendre toutes nôces, festins, banquets & colations, tant en leurs maisons privées & salles publiques, qu'en maisons des particuliers qui les voudront employer ; de fournir toutes choses nécessaires pour le repas, d'acheter les volailles & gibiers, tant pour rôtir que pour bouillir, dont ils auront besoin pour lesdits festins ès boutiques & fenêtres de tels maitres Rotisseurs que bon leur sembleroit ; il fût donné acte auxdits jurés Traiteurs, de la reconnoissance faite par les Rotisseurs, par les conclusions de leur requête du 3 Août 1750, que lesdits Traiteurs peuvent faire usage de la grosse lardoire pour larder de gros lard, les volailles

& gibiers qu'ils employeroient dans leurs ragoûts & fricaffées, & de la groffe broche, pour y faire rôtir les viandes de boucherie, en conféquence, lefdits jurés & ladite Communauté des Traiteurs fuffent pareillement maintenus & gardés dans le droit & poffeffion dans lefquels ils font, de piquer du lard fin, tous les poiffons, viandes de boucherie, volailles & gibiers qu'il convient être piqués de lard, foit fin ou autrement, & bardés tant pour les entrées maigres & graffes, que pour le rôt & entremêts qui doivent entrer dans les repas qui leur font commandés, comme auffi, ils fuffent maintenus & gardés dans le droit & poffeffion, dans lefquels ils font depuis plus d'un fiécle & demi, fans contradiction, de faire rôtir chez eux & dans leurs maifons, toutes les volailles, gibiers, viandes de boucherie & autres qui doivent entrer dans lefdits repas, & leur donner à cet effet toute la préparation convenable ; il fût ordonné, que l'Arrêt qui interviendroit qui feroit réglement entre lefd. deux Communautés, feroit infcrit fur les regiftres des Rotiffeurs, à leurs frais & dépens, & que ledit Arrêt feroit imprimé, lû publié & affiché dans les endroits où il appartiendroit, aux frais & dépens defd. jurés & Communauté des Rotiffeurs, & qu'ils fuffent condamnés en tous les dépens, tant de caufes principale que d'appel & demande, même en ceux réfervés ; au bas de laquelle requête auffi employée pour avertiffement, écritures & production fur ladite demande, eft l'Ordonnance de notredite Cour qui l'a reglée en droit & joint, & donne acte de l'emploi. Sommation de défendre, écrire, produire contredire, & fatisfaire à ladite Ordonnance. Production nouvelle defd. jurés en charge des maitres Rotiffeurs, par requête du 20 Janvier préfent mois, & les contredits contre icelle, de ladite Communauté des Traiteurs, par requête du 26 du préfent mois. Acte de défaveu du 17 Décembre 1750, fait au Greffe de notredite Cour, par lefdits jurés & Communauté defdits Traiteurs de Paris, des requêtes données en notredite Cour au nom defdits jurés de ladite Communauté des Traiteurs, par le miniftere de Me Tifferand, Procureur en notredite Cour, fignifiées le 30 Janvier & 28 Juillet 1745 au Procureur de ladite Communauté des Maitres Rotiffeurs ; les confentemens portés par lefdites requêtes, & tous autres confentemens qui auroient pû avoir été donnés, & fur lefquels eft intervenu l'Arrêt de notredite Cour du 19 Janvier 1746. Commission du 16 Janvier 1751, obtenue en la Chancellerie du Palais par lesdits jurés & Communauté des Maîtres Traiteurs, aux fins d'assigner en notredite Cour ledit Me. Jean-Baptiste Tisserand, Procureur en icelle, en son nom, pour voir déclarer ledit desaveu contre lui pris au Greffe de notredite Cour par lesdits jurés Traiteurs, & reçu par acte du 17 Décembre 1747, bon & valable, & en outre proceder comme de raison, & afin de dépens. Exploit du même jour 16 Janvier présent mois, d'assignation donnée en conséquence à la requeste desd. jurés & Communauté des Traiteurs audit Me. Jean-Baptiste Tisserand, Procureur en notredite Cour, en son nom, à comparoir en notredite Cour pour y répondre & proceder sur & aux fins de ladite Commission, circonstances & dépendances, & en outre comme de raison, & afin de dépens. Requeste de Jean-Baptiste Tisserand, Procureur en notredite Cour, en son nom, du 19 Janvier présent mois, employée pour défenses à ladite demande, & tendante à ce que sans avoir égard à ladite demande dans laquelle lesd. jurés & Communauté des Traiteurs seroient déclarés non recevables, ou dont en tout cas ils seroient déboutés, ledit desaveu par eux fait contre ledit Tisserand, par acte reçu au Greffe de notredite Cour le 17 Décembre 1750, fût déclaré nul & injurieux; en conséquence ils fussent condamnés en quinze cens livres de dommages-intérêts, ou en telle autre somme qu'il plairoit à notredite Cour arbitrer, que ledit Me. Tisserand consentoit être applicable au pain des prisonniers de la Conciergerie; comme aussi lesdits jurés & Communauté des Traiteurs fussent pareillement condamnés à payer audit Me. Tisserand tous & un chacuns les frais, salaires, vacations & deniers déboursés qu'ils lui doivent pour avoir occupé pour eux dans les affaires de ladite Communauté; & ce suivant la taxe qui en seroit faite en la maniere accoutumée, & aux intétèts de la somme à laquelle se trouveront monter lesd. frais, salaires, aux offres que faisoit ledit Tisserand de tenir compte des sommes qu'il avoit reçues; & pour parvenir à la taxe & liquidation desdits frais & salaires, à remettre audit Tisserand toutes les pieces & poursuites & procédures des affaires qu'il leur avoit confiées pour plaider au Conseil contre les nommés Rubin, Aubry, Tancray, Folleville & autres, & celles qu'il avoit confié auxdits nommés Noël & Potherat, ci-devant jurés de ladite Communauté, si mieux ils n'aimoient payer audit Tisserand la somme de dix-huit cens livres, à quoi il veut bien se restraindre pour toutes les procédures qu'il leur a confiées, ce qu'ils seroient tenus d'opter dans huitaine, à compter du jour de la signification de l'Arrêt qui interviendroit, sinon déchus de ladite option, & condamnés purement & simplement à payer audit M^e. Tisserand ladite somme de dix-huit cens livres avec les intérêts, à compter du jour de ladite demande, & aux dépens, lesquels seroient taxés avec lesdits frais & salaires par une seule & même déclaration. Arrêt du 20 Janvier présent mois, par lequel notredite Cour sur lesdites demandes & défenses auroit appointé les Parties en droit & joint à ladite Instance ; & sur la demande dudit Tisserand en condamnation des frais & salaires, auroit renvoyé les Parties à l'Audience, auroit joint les fins de non-recevoir dudit M^e. Tisserand, & réservé les défenses desdits jurés Traiteurs au contraire. Avertissement desdits jurés & Communauté des Traiteurs, du 26 Janvier présent mois, & les productions des Parties en exécution dudit Arrêt. Celle de Jean-Baptiste Tisserand, Procureur en notredite Cour, en son nom, par Requeste du 25 du présent mois, aussi employée pour fins de non-recevoir & avertissement, & tendante à ce que les conclusions de sadite Requeste du 19 du présent mois lui fussent adjugées, & lesdits jurés & Communauté des Traiteurs fussent condamnés aux dépens, même en ceux faits par ledit M^e. Tisserand contre les jurés & Communauté des Rotisseurs ; au bas de laquelle Requeste est l'Ordonnance de notredite Cour, qui a donné acte de l'emploi & réservé d'y faire droit en jugeant ; & celle desdits jurés & Communauté desdits Maitres Traiteurs, par Requeste du 26 dudit présent mois, contenant aussi demande à ce qu'en leur adjugeant les conclusions par eux prises en l'Instance, & déclarant leur desaveu bon & valable, ledit M^e. Tisserand fût condamné aux dommages-intérêts desdits jurés & Communauté desdits Traiteurs, à donner par déclaration, & ledit M^e. Tisserand fût aussi condamné en tous les dépens faits par lesd. jurés & Communauté des Traiteurs à l'occasion dudit desaveu à l'encontre de toutes les Parties ; au bas de laquelle Requeste est l'Ordonnance de notredite Cour, qui a donné acte de l'emploi & reserve d'y faire droit en jugeant. Deux Requestes desd. jurés

& Communauté desd. Traiteurs, du 29 du présent mois, employées, l'une pour contredits contre la production dudit M°. Tisserand en exécution dudit Arrêt, & l'autre pour défenses à la demande en jugeant dudit Tisserand, du 25 dudit présent mois. Production nouvelle desdits jurés & Communauté des Maîtres Rôtisseurs de la Ville, Faubourgs & Banlieue de Paris, par Requête du 20 Janvier présent mois ; icelle aussi employée pour contredits contre la production nouvelle desdits Maîtres Traiteurs, portée par leur Requête du 18 dudit présent mois, ensemble pour fins de non-recevoir & défenses contre leur demande du même jour, & tendante à ce que lesd. jurés Traiteurs fussent déclarés purement & simplement non-recevables dans leur desaveu du 17 Décembre dernier, & dans leur demande contre l'Arrêt de notredite Cour du 19 Janvier 1746, il fût ordonné que ledit Arrêt, ainsi que lesdits jurés Traiteurs y ont conclu eux-mêmes dans l'Instance par leurs interventions & demandes, seroit exécuté selon sa forme & teneur ; lesdits jurés Traiteurs fussent pareillement déclarés non-recevables dans le surplus de leurdite demande, qui tendroit à faire juger une seconde fois ce qui avoit été jugé par l'Arrêt de 1746, lesd. jurés Traiteurs fussent condamnés aux dépens de leurs mauvaises prétentions & demandes ; au surplus, il fût adjugé auxdits jurés & Communauté desd. Maîtres Rôtisseurs les autres fins & conclusions par eux prises, avec dépens, sous les reserves expresses desd. Maîtres Rôtisseurs de toutes leurs indemnités, recours quelconques à former & diriger, soit dans l'Instance, soit après le jugement d'icelle s'il y avoit lieu à augmenter auxd. conclusions ; au bas de laquelle Requête est l'Ordonnance de notredite Cour, qui a donné acte de l'emploi & réserve d'y faire droit en jugeant. Contredits desdits jurés & Communauté desdits Traiteurs, du 26 du présent mois, contre ladite production nouvelle desdits Rôtisseurs. Sept Requêtes desdits jurés & Communauté desdits maîtres Traiteurs, des 23, 24 Novembre 1750, & 29 Janvier 1751, employées pour défenses, salvations & contredits, en exécution des différens réglemens de l'instance. Treize Requêtes desdits Jean-Remy, Claude Jacquet, Hugues-Jacques-Michel Minet, Joseph Mongenot & Jean Montabon, des 23, 24 & 25 Novembre 1750, employées pour défenses & productions & contredits en exécution des Ordonnances, Arrêts

& Réglemens de l'instance ; les Mémoires imprimés des Parties respectivement signifiés ; sommmations générales de satisfaire à tous les réglemens de l'instance ; Conclusions de notre Procureur Général : Tout joint & considéré.

NOTREDITE COUR faisant droit sur le tout, reçoit notre Procureur Général opposant aux Arrêts des 19 Janvier 1746, & 19 Janvier 1747 ; en ce que par le premier desdits Arrêts, il a été ordonné qu'il seroit passé outre à l'enregistrement des nouveaux Statuts des Rotisseurs & Lettres-Patentes intervenues sur lesdits Statuts, & en ce que par celui du 19 Janvier 1747, lesdits Statuts ont été homologués, le tout sans modification sur les articles desdits Statuts, qui sont relatifs aux Maitres Traiteurs : Faisant droit sur ladite opposition, ordonne que l'Arrêt du 18 Janvier 1614, sera exécuté suivant sa forme & teneur ; en conséquence, que les Maitres Traiteurs continueront de larder ou piquer de tout lard & avec toutes lardoires, indistinctement, les poissons, viandes de boucherie, volailles & gibiers qui leur seront nécessaires pour leurs ragoûts ; continueront pareillement de piquer & larder de tout lard & avec toutes lardoires, ensemble faire rôtir toutes viandes qui leur sont nécessaires dans les repas seulement qu'ils entreprendront ; à la charge par lesdits Traiteurs d'acheter chez les Maitres Rotisseurs, soit qu'ils soient en boutique ou autrement, les volailles & gibiers : Fait défenses ausdits Traiteurs d'acheter d'aucuns marchands forains lesdites volailles ou gibiers, & de vendre en détail aucune viande crue & rôtie ; leur permet seulement de vendre les viandes en ragoûts séparément des repas, & pourront employer les viandes rôties pour composer les repas qu'ils entreprendront : Ordonne au surplus que lesdits Statuts du mois de Juin 1744, & lesdits Arrêts des 19 Janvier 1746 & 19 Janvier 1747, seront exécutés sous les modifications ci-dessus. Faisant droit sur les appels respectifs des Sentences du Lieutenant de Police, a mis & met les appellations & ce au néant ; emendant, fait main-levée pure & simple ausdits Minet, Montabon, Mongenot, Remy & Jacquot, des saisies sur eux faites les 5, 6 & 28 Novembre 1747 : ordonne que les choses saisies leur seront rendues & restituées, si fait n'a été, ou la valeur d'icelles ; déclare lesdits Traiteurs non-recevables dans leur défaveu, les condamne en 10 livres de dommages-intérêts envers Tisserand, procureur en notredite Cour, applicables de son consentement au pain des prisonniers de la Conciergerie du Palais à Paris; ordonne que le présent Arrêt sera transcrit sur les registres desdites Communautés des Traiteurs & des Rotisseurs; sur le surplus de toutes les autres demandes, fins & conclusions, met les parties hors de Cour: condamne lesdits Traiteurs aux dépens envers ledit Tisserand, tous autres dépens entre toutes les autres parties compensés. SI MANDONS mettre le présent Arrêt à exécution. Donné en notredite Cour de Parlement le trente Janvier, l'an de grace mil sept cinquante-un, & de notre Regne le trente-sixiéme. Collationné. *Signé*, BAILLIF. Par la Chambre, *Signé*, DUFRANC. Et scellé le 24 Mai 1751.

A la poursuite & diligence des sieurs Sebastien Charmoy, Joseph Mongenot, Martin Moreau, Jacques-Hugues-Michel Minet, Jurés en charge.

SENTENCES
DE MONSIEUR
LE LIEUTENANT GÉNÉRAL DE POLICE,

QUI 1°. enjoint au sieur Larme pere, Maitre Rotisseur, de souffrir la visite des Jurés Traiteurs toutes fois & quantes ils aviseront bon être; lui fait défense, sous peine de punition exemplaire, de plus à l'avenir les injurier & excéder; & le condamne en 200 liv. de dommages & intérêts envers la Communauté desdits Maitres Traiteurs; & à reconnoître le sieur Minet, l'un deux, pour homme d'honneur & de probité, & non taché des injures contre lui proférées.

2°. Fait défense au sieur Larme fils, Maître Traiteur, de s'associer avec son pere, ou autres personnes d'un autre Corps ou Communauté; & pour l'avoir fait, le condamne en 200 livres de dommages & intérêts envers la Communauté des Traiteurs, & en 10 livres d'amende.

Du premier Septembre 1752.

A TOUS ceux qui ces présentes Lettres verront: Gabriel-Jérôme de Bullion, Chevalier, Comte d'Esclimont, Prevôt de Paris; Salut. Sçavons faisons que, sur la requête faite en Jugement devant Nous à l'Audience de la Chambre de Police du Châtelet de Paris, par Mᵉ Etienne Lefevre, Procureur des Jurés en charge de la Communauté des Maitres Queulx-Cuisiniers-Traiteurs à Paris, demandeurs au principal, & en exécution de notre Sentence du 4 Février dernier, contre Mᵉ Regnaud jeune, Procureur du sieur Larme pere, Maître Rotisseur, & sa femme, défendeurs; & Me Thion fils, l'aîné, Procureur de Jean-Nicolas Larme Maître Traiteur, intervenant demandeur. Oui ledit Me Lefevre, & par vertu du défaut de Nous donné contre lesdits Mes Regnault & Thion non comparans, ni autre pour eux, NOUS avons l'avis des Gens du Roi homologué, en conséquence disons que les Statuts & Réglemens de la Communauté des parties de Lefevre, seront exécutés selon leur forme & teneur; en conséquence autorisons les parties de Lefevre à faire leurs visites aux termes desd. Statuts: Enjoignons à la partie de Regnaud jeune, de souffrir la visite des parties de Lefevre toutes fois & quantes ils aviseront bon être; lui faisons défenses, sous peine de punition exemplaire, de plus à l'avenir les injurier & excéder; & pour l'avoir fait, ladite partie de Regnaud jeune, condamnée envers la Communauté des parties de Lefevre, en 200 livres de dommages-intérêts; tenue ladite partie de Regnaud, de reconnoître le sieur Minet, l'une des parties de Lefevre, pour homme d'honneur & de probité, & non taché des injures contre lui proférées: à l'égard de la partie de Thion, lui faisons

défenses

défenses de s'associer, ni demeurer avec la partie de Regnaud jeune, ou autres personnes d'un autre Corps ou Communauté; & pour la contravention par lui commise à l'article premier des Statuts de la Communauté des Maîtres Traiteurs, & à la Déclaration du Roi du 15 Décembre 1704, le condamnons en 200 livres de dommages & intérêts au profit de ladite Communauté des parties de Lefevre, & en 10 livres d'amende. Disons que notre présente Sentence sera imprimée, lue, publiée, & affichée, aux frais des parties de Regnaud jeune & Thion l'aîné, que Nous condamnons aux dépens; ce qui sera exécuté nonobstant & sans préjudice de l'appel, & soit signifié : en témoin de ce, Nous avons fait sceller ces Présentes. Ce fut fait & donné par Messire Nicolas René Berryer, Chevalier, Conseiller d'Etat, Lieutenant Général de Police au Châtelet de Paris, tenant le Siége, le Vendredi premier Septembre mil sept cent cinquante-deux. Collationné. *Signé*, LAMBERT. Scellé le 12 Septembre 1752. *Signé*, SAUVAGE. Contrôlé le 26 Septembre 1752. *Signé*, HERAN, & signifié.

La Sentence ci-dessus a été lue, publiée, & affichée à son de trompe & cri public, par moi Henry de Valois, Juré-Crieur ordinaire du Roi, de la Ville, Prevôté & Vicomté de Paris, étendue & Banlieue de ladite Prevôté & Vicomté, demeurant à Paris, rue & Paroisse S. Jacques de la Boucherie, soussigné, accompagné de Louis-François Ambezar, Jacques Hallot, & Claude-Louis Ambezar, Jurés-Trompettes, dans tous les lieux & endroits ordinaires & accoutumés; le 29 jour de Septembre 1752. Signé DE VALOIS.

PRONONCÉ DE L'ARREST
Du Parlement du 30 Juin 1735.
EN FORME DE RÉGLEMENT,
Rendu entre la Communauté des Maîtres Cuisiniers-Traiteurs.

Et celle des Maîtres Chaircuitiers.

LA COUR faisant droit sur le tout, a mis & met les appellations & ce dont a été appellé au néant, émendant, décharge lesdits de Noyelles, Sence, Lourdet, Renoux, Pinard & Quesnel des condamnations contre eux prononcées; & la main-levée provisoire des Saisies sur eux faites, demeurera diffinitive: Ordonne que les Statuts des Communautés des Maîtres Chaircuitiers, & des Maîtres Queux-Cuisiniers-Traiteurs de cette Ville de Paris, Lettres-Patentes, & Arrêt de Réglement, seront exécutés: En conséquence a maintenu & gardé, maintient & garde la Communauté des Maîtres Chaircuitiers en droit & possession de faire & vendre exclusivement aux Maîtres Queux-Cuisiniers-Traiteurs, tous Cervelats, Boudins, Saucisses, Andouilles, Jambons ordinaires de Porc, & Langues de chair de Porc seulement, & toutes autres chairs de Porc, avec sel & poivre, Fenouilles & autres épices & assaisonnemens, sans que les Maîtres Traiteurs puissent les vendre ni même les employer dans les repas & festins, s'ils ne les ont achetés des Maîtres Chaircuitiers: Maintient & garde lesdits Maîtres Chaircuitiers, & Maîtres Queux-Cuisiniers-Traiteurs dans le droit de faire & débiter concurremment les pieds à la Sainte-Menehoud, Pannaches de porc préparées à la braise, Boudins blancs, Saucisses, Andouilles, & Langues fourrées mêlées de chairs de porcs & autres viandes bonnes & loyales; à la charge par lesdits Maîtres Queux-Cuisiniers-Traiteurs, d'acheter aucunes Chairs, Issues, Abattis,

Intestins & Boyaux de porcs dans les Halles & Marchés, ni ailleurs que chez lesdits Maîtres Chaircuitiers, à peine d'amende & de confiscation : Sur le surplus des autres demandes, fins & conclusions des Parties, les a mis hors de Cour, tous dépens compensés entre les Parties : Mandons mettre le présent Arrêt à exécution. DONNE' à Paris en Parlement le 30 Juin 1735, & de notre Règne le vingtième. Collationné avec paraphe. *Signé par la Chambre*, DU FRANC. *Et scellé le 27 Juillet 1735. Signé*, MARTIN, *avec paraphe*.

ARREST
DE LA COUR DE PARLEMENT,
Du 13 Mars 1745.

En faveur du sieur François Valençon, Maître Patissier-Traiteur à Paris.

Contre les Jurés, Syndic & Communauté des Maîtres Chaircuitiers de la Ville & Fauxbourgs de Paris.

QUI confirme une Sentence rendue en la Chambre de Police du Châtelet de Paris, le 17 Avril 1744. Déclare une Saisie faite à la requête desdits Jurés Chaircuitiers sur ledit Valençon, de douze pieces de lard frais par lui achetées à la Halle, nulle; lui fait main-levée dudit lard; condamne lesdits Jurés Chaircuitiers en 20 liv. de dommages & intérêts, & en tous les dépens : Permet audit Valençon de faire imprimer, lire, publier & afficher ledit Arrêt, tant au Bureau desdits Chaircuitiers, que par-tout où besoin sera, à leurs frais & dépens,

LOUIS, par la grace de Dieu, Roi de France & de Navarre : Au premier des Huissiers de notre Cour de Parlement, ou autre notre Huissier ou Sergent sur ce requis. Sçavoir faisons, que entre le sieur François Valençon, Maitre Patissier-Traiteur à Paris, Appellant d'une Sentence contre lui rendue en la Chambre de Police du Châtelet de Paris le 17 Avril 1744, au profit des Jurés de la Communauté des Maitres Chaircuitiers de Paris, & de ce qui a suivi, par laquelle Sentence il est dit : » Que les Sentences, Arrêts & Réglemens
» de Police concernans la Communauté des Maitres Chaircui-
» tiers seront exécutés selon leur forme & teneur, en consé-
» quence la Saisie faite sur ledit Valençon est déclarée bonne
» & valable ; ce faisant, ordonne que les Marchandises sur lui
» saisies seront vendues au Bureau desdits Maitres Chaircui-
» tiers, à les représenter les Gardiens contraints, même par
» corps, quoi faisant déchargés, à l'effet dequoi le Commis-
» saire de Rochebrune tenu de venir reconnoître & lever les
» Scellés apposés sur les deux Caisses dans lesquelles ont été
» mises lesdites Marchandises saisies : Ordonne que pour cette
» fois seulement par grace & sans tirer à conséquence, la moi-
» tié qui proviendra du prix d'icelles sera rendue audit Valen-
» çon, l'autre moitié confisquée au profit desdits Chaircuitiers,
» envers lesquels ledit Valençon est condamné en vingt livres
» de dommages & intérêts & en tous les dépens ; il est ordon-
» né que ladite Sentence sera imprimée, lue, publiée & affi-
» chée aux frais dudit Valençon par tout où besoin sera, &
» qu'elle sera exécutée nonobstant & sans préjudice de l'Ap-
» pel, » d'une part ; & les Syndic, Jurés en charge, Corps
& Communauté des Maitres Chaircuitiers de la Ville & Faubourgs de Paris, Intimés, d'autre part : Et entre lesdits Syndic, Jurés en charge, Corps & Communauté des Maitres Chaircuitiers de Paris, Demandeurs en Requête du 19 Mai 1744, tendante à ce qu'il plût à notredite Cour en venant par les Parties plaider sur l'Appel interjetté par ledit Valençon de ladite Sentence rendue en la Chambre de Police le 17 Avril 1744, ordonner qu'elles viendroient pareillement plaider sur ladite Requête, ce faisant déclarer ledit Valençon non-recevable en son Appel, ou en tout cas mettre l'appellation au néant, ordonner que ce dont étoit appel sortiroit son plein & entier effet,

condamner ledit Valençon aux dépens des Causes d'appel & demandes & en tous les frais & mises d'exécution, même au coût des Procès-verbaux, d'Affiches & publications de ladite Sentence, sans préjudice à leurs autres droits, d'une part ; & ledit sieur Valençon, Défendeur d'autre part : Et entre ledit sieur Valençon Demandeur en Requête du 18 Août 1744, tendante à ce qu'il plût à notredite Cour en venant par les Parties plaider la Cause d'entr'elles sur l'Appel & Demandes, ordonner qu'elles viendroient pareillement plaider sur ladite Requête, ce faisant sans s'arrêter à la Demande des Jurés de la Communauté des Maitres Chaircuitiers de Paris portée par leur Requête du 19 Mai 1744, dans laquelle ils seroient déclarés non-recevables, ou dont en tout cas ils seroient déboutés, mettre l'appellation & la Sentence rendue entre les Parties en la Chambre de Police du Châtelet de Paris le 17 Avril 1744 dont étoit appel au néant, émendant, déclarer la Saisie faite sur le Demandeur à la Requête desdits Jurés Chaircuitiers le 17 Février 1744 de douze morceaux de piéces de Lard trouvés dans sa cave, nulle, injurieuse, tortionnaire & déraisonnable, ordonner que la main-levée provisoire qui en avoit été accordée au Demandeur par l'Arrêt de notredite Cour du 16 Mai dernier demeureroit diffinitive, condamner lesdits Jurés Chaircuitiers pour leur indue véxation aux dommages & intérêts pour lesquels il se restraignoit à la somme de 1500 liv. ou telle autre somme qu'il plairoit à notredite Cour arbitrer ; & attendu l'insulte faite audit sieur Valençon par lesdits Jurés en faisant lire, publier à son de Trompe à sa porte & ailleurs la Sentence dont étoit appel, permettre audit sieur Valençon de faire imprimer, lire, publier & afficher l'Arrêt qui interviendroit tant au Bureau de la Communauté desdits Jurés Chaircuitiers, que partout ailleurs où bon lui sembleroit, aux frais & dépens desdits Jurés Chaircuitiers, & les condamner en outre en tous les dépens tant des Causes principale, que d'Appel & Demandes, même en ceux réservés par l'Arrêt de notredite Cour dudit jour seize Mai dernier, sauf au Demandeur à prendre d'autres Conclusions si bon lui sembloit, d'une part ; & lesdits Jurés de la Communauté des Maitres Chaircuitiers de Paris, Défendeurs d'autre part : Et entre lesdits Syndic, Jurés en charge, Corps & Communauté des Maitres

Chaircuitiers de la Ville & Faubourgs de Paris, Demandeurs en Requête du 4 Septembre 1744, tendante à ce qu'il plût à notredite Cour en venant plaider la Cause d'entre les Parties sur l'appel dudit sieur Valençon de ladite Sentence de Police du 17 Avril dernier, & sur les Demandes respectives, ordonner qu'il seroit plaidé sur ladite Requête, ce faisant sans s'arrêter à la Demande dudit sieur Valençon portée par sa Requête du 18 Août dernier, dans laquelle il seroit déclaré non-recevable, ou dont en tout cas il seroit débouté, adjuger aux Demandeurs les Conclusions qu'ils avoient prises par leur Requête du 19 Mai dernier, ordonner en outre que l'Arrêt à intervenir seroit imprimé, lû, publié & affiché par tout où besoin seroit aux frais & dépens dudit Valençon, & le condamner en outre en tous les dépens des Causes d'Appel & Demandes, même en ceux réservés par l'Arrêt sur appointé à mettre rendu au Rapport de M. Bochart Conseiller le 16 Mai dernier, & en ceux faits par les Demandeurs en conséquence dudit Arrêt, sans préjudice de tous leurs autres droits, actions & prétentions qu'ils se réservoient contre ledit Valençon, d'une part; & ledit sieur Valençon d'autre part, sans que les qualités puissent nuire ni préjudicier: Aprés que Jouhannin, Avocat de François Valençon, & du Vaudier, Avocat des Jurés de la Communauté des Maîtres Chaircuitiers de Paris, ont été ouis, ensemble le Febvre d'Ormesson pour notre Procureur-Général: NOTREDITE COUR faisant droit sur l'Appel, sans s'arrêter aux Demandes des Parties de du Vaudier dont elles sont déboutées, a mis & met l'appellation & Sentence dont est appel au néant, émendant déclare la Saisie du Lard faite à la Requête des Parties de du Vaudier sur celle de Jouhannin, nulle, ordonne que la main-levée provisoire dudit Lard accordée à la Partie de Jouhannin par l'Arrêt du 16 Mai 1744 demeurera définitive, condamne les Parties de du Vaudier en vingt livres de dommages & intérêts envers la Partie de Jouhannin, & en tous les dépens des Causes principale, d'Appel & Demandes, même en ceux réservés par ledit Arrêt; permet à la Partie de Jouhannin de faire imprimer, lire, publier & afficher le présent Arrêt tant au Bureau de la Communauté des Chaircuitiers que par tout ailleurs où besoin sera, aux frais & dépens des Parties de du Vaudier. Si Mandons mettre le présent Arrêt à due & entiére exécution selon sa forme & teneur, de ce faire te donnons pouvoir. DONNÉ en notredite Cour de Parlement le treize Mars l'an de grace mil sept cent quarante-cinq, & de notre Régne le trentiéme. Collationné. *Signé*, BAILLIF. Et plus bas, par la Chambre. *Signé*, DU FRANC avec paraphe. Scellé le 20 Mars 1745. *Signé*, LE BEGUE avec paraphe. Le 19 Mars 1745, signifié & baillé copie à M^e. de Ligny Procureur, par nous Huissier en Parlement soussigné, *Signé*, DE CHEZEAUX, avec paraphe.

DE LIGNY, Proc.   BONNIN, Proc.

ARREST
DE LA COUR DE PARLEMENT,

Rendu au profit des Jurés & Communauté des Maîtres Traiteurs de Paris, & de Marie Maubrun, veuve de François Valençon, vivant Maître Traiteur à Paris.

Contre les Syndic, Jurés & Communauté des Maîtres Chaircuitiers à Paris.

Qui maintient & garde les Jurés & Communauté des Traiteurs dans le droit & possession de composer, préparer, étaler, vendre & débiter en détail à tous venans & hors des repas, concurremment avec les Maîtres Chaircuitiers, les pieds à la Sainte-Menehould, les panaches de porc préparées à la braise, les boudins blancs, saucisses, andouilles & langues fourrées, mélées de chair de porc & autres viandes.

Du 6 Mars 1756.

NOTREDITE COUR faisant droit sur le tout, donne acte tant aux Jurés & Communauté des Chaircuitiers, qu'aux Jurés & Communauté des Traiteurs, & à Marie Maubrun, veuve commune & donataire mutuelle de François Valençon, ayant esdites qualités repris en son lieu par acte du 30 Décembre 1752, de la déclaration faite par lesdits Jurés Chaircuitiers, par leur Requeste du 21 Mars 1753, qu'ils n'insistent plus dans les demandes par eux formées, à ce que ledit Valençon, & tous autres Traiteurs qui réunissent les deux qualités de Pâtissier & de Traiteur, fussent tenus de faire l'option de l'une des deux qualités, & de quitter l'un des deux métiers, pour n'exercer que l'autre ; ce faisant, sans s'arrêter aux demandes desdits Jurés Chaircuitiers, portées par leurs Requêtes des 31 Août 1739, 5 Juin 1741, & 6 Septembre 1743, dont ils sont déboutés, ayant égard à celles desdits Jurés & Communauté des Traiteurs, & de lad. Maubrun, veuve Valençon, des 6 Septembre & premier Octobre 1754, a mis & met l'appellation au néant ; ordonne que ce dont a été appellé sortira son plein & entier effet ; condamne les appellans en l'amende de 12 livres ; ordonne que les Arrêts de notredite Cour des 30 Juin 1735, 11 Juillet 1741, 19 Janvier 1746, 8 Mai 1748, & 4 Septembre 1752, ensemble les trois Arrêts du même jour 30 Janvier 1751, & les Sentences de Police des 13 Avril 1736, & 3 Mai 1737, seront exécutés selon leur forme & teneur ; en conséquence maintient & garde lesdits Jurés & Communauté des Traiteurs dans le droit & possession de composer, préparer, étaler, vendre & débiter en détail, à tous venans & hors des repas, concurremment avec les Maitres Chaircuitiers, les pieds à la Sainte-Menehould, les pannaches de porc préparées à la braise, les boudins blancs, saucisses, andouilles & langues fourrées mêlées de chairs de porc & autres viandes, à la charge par eux d'acheter chez les Maitres Chaircuitiers toutes les chairs de porc, issues, abattis, intestins & boyaux qui servent à la composition de ces especes, sans qu'ils puissent les acheter dans les halles & marchés, ni ailleurs que chez les Maitres Chaircuitiers, à peine d'amende & de confiscation ; fait défenses auxdits

dits Jurés & Communauté des Maîtres Chaircuitiers de troubler lesdits Maîtres Traiteurs dans la composition, vente & débit desdites especes de Chaircuiterie composée, sous telle peine qu'il appartiendra; maintient & garde pareillement lesd. Jurés & Communauté des Chaircuitiers dans le droit & possession de faire & vendre exclusivement auxdits Maîtres Traiteurs, tous cervelats, boudins, saucisses, andouilles, jambons ordinaires de porc, & langues de chairs de porc seulement, & toutes autres chairs de porc, avec sel, poivre, fenouil & autres épices & assaisonnemens, sans que lesdits Maîtres Traiteurs puissent les vendre, ni même les employer dans les repas & festins, s'ils ne les ont achetés desdits Maîtres Chaircuitiers; pourront néanmoins lesdits Maîtres Traiteurs acheter chez les Epiciers des jambons de Bayonne & de Mayence, pour employer dans les repas seulement, sans qu'ils puissent en vendre ni en gros ni en détail. Ordonne que le présent Arrêt sera imprimé, lû, publié & affiché par-tout où besoin sera, jusqu'à concurrence de cinquante exemplaires; & inscrit sur les Registres des deux Communautés, aux frais & dépens desdits Maîtres Chaircuitiers; sur le surplus des demandes, fins & conclusions, met les Parties hors de Cour & de procès; condamne lesdits Jurés & Communauté des Maîtres Chaircuitiers en tous les dépens, tant envers ladite Maubrun, veuve Valençon, qu'envers lesdits Jurés & Communauté des Traiteurs, même en ceux faits les uns contre les autres. Si mandons mettre le présent Arrêt à exécution. Donné en Parlement le 5 Février, l'an de grace 1756, & de notre Regne le quarante-unième. Scellé le 6 Mars 1756, GAULTIER. Collationné, LANGELÉ. Par la Chambre, *Signé*, POAN.

De la Jurande de Jean Montabon, Jacques-François Doly, Jean-François Duhan, & Jacques Cottereau.

ARREST
DE LA COUR DE PARLEMENT,

Rendu au profit des Jurés & Communauté des Maîtres Traiteurs de Paris, & Jean-Baptiste Nantier, l'un des Maîtres de ladite Communauté.

Contre les Jurés & Communauté des Maîtres Patissiers de la Ville de Paris.

Qui maintient & garde la Communauté des Traiteurs, & ledit Nantier, dans le droit & possession où ils sont de tout tems d'avoir un four dans leurs maisons, & d'y faire les pâtisseries & autres choses nécessaires pour les repas qui leur sont commandés.

Du 15 Janvier 1753.

LOUIS, par la grace de Dieu, Roi de France & de Navarre : Au premier des Huissiers de notre Cour de Parlement, ou autre Huissier ou Sergent sur ce requis, sçavoir faisons : Qu'entre Jean-Baptiste Nantier, Maître Traiteur à Paris, appellant d'une Sentence de Police du Châtelet de Paris, du 2 Avril 1751, d'une part ; & les Jurés en charge de la Communauté des Maîtres Pâtissiers de Paris, intimés, d'autre part : Et entre led. Nantier, demandeur en Requête du 19 Juin 1751, d'une part ; & les Jurés de la Communauté des Maîtres Pâtissiers de Paris, défendeurs, d'autre part : Et entre lesd. Jurés, demandeurs en Requête du 21 dudit mois de Juin 1751, & défendeurs, d'une part ; & ledit Nantier, défendeur & demandeur en Requête du 9 Juillet 1751, d'autre part : Et entre les Jurés en charge de la Communauté des Maîtres Traiteurs de Paris, appellans des Sentences de Police du Châtelet de Paris, des 18 Février 1746 & 2 Avril 1751, d'une part ; & les Jurés en charge de la Communauté des Maîtres Pâtissiers de la Ville & Fauxbourgs de Paris, intimés d'autre part : Et entre lesdits Jurés de la Communauté des Maîtres Traiteurs, demandeurs en Requête du 17 Août 1751, & intervenans, d'une part ; & lesdits Jurés de la Communauté des Maîtres Pâtissiers, & ledit Nantier, Maître Taiteur à Paris, défendeurs, d'autre part : Et entre lesdits Jurés de la Communauté des Maîtres Pâtissiers de Paris, demandeurs en Requête du 28 dud. mois d'Août, d'une part ; & lesdits Jurés de la Communauté des Maîtres Traiteurs & ledit Nantier, défendeurs d'autre part : Et entre Jean Baptiste Nantier, Maître Traiteur à Paris, appellant en adhérant à son premier appel de Sentence du Siege de Police du Châtelet de Paris, du 18 Février 1746, & demandeur en Requête du premier Août 1752, contenant ledit appel, d'une part ; & la Communauté des Maîtres Traiteurs de Paris, & les Jurés & Communauté des Maîtres Pâtissiers, intimés & défendeurs, d'autre part : Et entre les Jurés & Communauté des Pâtissiers de la Ville, Fauxbourgs & Banlieue de Paris, demandeurs en Requête du 11 Août 1752, d'une part ; & ledit Nantier, défendeur, d'autre part : Et entre lesd. Jurés & Communauté des Maîtres Pâtissiers de Paris, demandeurs en Requête du 11 Août 1752, d'une part ; & les Jurés & Communauté des Maîtres Traiteurs de Paris, défendeurs, d'autre part. Vû par notredite Cour la Sentence du Siege de Police du Châtelet de Paris, du 2 Avril 1751, dont est appel, obtenue par les Jurés & Communauté des Pâtissiers, par défaut contre ledit Nantier, par laquelle il a été dit, que les Réglemens seroient exécutés, fait itératives défenses audit Nantier d'entreprendre sur la profession desdits Jurés & Communauté des Pâtissiers ; & pour l'avoir fait, déclare bonne & valable la saisie, les choses saisies confisquées ; à les représenter, le gardien contraint, & par corps, dans huitaine ; ledit Nantier tenu de faire boucher son four ; sinon permis auxdits Jurés Pâtissiers de le faire boucher aux frais dudit Nantier qui est condamné, attendu la récidive, en cinquante livres de dommages & intérêts, & aux dépens. Requête dudit Nantier du 19 Juin 1751, à fin d'opposition à l'Arrêt par défaut, du 26 Mai précédent.

Requête des jurés & Communauté des Maîtres Pâtissiers, du 21 Juin 1751, tendante à ce que led. Nantier soit déclaré non-recevable dans son appel, & le condamner en l'amende & aux dépens des causes d'appel & demande. Requête dudit Nantier, du 9 Juillet audit an, tendante à ce que, sans avoir égard à la Requête & demande desdits jurés Pâtissiers, dans laquelle ils seront déclarés non-recevables, ou en tout cas déboutés, mettre l'appellation & ce dont est appel au néant ; émendant, déclarer la saisie-exécution faite sur ledit Nantier à la requête desdits jurés Pâtissiers, le 10 Février 1751, nulle, injurieuse, tortionnaire & déraisonnable ; en faire pleine & entiere mainlevée audit Nantier ; ordonner qu'à la restitution des ustensiles saisis, tous gardiens & dépositaires seront contraints, même par corps ; quoi faisant, déchargés, & décharger led. Nantier des condamnations contre lui prononcées ; ordonner en outre que les Statuts de la Communauté des Maîtres Traiteurs, & les Arrêts de notredite Cour, des 18 Janvier 1614 & 30 Janvier 1751, seroient exécutés selon leur forme & teneur ; en conséquence maintenir & garder ledit Nantier dans le droit & possession où il est de tout tems d'avoir un four, & d'y faire les pâtisseries & autres choses nécessaires pour les repas qui lui sont commandés ; faire défenses aux jurés Pâtissiers de troubler à l'avenir ledit Nantier, sous telles peines qu'il plaira à notredite Cour leur imposer ; & pour l'avoir fait, les condamner en trois cens livres de dommages & intérêts envers ledit Nantier, & en tous les dépens, tant des causes principale que d'appel & demande. Arrêt du 10 Juillet 1751, par lequel notredite Cour a reçu ledit Nantier opposant à l'Arrêt par défaut au principal sur l'appel, a appointé les Parties au Conseil & sur les demandes en droit & joint. Requeste dudit Nantier du 4 Août 1751, employée pour causes & moyens d'appel & avertissement. Production des Parties en exécution dud. Arrêt : celle des Jurés & Communauté des Pâtissiers, par Requeste du 2 Août 1751, employée pour avertissement. Sentence du Siege de Police du Châtelet de Paris, du 18 Février 1746 dont est appel, contradictoirement rendue entre les jurés de la Communauté des Maîtres Pâtissiers & ledit Nantier, par laquelle il auroit été ordonné que les Statuts & Réglemens de la Communauté des Maîtres Pâtissiers, Sentences, Arrêts & Réglemens de Police, seroient exécutés selon leur forme & teneur ; ce faisant, la saisie faite sur ledit Nantier, des marchandises de pâtisseries & ustensiles, a été déclarée bonne & valable, il a été ordonné que les marchandises demeureroient confisquées au profit desd. jurés Pâtissiers, défenses faites audit Nantier d'entreprendre à l'avenir sur la profession des Pâtissiers ; & pour la contravention commise par ledit Nantier, il a été condamné en cinq livres de dommages & intérêts envers lesdits jurés Pâtissiers : il a été ordonné que dans huitaine pour tout délai, led. Nantier seroit tenu de faire boucher le four qui est dans sa maison ; sinon faute de ce faire dans ledit tems, & icelui passé, sans qu'il fût besoin d'autre Jugement que du présent, il a été permis aux jurés Pâtissiers de le faire boucher aux frais & dépens dudit Nantier, dont ils seroient remboursés sur les quittances qu'ils en rapporteroient ; & ledit Nantier condamné aux dépens. Requeste des Jurés & Communauté des Maîtres Traiteurs, du 17 Août 1751, tendante à être reçus Parties intervenantes en l'Instance d'entre les Jurés & Communauté des Pâtissiers, & ledit Nantier, il leur fût donné acte de l'emploi de leur Requeste pour moyens d'intervention ; ce faisant, ordonner que les anciens & nouveaux Statuts de la Communauté des Maîtres Traiteurs de Paris, les Arrêts de notredite Cour des 18 Janvier 1614, & 30 Janvier 1751, seroient exécutés selon leur forme & teneur, maintenir & garder lesdits jurés Traiteurs dans le droit & possession où ils sont de tout tems d'avoir un four chez eux, & d'y faire les pâtisseries & autres choses nécessaires pour les repas qui leur sont commandés : en conséquence sur l'appel desdits jurés Traiteurs des deux Sentences de Police du Châtelet, des 18 Février 1746, & 2 Avril 1751, mettre l'appellation & ce dont est appel au néant ; émendant, faire défenses aux jurés Pâtissiers de troubler à l'avenir lesdits jurés Traiteurs dans le droit & possession dans lesquels ils sont de tout tems d'avoir un four chez eux, & d'y faire les pâtisseries & autres choses nécessaires pour les repas qui leur sont commandés, sous telles peines qu'il plaira à notredite Cour leur imposer ; & pour l'avoir fait, les condamner en tels dommages-intérêts qu'il plaira à notredite Cour arbitrer ; ordonner que l'Arrêt qui interviendra, sera imprimé, lû, publié & affiché par-tout où besoin sera, aux frais & dépens des jurés

& Communauté des Maîtres Pâtissiers, & les condamner en tous les dépens des causes principale, d'appel & demande; même en ceux faits par lesdits jurés & Communauté des Traiteurs contre ledit Nantier. Requeste desdits jurés & Communauté des Pâtissiers, du 28 dudit mois d'Août 1751, employée pour fins de non-recevoir & défenses à l'intervention des jurés Traiteurs, portées en leur susdite Requeste, & tendante à ce qu'ils y soient déclarés non-recevables, ou en tout cas déboutés; les déclarer pareillement non-recevables en l'appel par eux interjetté incidemment à celui de Jean-Baptiste Nantier, des Sentences rendues contre led. Nantier, les 18 Février 1746, & 2 Avril 1751; ou en tout cas mettre l'appellation au néant; ordonner que ce dont est appel sortira son plein & entier effet; & que les Statuts, Arrêts & Réglemens de la Communauté desdits Pâtissiers, seront exécutés selon leur forme & teneur; en conséquence faire défenses à tous Maitres Traiteurs d'entreprendre sur la profession desdits Jurés & Communauté des Pâtissiers, faire ni vendre aucuns ouvrages & marchandises de pâtisserie, ni d'en fournir d'autres dans les repas qui leur seront commandés, que celles qu'ils auront pris, achetées ou fait faire chez les Maitres Pâtissiers; faire pareillement défenses auxdits Traiteurs d'avoir dans leur cuisine & autres lieux par eux occupés, un four ni aucuns outils & ustensiles des Pâtissiers, ordonner que ceux d'entr'eux qui en ont, seront tenus de les faire boucher dans la huitaine du jour de l'Arrêt qui interviendra, sinon permettre auxdits Jurés Pâtissiers de les faire boucher aux frais & dépens desdits Traiteurs; déclarer l'Arrêt qui interviendra commun avec ledit Nantier; ordonner qu'il sera transcrit sur le Registre des deux Communautés, & imprimé, lû, publié & affiché par tout où besoin seroit, aux frais & dépens de la Communauté des Traiteurs; condamner en outre lesdits Jurés & Communauté des Traiteurs en l'amende & aux dépens des causes d'appel & demande. Arrêt du 31 Août 1751, par lequel notredite Cour a reçu lesdits Jurés & Communauté des Traiteurs, Parties intervenantes sur l'appel, appointe les Parties au Conseil; & sur l'intervention & demande, appointe les Parties en droit, & joint à l'Instance. Causes & moyens d'appel des Jurés & Communauté des Cuisiniers-Traiteurs, servant d'avertissement, du 13 Décembre 1751. Production des Parties en exécution dudit Arrêt ; celle des Jurés & Communauté des Pâtissiers, par Requeste du 7 Septembre 1751, employée pour avertissement. Réponses des Jurés & Communauté des Pâtissiers, du 23 Février 1752, aux causes & moyens d'appel des Traiteurs, iceux servant aussi d'avertissement & de contredits contre la production des Maitres Traiteurs. Requête desdits Jurés Pâtissiers du 11 Mars 1752, employée pour réponses aux causes & moyens d'appel de Nantier, & pour contredits contre la production par lui faite en exécution du premier Réglement. Requeste dud. Nantier du 15 Juillet 1752, employée pour contredits contre la production des Pâtissiers en exécution dudit Réglement du 10 Juillet 1751. Salvations & réponses aux causes & moyens d'appel fournis par lesd. Traiteurs ledit jour 15 Juillet 1752, servant de contredit contre la production des Pâtissiers. Trois Requestes dudit Nantier du même jour 15 Juillet 1752, employées, la premiere pour avertissement, écritures & production en exécution de l'Arrêt du 31 Août 1751 ; & les deux autres pour contredits contre les productions faites en exécution du même Arrêt par les Traiteurs & les Pâtissiers. Requeste desdits Jurés & Communauté des Traiteurs du 17 Juillet 1752, employée pour contredits contre la production dudit Nantier. Salvations des jurés & Communauté des Maitres Pâtissiers, du 11 Août 1752. Production nouvelle des jurés & Communauté des Traiteurs, par Requeste du 17 Juillet 1752. Requeste de Nantier du lendemain 18 Juillet, employée pour contredits contre ladite production nouvelle. Requeste des jurés & Communauté des Pâtissiers, du 19 Août 1752, aussi employée pour contredits contre la susdite production nouvelle des Traiteurs. Requeste dudit Nantier du premier Août 1752, contenant son appel incident en adhérant à son premier appel de la Sentence du Siege de Police du Châtelet de Paris, dudit jour dix-huit Février 1746, & tendante à ce que faisant droit sur ledit appel, mettre l'appellation & ce dont est appel au néant ; émendant, déclarer la saisie exécution faite sur ledit Nantier à la Requête desdits Pâtissiers, le 19 Janvier 1746, nulle, injurieuse, tortionnaire & déraisonnable ; en faire pleine & entière main-levée audit Nantier ; ordonner qu'à la représentation des choses saisies, tous gardiens & dépositaires seroient contraints, même par corps ; quoi faisant, déchargés ; décharger ledit Nantier des condamnations contre lui prononcées par ladite Sentence ; ordonner en outre que les Statuts de la Communauté des Traiteurs & l'Arrêt de notredite Cour du 18 Janvier 1614, seroient exécutés selon leur forme & teneur ; en conséquence maintenir & garder ledit Nantier dans le droit & possession où il est de tout tems, d'avoir un four dans sa maison, & d'y faire toutes les choses nécessaires pour les repas qui lui sont commandés ; faire défenses aux Patissiers d'y troubler ledit Nantier, sous telles peines qu'il plaira à notredite Cour ; & pour l'avoir fait, les condamner en tels dommages-intérêts qu'il plairoit à notredite Cour, & en tous les dépens, tant des causes principale que d'appel & demande, faits par ledit Nantier à l'encontre de toutes les Parties ; & déclarer l'Arrêt qui interviendra, commun avec la Communauté des Traiteurs ; au bas de laquelle Requête employée pour causes & moyens d'appel, écritures & production, est l'Ordonnance de notredite Cour, qui a reçu ledit Nantier Appellant, sur l'appel appointé les Parties au Conseil & sur la demande en droit & joint, & donné Acte de l'emploi y porté. Requête des Jurés & Communauté des Traiteurs du 5 Août 1752, employée pour avertissement, écritures & production en exécution de la susdite Ordonnance. Production nouvelle des Jurés & Communauté des Traiteurs par Requête du 5 Août 1752. Requête d'emploi pour contredits contre icelle des Maîtres Patissiers, du 12 dudit mois. Requête desdits Jurés & Communauté des Patissiers, du 11 Août 1752, employée pour fins de non-recevoir contre la demande de Nantier, portée par sa Requête du premier dudit mois d'Août, ensemble pour avertissement, écritures & production en exécution de l'Ordonnance étant au bas d'icelle, & tendante à ce qu'il soit surabondamment donné Acte auxdits Jurés & Communauté des Patissiers, des déclarations faites par Nantier dans ses défenses au Châtelet, qu'il n'entendoit faire de la patisserie que pour son usage, & qu'il promettoit de ne plus se servir de son four ; en conséquence prononçant sur l'appel de Nantier, l'y déclarer purement & simplement non-recevable, ensemble dans sa demande portée par sadite Requête, & le condamner en l'amende de soixante-quinze livres, & aux dépens des causes d'appel & demandes ; adjuger au surplus

surplus auxdits Jurés Pâtissiers les conclusions par eux prises ; au bas de laquelle Requête employée pour avertissement, écritures & production sur ladite demande, est l'Ordonnance de notredite Cour, qui l'auroit réglée en droit & joint, & donné Acte de l'emploi y porté. Requête desdits Jurés Pâtissiers du 12 Août dernier, employée pour salvations aux contredits signifiés par Nantier contre la production desdits Pâtissiers. Requête desdits Jurés & Communauté des Pâtissiers du 11 Août 1752, tendante à ce qu'aux risques des Maîtres Traiteurs, lesdits Jurés Pâtissiers soient en tant que de besoin & surabondamment reçus tiers opposans aux Arrêts rendus en notredite Cour, entre la Communauté des Maîtres Traiteurs, d'une part, & celle des Rôtisseurs & autres, d'autre part, les 18 Janvier 1614 & 30 Janvier 1751, en ce que seulement par le premier les Traiteurs prétendent qu'en leur accordant par ledit Arrêt la faculté d'acheter les volailles, gibiers & autres viandes nécessaires à leurs repas, tant pour rôtir, bouillir que pour mettre en pâte, notredite Cour a jugé que ce seroit eux-mêmes qui feroient la pâtisserie dans laquelle ces viandes seroient mises ; & en ce que par le second les Traiteurs prétendent que l'exécution du premier a été à cet égard ordonnée ; faisant droit sur la tierce opposition desdits Jurés Pâtissiers audit chef, leur adjuger les conclusions par eux prises en l'Instance avec dépens. Arrêt du 12 Août 1752, par lequel notredite Cour sur ladite tierce opposition & demande, a appointé les Parties en droit & joint à l'Instance. Production des Parties en exécution dudit Arrêt ; celle des Jurés & Communauté des Traiteurs, par Requête du 14 dudit mois d'Août, employée pour fins de non-recevoir & défenses à la tierce opposition & avertissement, & tendante à ce qu'en adjugeant auxdits Traiteurs les conclusions qu'ils ont prises, ordonner que les Statuts desdits Jurés & Communauté des Traiteurs, & notamment l'Article XXVII, des nouveaux Statuts par eux obtenus au mois d'Août 1667, registrés en notredite Cour le 29 Janvier 1664, seront exécutés selon leur forme & teneur ; en conséquence déclarer lesdits Pâtissiers purement & simplement non-recevables dans la tierce opposition par eux formée auxdits Arrêts de notredite Cour, des 18 Janvier 1614 & 31 Janvier 1751, ou en tout cas les en débouter & les condamner en l'amende de cent cinquante

E e

livres & aux dépens ; au bas de laquelle Requête est l'Ordonnance de notredite Cour qui auroit reservé à y faire droit en jugeant. Production nouvelle des Jurés & Communauté des Pâtissiers, par Requête du 18 Août 1752. Requête desdits Jurés & Communauté des Pâtissiers, du 19 Août 1752, tandante à ce qu'en augmentant aux conclusions par eux ci-devant prises, leur donner acte de ce qu'ils articuloient, posoient & mettoient en fait que les trois quarts des Traiteurs de Paris ne se servent point de four, que même les plus considérables, les plus employés d'entr'eux, nomment les Aubry, les Landel & une infinité d'autres, n'ont point de four ; & que ceux qui en ont, n'en font aucun usage ; en cas d'aveu des faits ci-dessus, attendu qu'il en résulte que d'un côté les Traiteurs, depuis leur création, ne se sont jamais eux-mêmes crus en droit de faire de la pâtisserie ; & de l'autre, l'inutilité d'un four pour le commerce des Traiteurs, adjuger auxdits Pâtissiers leurs conclusions ; en cas de déni, permettre auxdits Pâtissiers de faire la preuve desdits faits, tant par titres que par témoins, pour l'enquête faite & rapportée, être ordonné par notredite Cour ce qu'il appartiendra ; & dans tous les cas condamner les Maîtres Traiteurs aux dépens ; au bas de laquelle Requête est l'Ordonnance de notredite Cour qui auroit reservé à y faire droit en jugeant. Requête des Maîtres Traiteurs, du 30 dudit mois d'Août dernier, employée pour fins de non-recevoir, défenses à la susdite demande en jugeant desdits Pâtissiers, portée par la Requête dudit jour 19 Août, & tendante à ce que sans s'y arrêter, & dans laquelle ils seront déclarés non-recevables, ou en tout cas déboutés, adjuger auxdits Traiteurs les conclusions par eux prises avec dépens ; au bas de laquelle Requête est l'Ordonnance de notredite Cour qui auroit reservé à y faire droit en jugeant. Production nouvelle des Jurés & Communauté des Maîtres Pâtissiers, par Requête du 21 Août dernier. Avertissement desdits Jurés & Communauté des Pâtissiers, dudit jour 21 Août, servant de causes & moyens de tierce opposition, & leur production en exécution de l'Arrêt du 12 dudit mois d'Août, par Requête du 22 dudit mois. Autre Requête desdits Jurés & Communauté des Pâtissiers, dudit jour 22 Août, employée pour fins de non-recevoir & défenses à la demande en jugeant des Traiteurs, portée par leur Requête du 14 dudit mois d'Août, tendante à ce qu'il soit ordonné que l'Arrêt d'enregistrement des nouveaux Statuts des Traiteurs, sera exécuté au chef de la modification qu'il renferme; en conséquence sans s'arrêter à la demande desdits Traiteurs, dans laquelle ils seront déclarés non-recevables, ou en tout cas déboutés, adjuger auxdits Pâtissiers les conclusions par eux prises, & condamner les Traiteurs en tous les dépens; au bas de laquelle Requête est l'Ordonnance de notredite Cour qui auroit reservé à y faire droit en jugeant. Requête des Jurés & Communauté des Pâtissiers, dudit jour 22 Août, employée pour contredits contre la production faite par les Traiteurs en exécution de l'Arrêt du 12 dudit mois. Requête des Jurés & Communauté desdits Traiteurs, du 29 dudit mois d'Août, employée pour fins de non-recevoir & défenses contre la demande en jugeant des Pâtissiers, du 22 dudit mois d'Août. Requête desdits Jurés & Communauté des Pâtissiers, du 23 Août dernier, contenant production nouvelle. Additions de fins de non-recevoir fournies par les Jurés & Communauté des Traiteurs le 26 Août 1752, servant de contredits contre la susdite production nouvelle des Pâtissiers, & de salvations & contredits. Requête des Pâtissiers du 29 Août, employée pour réponses auxdites additions de fins de non-recevoir, & salvations desdits Traiteurs, dudit jour 26 Août. Production nouvelle desdits Jurés & Communauté des Traiteurs par Requête du 28 dudit mois d'Août. Requête d'emploi pour contredits contre icelle des Pâtissiers, du 30 du même mois. Requête de Jean-Baptiste Nantier du premier Septembre 1752, employée pour fins de non-recevoir. Avertissement, écritures & production sur la demande des Pâtissiers, portée par leur Requête du onze Août 1752, en exécution de l'Ordonnance étant au bas d'icelle, & tendante à ce que lesdits Pâtissiers soient déclarés purement & simplement non-recevables dans ladite demande, ou en tout cas déboutés; au surplus adjuger audit Nantier les conclusions par lui prises, & condamner lesdits Pâtissiers en tous les dépens faits par ledit Nantier envers toutes les Parties; au bas de laquelle Requête est l'Ordonnance de notredite Cour qui auroit reservé à y faire droit en jugeant. Requête des Jurés & Communauté des Traiteurs dudit jour premier Décembre, tendante à ce qu'il leur soit donné acte de l'aveu fait par les Maitres Pâtissiers dans leur Requête du

E e ij

12 Août 1752, que le four est nécessaire pour l'exercice de la profession desdits Traiteurs ; en conséquence, attendu qu'il n'est point d'autre four qui puisse servir auxdits Traiteurs que celui qu'ils demandent & dont ils ont toujours fait usage ; & que d'ailleurs par les Statuts & les Arrests & Réglemens de notredite Cour, ils ont incontestablement le droit de faire toute la pâtisserie qui leur est nécessaire dans les nôces, festins, banquets & tous autres repas qui leur sont commandés, adjuger auxdits Jurés & Communauté des Traiteurs leurs fins & conclusions, & condamner les Pâtissiers aux dépens : au bas de laquelle Requeste est l'Ordonnance de notredite Cour qui auroit réservé à y faire droit en jugeant. Requeste des Jurés & Communauté des Pâtissiers, du 2 dudit mois de Septembre, employée pour fins de non-recevoir à la demande ci-dessus des Traiteurs, & tendante à ce que sans s'arrêter à ladite demande, dans laquelle lesdits Traiteurs seront déclarés non-recevables, ou en tout cas déboutés, adjuger auxdits Jurés & Communauté des Pâtissiers les conclusions par eux prises en l'Instance, & condamner les Traiteurs aux dépens : au bas de laquelle Requeste est l'Ordonnance de notredite Cour qui auroit réservé à y faire droit en jugeant. Autre Requeste desdits Jurés & Communauté des Pâtissiers, du quatre Septembre 1752, employée pour défenses à la demande de Nantier, portées par sa requête du premier dudit mois de Septembre. Requête desdits Pâtissiers du 2 Septembre, tendante à ce que les conclusions par eux prises leur soient adjugées ; & y augmentant, condamner la Communauté des Traiteurs en tous les dépens, même en ceux faits vis-à-vis de Nantier, & ceux faits les uns à l'encontre des autres, tant au Châtelet qu'en notredite Cour, frais de saisie, procès-verbaux & mises d'exécution : au bas de laquelle requête est l'Ordonnance de notredite Cour, qui auroit réservé à faire droit en jugeant. Requête des maîtres Pâtissiers du 4 Septembre, employée pour contredits contre l'emploi de production de Nantier, portée par sa requête du premier dudit mois de Septembre. Autre Requête desdits Jurés & Communautés des Pâtissiers, dudit jour 4 Septembre, tendante à ce qu'il leur soit donné acte de la déclaration & aveu fait par les Traiteurs dans leur requête du 30 Août 1752, que le nommé Aubry & le nommé Landel, ainsi qu'une infinité d'autres maî-

tres de leur Communauté, n'ont point de four, & ne s'en servent point, comme aussi qu'ils vont prendre la pâtisserie nécessaire à leurs repas chez les Pâtissiers, de même qu'en prenant la viande chez les Rotisseurs; en conséquence adjuger auxdits Jurés Pâtissiers les conclusions par eux prises avec dépens: au bas de laquelle requête est l'Ordonnance de notredite Cour, qui auroit reservé à y faire droit en jugeant. Requête des Jurés & Communauté des Traiteurs, du 27 Novembre 1752, employée pour défenses à la demande des Pâtissiers, portée par leur requête du 2 Septembre dernier, tendante à ce qu'ils en soient déboutés, & les conclusions des Traiteurs adjugées avec dépens: au bas de laquelle requête est l'Ordonnance de notredite Cour qui auroit reservé à y faire droit en jugeant. Autre Requête desdits Traiteurs du 28 Novembre dernier, employée pour fins de non-recevoir & défenses à la demande en jugeant des Pâtissiers, portée par leur requête du premier Septembre 1752, & tendante à ce que les Pâtissiers y soient déclarés non-recevables, ou en tout cas déboutés, & adjuger auxdits Traiteurs leurs fins & conclusions avec dépens: au bas de laquelle requête est l'Ordonnance de notredite Cour qui auroit reservé à y faire droit en jugeant. Requête des Jurés & Communauté des Pâtissiers, du 29 Novembre 1752, employée pour défenses à la demande en jugeant des Traiteurs, portée par leur requête du 28 dudit mois de Novembre. Autre Requête desdits Jurés Pâtissiers du 2 Décembre, employée pour défenses à la demande en jugeant des Traiteurs, portée par leur requête du 27 dudit mois de Novembre. Autre Requête desdits Jurés Pâtissiers du 2 Décembre, employée pour défenses à la demande en jugeant des Traiteurs, portée par leur requête du 27 Novembre dernier. Autre Requête desdits Jurés & Communauté des Pâtissiers du 2 Décembre dernier, employée pour défenses à la demande en jugeant de Nantier, portée par la requête du 29 Novembre dernier. Production nouvelle des Jurés & Communauté des maîtres Pâtissiers par requête du 11 dudit mois de Décembre. Requête d'emploi pour contredits contre celle des Traiteurs, du 19 dudit mois de Décembre. Production nouvelle desdits Jurés & Communauté des Pâtissiers par requête du 10 Janvier 1753, tendante à ce qu'il leur soit donné acte de la reconnoissance des Traiteurs dans leur derniere requête, qu'ils ne payent point de droit de four; en conséquence adjuger auxdits Jurés & Communauté des Pâtissiers les conclusions par eux prises, & condamner les maitres Traiteurs aux dépens: au bas de laquelle requête est l'Ordonnance de notredire Cour qui auroit reservé à y faire droit en jugeant. Production nouvelle desdits Jurés & Communauté des Patissiers par requête du 11 Janvier 1750. Requête d'emploi pour contredits contre celle des Traiteurs, du 12 dudit présent mois de Janvier. Salvations des Pâtissiers du 13 Janvier, contre les contredits de production nouvelle, portées par les requêtes des 11 Decembre 1752, & 11 dudit présent mois de Janvier. Requêtes de Jean-Baptiste Nantier des 8, 23, 29 & 30 Août; premier Septembre, 27 Novembre, 16 Décembre 1752, 11 & 12 Janvier 1753, employées pour fins de non-recevoir. Défenses, avertissement, productions & contredits de production en exécution de reglemens de l'Instance. Requête des Jurés & Communauté des Traiteurs, des 5, 26 Août & 27 Novembre 1752, aussi employée pour satisfaire aux reglemens de l'Instance. Mémoire imprimé signifié par les Jurés & Communauté des Pâtissiers, le 29 Août 1752. Mémoire & addition de mémoire, signifiés par les Jurés & Communauté des Traiteurs, le même jour 10 Janvier 1753. Sommations générales de satisfaire aux reglemens de l'Instance : conclusions de notre Procureur général.

NOTREDITE COUR faisant droit sur le tout, sans avoir égard à la tierce opposition formée par les Jurés & Communauté des maîtres Pâtissiers aux Arrêts de notredite Cour des 18 Janv. 1614, & 30 Janvier 1751, ni à leurs demandes dont ils sont déboutés; ordonne que les Statuts de la Communauté des Maitres Traiteurs & les Arrêts de notred. Cour desdits jours 18 Janvier 1614, & 30 Janv. 1751, seront exécutés selon leur forme & teneur; en conséquence sur les appellations a mis & met lesdites appellations & ce dont a été appellé au néant; émendant, décharge ledit Nantier des condamnations contre lui prononcées, déclare nulles les saisies sur lui faites, lui en fait pleine & entiere main-levée; ordonne qu'à la restitution des choses saisies les gardiens & dépositaires seront contraints, quoi faisant, déchargés; maintient & garde la Communauté des Traiteurs & ledit Nantier dans le droit & possession où ils sont de tout tems d'avoir un four dans leurs maisons, & d'y faire les pâtisseries & autres choses nécessaires pour les repas qui leur sont commandés, sans que lesdits Traiteurs puissent vendre des pâtisseries en détail & séparément desdits repas; fait défenses auxdits maîtres Pâtissiers de les y troubler : ordonne que le présent Arrêt sera imprimé, affiché au nombre de cinquante exemplaires, aux frais & dépens de ladite Communauté des Pâtissiers, & enregistré sur les Registres des deux Communautés : sur le surplus des autres demandes, fins & conclusions des parties, les a mis hors de Cour ; condamne lesdits Jurés & Communauté des maîtres Pâtissiers en l'amende de leur tierce opposition, & en tous les dépens des causes principale, d'appel, intervention & demandes envers ledit Nantier & lesdits Jurés & Communauté des Traiteurs, & faits par ledit Nantier contre lesdits Jurés & Communauté des Traiteurs : SI MANDONS mettre le présent Arrêt en exécution. DONNÉ en Parlement le 15 Janvier, l'an de grace 1753, & de notre regne le trente-huitieme. Collationné. *Signé*, LANGELÉ.

Par la Chambre. *Signé*, DUFRANC, avec paraphe.

SENTENCE

DE MONSIEUR

LE LIEUTENANT GÉNÉRAL DE POLICE,

QUI fait défenses aux Aubergistes d'entreprendre sur la Profession des Maîtres Traiteurs, & de se servir de Casseroles & Ustenciles détamés ; en conséquence déclare bonne & valable la saisie faite desdits Ustenciles sur Deschamps & sa Femme, Aubergistes à Paris ; leur fait défenses de récidiver, & les condamne solidairement en 50 liv. de dommages & intérêts envers la Communauté des Traiteurs.

Du 3 Mai 1751.

A Tous ceux qui ces préſentes Lettres verront : Gabriel-Jérôme de Bullion, Chevalier, Comte d'Eſclimont, Prevôt de Paris, Salut ; ſçavoir faiſons que ſur la Requête faite en Jugement devant Nous à l'Audience de la Chambre de Police du Châtelet de Paris, par Me. Etienne Lefevre, Procureur des Jurés Traiteurs de ladite Ville, Demandeurs ſuivant les Procés-verbaux de contravention & de ſaiſie de Me. Creſpy, Commiſſaire, & Gouſſault, Huiſſier à cheval, du même jour 27 Décembre 1750 ; & en enthérinement de rapport ordonné par nos Sentences des 12 Février & 5 Mars dernier, fait le 12 dudit mois de Mars par Adam & Campris, Maîtres Chaudronniers, & autres fins portées en leur Requête verbale du 17 enſuivant, avec dommages, intérêts & dépens, aſſiſtés de Me. Deſmoulins Avocat, contre Me. Chevalier, Procureur du ſieur Deſchamps & de ſa Femme, lors deſdits Procés-verbaux, Aubergiſtes à Paris, Défendeurs & defaillans. Oui ledit Me. Deſmoulins en ſon plaidoyer, & par vertu du défaut de Nous donné contre ledit Me. Chevalier audit nom, non comparant, ni autre pour lui, dûment appellé, lecture faite des piéces & avenir à ce jour, Nous avons le rapport dudit jour 12 Mars dernier enthériné, en conſéquence pour les contraventions commiſes par les Parties de Chevalier, en entreprenant ſur la profeſſion des Maîtres Traiteurs, & ſe ſervant de caſſeroles & uſtenciles détamés ; attendu les différentes récidives, les condamnons ſolidairement en 50 livres de dommages-intérêts envers la Communauté des Traiteurs : Déclarons la ſaiſie ſur eux faite à la requête deſdites Parties de Deſmoulins, bonne & valable ; diſons que les caſſeroles & uſtenciles détamés & ſaiſis, ſeront & demeureront acquis & confiſqués au profit de la Communauté des Maîtres Traiteurs, à l'effet de quoi le gardien tenu par corps de les repréſenter : faiſons défenſes auxdites Parties de Chevalier de récidiver, ſous plus grande peine, & les condamnons aux dépens ; ordonnons que notre préſente Sentence ſera lûe, publiée, imprimée & affichée aux frais des défaillans, à la requête & diligence deſdites Parties de Deſmoulins, ce qui ſera exécuté nonobſtant & ſans préjudice de l'appel, & ſoit

ſignifié

signifié ; en témoin de ce Nous avons fait sceller ces Présentes, qui furent faites & données audit Châtelet de Paris par M. le Lieutenant-Général de Police audit Châtelet, le Vendredy vingt-trois Avril mil sept cent cinquante-un. Collationné. *Signé*, LAMBERT. Contrôlé le 4 Mai 1751, reçû 50 fols, *signé*, HERAU. Scellé, *signé*, SAUVAGE. Signifié à M^e. Chevalier Procureur, à domicile, le 3 Mai 1751, par LEMOINE.

SENTENCES
DE LA CHAMBRE DE POLICE,
DU CHASTELET DE PARIS,

Rendues en faveur de la Communauté des Maîtres Traiteurs de la Ville de Paris.

Contre celle des Maîtres Rotisseurs.

I. SENTENCE contradictoire du 29 Décembre 1758, qui fait défenses aux Jurés Rotisseurs de plus à l'avenir prêter ou louer leur Bureau pour y recevoir les compagnies & repas des nôces ; & pour l'avoir fait, les condamne pour tous dommages-intérêts, aux dépens.

II. Par Procès-verbal du 26 Juin 1757, appert les quatre Jurés Rotisseurs avoir faisi sur la place du Palais Royal un dindonneau roti à la broche & bardé, que le sieur Pierre-Martin Leprestre, Maître Traiteur, envoyoit en ville par le nommé Moussard son garçon, dans un cabaret ayant pour enseigne *la Galere*, rue S. Thomas du Louvre.

Nota. Moussard, garçon Traiteur, portoit en même tems, & à la même destination, un plat de fricandeaux dont il n'a point été fait mention dans le Procès-verbal.

Sur ce, & sur l'intervention de la Communauté des Maîtres Traiteurs, est intervenu Sentence sur Délibéré, ès mains de

Ff

M. le Lieutenant Général de Police avec MM. les Gens du Roi, le 19 Janvier 1759, laquelle ordonne que les Statuts & Réglemens, & notamment l'Arrêt de 1751, seront exécutés selon leur forme & teneur ; en conséquence, ainsi que des preuves résultantes des informations faites à la requeste dudit Leprestre, declare nulle la saisie faite sur lui ; condamne les Jurés qui étoient en charge lors de ladite saisie, solidairement en six liv. de dommages-intérêts, & en tous les dépens, qu'ils ne pourront employer dans leur compte de Jurande.

III. Par Procès-verbal du 3 Avril 1758, appert les jurés Rotisseurs avoir saisi rue des Bons-Enfans, un quartier d'agneau de devant roti à la broche, que portoit en ville un garçon du sieur Jean Lhoste, Maître Traiteur.

    Nota. Le même garçon portoit aussi deux plats d'entre-mets, l'un d'asperges, & l'autre de pâtisserie, dont n'étoit point fait mention dans le Procès-verbal.

Par autre Procès-verbal du même jour 3 Avril 1758, appert les jurés Rotisseurs avoir saisi, rue de la Calandre, un quartier d'agneau de devant roti à la broche, que portoit en ville un garçon du sieur Jacques Lecocq, Maître Traiteur.

    Nota. Le même garçon portoit une fricassée de poulets & une poularde aux olives, dont il n'a point été fait mention dans le Procès-verbal.

Sur ces deux saisies, & sur l'intervention de la Communauté des Traiteurs, est intervenu Sentence sur Délibéré ès mains de M. le Lieutenant Général de Police avec MM. les Gens du Roi, le 19 Janvier 1759, laquelle ordonne que les Statuts & Réglemens seront exécutés ; en conséquence, ainsi que de la preuve résultante des informations, déclare nulle les deux saisies ; condamne les Jurés qui étoient en charge lors d'icelles, solidairement en six livres de dommages-intérêts envers chacun desdits sieurs Lhoste & Lecocq, & en tous les dépens, qu'ils ne pourront employer dans leur compte de Jurande.

IV. Par Procès-verbal du 25 Juillet 1758, appert les jurés Rotisseurs avoir saisi, rue S. Honoré, la quantité de quatre-vingt-neuf poulets, tant piqués que bardés, cuits & rotis à la broche, & un alloyau aussi roti à la broche, que portoient en ville les garçons du sieur Leprestre, Maître Traiteur.

Nota. Ce roti étoit accompagné d'un pâté chaud & d'une compote de pigeons, dont il n'a point été fait mention dans le Procès-verbal ; & le tout étoit destiné pour le souper d'une Communauté Religieuse.

Du 19 Janvier 1759, Sentence sur Délibéré ès mains de M. le Lieutenant Général de Police avec MM. les Gens du Roi, entre la Communauté des Rotisseurs & le sieur Leprestre seulement, laquelle déclare la saisie nulle ; ordonne que les marchandises saisies & les effets seront rendus, si fait n'a été ; condamne la Communauté des Maîtres Rotisseurs aux dépens.

V. Par quatre Procès-verbaux du 2 Février 1758, appert les Jurés Rotisseurs s'être transportés chez les sieurs Minet, Duhan, Courteille & Leprestre, Maîtres Traiteurs, & avoir constaté que chacun d'eux avoit à son service des garçons qui avoient été apprentifs ou compagnons Rotisseurs.

Le 20 Avril de la même année ils ont fait pareil Procès-verbal chez le sieur Aubry, Maître Traiteur.

En conséquence de ces Procès-verbaux, les Rotisseurs ont conclu contre les particuliers Traiteurs y dénommés, à ce qu'ils fussent tenus de mettre hors de chez eux lesdits garçons, & à ce que défenses fussent faites à tous Maîtres Traiteurs de recevoir chez eux aucuns apprentifs ou compagnons Rotisseurs, conformément à l'article XL. des nouveaux Statuts des Rotisseurs.

Sur ces demandes, & sur l'intervention de plusieurs compagnons & apprentifs Rotisseurs, est intervenu Sentence sur Délibéré, ès mains de M. le Lieutenant Général de Police avec MM. les Gens du Roi, le 19 Janvier 1759, qui déboute les Jurés & Communauté des Maîtres Rotisseurs de leurs demandes, & les condamne aux dépens.

Par la vigilance des soins & poursuite des sieurs Barthelemy Tronet, Jean Courteille, Jean-François Lambert, & Pierre Mondamer, tous quatre Jurés de présent en Charge de la Communauté. Ce jourd'hui 7 Février 1759. Signé, TRONET.

FIN.

I. PAR Arrêt rendu par Nosseigneurs de la Cour de Parlement & Grand'Chambre d'icelle le 2 Juillet 1762, entre les Jurés & Communauté des Maîtres Rotisseurs de Paris, Appellans de deux Sentences rendues en la Chambre de Police du Châtelet de Paris, le même jour 19 Janvier 1759, qui ont déclaré nulles les saisies faites à la requête des Jurés de ladite Communauté, sur Pierre-Martin Leprestre, Maître Traiteur à Paris, le 26 Juin 1757, & sur Jean Lhoste & Jacques Lecocq, aussi Maîtres Traiteurs à Paris, le même jour 3 Avril 1758, d'une part; les Jurés & Communauté des Maîtres Cuisiniers-Traiteurs, Intervenans, d'autre part; & entre lesd. Leprestre, Lhoste & Lecocq, Maîtres Traiteurs à Paris, encore d'autre part: Et encore lesd. Jurés & Communauté des Maîtres Rotisseurs, Demandeurs aux autres fins & conclusions énoncées auxd. deux Sentences du Châtelet. LA COUR faisant droit sur le tout, sans s'arrêter aux Requêtes & demandes des Jurés & Communauté des Maîtres Rotisseurs de Paris, dont elle les a déboutés, ayant aucunement égard à celles des Jurés & Communauté des Maîtres Cuisiniers-Traiteurs de Paris, de Pierre-Martin Leprestre, Jean Lhoste & Jacques Lecocq, a mis & met les appellations au néant; ordonne que ce dont a été appellé sortira son plein & entier effet; condamne les Jurés & Communauté des Maîtres Rotisseurs de Paris ès amendes ordinaires de 12 livres, & en tous les dépens envers toutes les Parties des Causes d'appel, intervention & demandes, même en ceux faits par les Jurés & Communauté des Maîtres Cuisiniers-Traiteurs contre toutes les Parties.

Cet Arrêt a été obtenu dans la Comptabilité, par les soins & à la diligence du sieur Leprestre, l'une des Parties saisies, & des sieurs Cocquin, Benoist & Breuillard, Jurés en Charge.

II. Par Arrêt rendu par Nosseigneurs de Parlement à Paris le 24 Mai 1762, entre les Jurés en Charge de la Communauté des Maîtres Rotisseurs à Paris, Appellans de la Sentence ci-dessus énoncée, du 19 Janvier 1759, rendue contr'eux au profit du sieur Leprestre, sur la saisie faite sur lui le 25 Juillet 1758 de quatre-vingt-neuf poulets, Demandeurs en décharge des condamnations prononcées contr'eux par icelle, en validité de ladite saisie, & à ce qu'il fût fait défenses audit Leprestre & à tous autres Maîtres Traiteurs d'envoyer à l'avenir en ville du roti, & d'entreprendre sur le métier & profession des Maîtres Rotisseurs, hors les cas portés par l'Arrêt du 18 Janvier 1614 : LA COUR faisant droit sur le tout, a mis l'appellation au néant; ordonné que ce dont est appel sortiroit effet; a condamné les Jurés & Communauté des Rotisseurs en l'amende de 12 livres, & en tous les dépens des Causes d'appel & demandes.

Cet Arrêt a été obtenu à la diligence, poursuite & dépens, & pendant la Comptabilité du sieur Leprestre, Maître Traiteur, Partie saisie par les Jurés Rotisseurs.

III. Par Arrêt rendu par Nosseigneurs de la Cour de Parlement à Paris le 3 Août 1762, entre les Jurés en Charge & Communauté des Maîtres Rotisseurs de la ville & faubourgs de Paris, Appellans de la Sentence rendue en la Chambre de Police du Châtelet de Paris le 19 Janvier 1759, rendue sur cinq Procès-verbaux faits contre les sieurs Minet, Duhan, Courteille, Leprestre & Aubry, tous Maîtres Traiteurs à Paris, par lesquels il étoit constaté que chacun desdits Maîtres Traiteurs avoit chez lui un compagnon Rotisseur travaillant, d'une part; lesdits sieurs Minet, Duhan, Courteille, Leprestre & Aubry, & les nommés Rousse, Duval, & autres compagnons Traiteurs ci-devant Rotisseurs, Intervenans, d'une part; & entre Lucien Mouqueron, Maître Traiteur, demeurant chez ledit Duhan, & Benoît Desesquels, demeurant chez ledit Courteille, Demandeurs à fin d'intervention, & autres conclusions, d'autre part : LA COUR, sans avoir égard aux Requêtes & demandes des Jurés Rotisseurs, dont ils sont déboutés, a mis & met l'appellation au néant; ordonné que ce dont a été appellé sortira son plein & entier effet; a condamné les Appellans en l'amende de 12. liv. & en tous les dépens des Causes d'appel, interventions & demandes envers toutes les Parties.

Cet Arrêt a été obtenu pendant la Jurande du sieur Leprestre, l'une des Parties saisies, & par les soins, diligence & aux dépens dudit sieur Leprestre, & des sieurs Aubry, Minet, Duhan & Courteille, tous Maîtres Traiteurs, aussi Parties saisies par les Jurés Rotisseurs.

ARREST DU CONSEIL D'ETAT,

QUI déboute les Jurés & Communauté des Maîtres Pâtissiers de Paris, de leur demande en cassation de l'Arrêt du Parlement, du 15 Janvier 1753, qui a maintenu les Maîtres Traiteurs dans le droit & possession d'avoir un Four dans leurs maisons, & d'y faire les Pâtisseries & autres choses nécessaires pour les repas qui leur sont commandés *

Vide ci-devant page 210.

Du 4 Mars 1754.

Extrait des Registres du Conseil d'Etat Privé du Roi.

SUR la Requête présentée au Roi, en son Conseil, par les Jurés & Communauté des Maîtres Pâtissiers de la ville de Paris, contenant que pendant long tems les Maîtres Cuisiniers-Traiteurs n'ont pas osé entreprendre ouvertement sur la profession des Supplians; au contraire, lorsque quelques-uns d'eux ont été surpris en fraude, ils n'ont cherché qu'à pallier leurs fautes par des causes qui, quoique fausses & frivoles, étoient des reconnoissances formelles des droits des Pâtissiers; mais enfin les Traiteurs se sont lassés de se contraindre eux mêmes, ont formé des entreprises clandestines & indirectes: ils ont voulu acquérir la liberté d'exercer publiquement le métier des Pâtissiers, & un Arrêt du Parlement de Paris du 15 Janvier 1753, les y a autorisés par contravention aux Statuts du Suppliants, Arrêt qui entraîneroit la ruine entière de la Communauté des Patissiers, s'il n'y avoit tout lieu d'en esperer la cassation de la justice de Sa Majesté. Pour en faire connoître toute l'irrégularité, il est nécessaire de rendre compte non-seulement de la contestation sur laquelle il est intervenu, mais encore de quelques faits qui l'ont précédé. En 1742 les Jurés Patissiers s'étant transportés en la maison d'un

Gg ij

nommé Armandy, Traiteur, trouverent un de ses garçons occupé à faire un pâté sur une table, sur laquelle étoit un rouleau, des restes de pâte & une fleur-de-lys propre à faire les ornemens. Armandy qui s'étoit caché en voyant venir les Jurés-Pâtissiers, reparut, & dit qu'il ne travailloit point de la profession de Pâtissier, qu'il faisoit le pâté en question pour eux, & non pour d'autres. Les Jurés ne crurent pas qu'une pareille déclaration dusse les empêcher de saisir le pâté & les instrumens de leur métier ; Armandy assigné pardevant le Lieutenant-général de Police, en validité de la saisie, persiste à soutenir qu'il n'étoit point en contravention, que c'étoit sa belle-mere qui avoit voulu faire faire un pâté à son insçu ; qu'au reste on n'avoit trouvé qu'un seul pâté chez lui, & qu'étant destiné à son usage, on ne pouvoit pas lui en crime, il ajouta qu'il n'avoit point de four, & que c'étoit une preuve qu'il n'entreprenoit point sur la profession des Pâtissiers, que même les outils qu'on avoit saisi ne lui appartenoient pas & qu'il les avoient empruntés, & qu'enfin il étoit en état de prouver par un mémoire d'un Maître Pâtissier qu'il s'adressoit journellement à ce Maître pour lui fournir la pâtisserie dont il avoit besoin. Tous ces discours d'Armandy étoient une reconnoissance formelle qu'il n'avoit aucun droit à la pâtisserie, ni à l'usage du four ; mais il ne le disculpoit pas de la contravention dans laquelle on l'avoit surpris ; aussi par Sentence du 16 Mars 1742, la saisie fut-elle déclarée valable, & Armandy fut condamné aux dommages, intérêts & dépens des Jurés-Pâtissiers, avec défense de récidiver. Il forma opposition à cette Sentence, qui n'étoit que par défaut ; mais par une autre Sentence du 4 Mai suivant, il fut débouté de son opposition ; & ayant interjetté appel, ces Sentences furent confirmées, avec amende & dépens, par Arrêt contradictoire du 25 Février 1746, rendu sur les Conclusions du sieur Gilbert de Voisins, lors Avocat-Général. Le 29 Janvier 1746, les Jurés-Pâtissiers firent leur visite chez un autre Traiteur, nommé Nautier, qu'ils surprirent faisant des pâtés à la Mazarine, des ramequins & des feuillages découpés ; les Jurés firent saisir ces marchandises & differens ustensiles servant à la pâtisserie ; sur l'assignation donnée à Nautier, devant le Lieutenant-Général de Police, le langage de ce Traiteur fut assez conforme à celui qu'avoit tenu Armandy en 1742 ; il dit que les ouvrages de pâtisseries qu'on avoit saisis, n'étoient pas pour vendre, mais qu'ils étoient destinés à sa nourriture & à celle de sa famille ; qu'à l'égard du four qu'il avoit dans sa maison, ce n'étoit point lui qui l'avoit fait construire, que c'étoit le propriétaire de cette maison, & que pour le faire boucher, les Jurés devoient se pourvoir à ce propriétaire ; qu'au surplus lui Nantier, s'engageoit à ne s'en plus servir. Nantier étoit dans le même cas où s'étoit trouvé Armandy ; sa contravention étoit même plus considérable, en ce qu'il avoit un four dont il faisoit usage ; il reconnoissoit comme Armandy, qu'il ne pouvoit ni travailler à la pâtisserie, ni se servir d'un four, & il ne cherchoit qu'à diminuer la peine, en dissimulant la faute, il réussit dans ces objets, à ce qu'il ne fût condamné qu'en de très-legers dommages-intérêts ; mais on ne put, après ses propres aveux, se dispenser de lui faire défenses de récidiver & d'entreprendre sur la profession des Suppliants, d'ordonner l'exécution de leurs Statuts, de prononcer la confiscation des choses saisies, & d'enjoindre à Nautier de faire boucher son four, sinon permettre aux Jurés-Pâtissiers de le faire boucher à ses frais. Telles furent les dispositions de la Sentence contradictoire du 18 Février 1746, dont ni Nautier, ni sa Communauté n'oserent interjetter appel ; ce même Nautier continua néantmoins ses contraventions ; il y fut de nouveau surpris par les Jurés-Pâtissiers, le 10 Février 1751 ; on trouve & on fit saisir chez lui vingt-quatre pâtés à la Mazarine, neuf puits d'amour, un tour à pâte, plusieurs tourtieres, & differens ustensiles de pâtisserie. C'est cette saisi qui a donné lieu à la contestation sur laquelle est intervenu l'Arrêt dont les Suppliants se plaignent : Nautier assigné d'abord à la Police, comprit, qu'attendu la récidive, il ne devoit pas esperer d'y être traité favorablement ; il se laissa condamner par défaut le 2 Avril 1751 ; les condamnations furent les mêmes que celles qui avoient été prononcées en 1746, excepté que les dommages-intérêts furent arbitrés à une somme plus forte ; mais Nautier interjetta appel de cette Sentence, & s'étant sans doute assuré de l'appui des Jurés de sa Communauté, il osa soutenir que son métier de Traiteur lui donnoit le droit de faire & fournir de la pâtisserie dans les repas qui lui étoient commandés ; qu'en conséquence il devoit lui être permis d'avoir un four. Les Jurés Traiteurs intervinrent en effet en cette Instance d'appel, & ils se porterent de leur chef Appellant des deux Sentences de Police rendues contre Nautier en 1746 & 1751. Nautier lui-même s'est rendu dans le cours de cette Instance, Appellant incidamment de la Sentence du 18 Février 1746. Les moyens des Suppliants ont été entierement simples; ils ont fait voir que par les articles 26 & 27 de leurs Statuts de 1566, enregistrés en 1567, ils avoient le droit indéfini & exclusif de travailler à la pâtisserie ; que ces Statuts avoient été confirmés par Henri III. en 1576, par Louis XIII. en 1612, par Louis XIV. en 1653, & enfin par des Lettres patentes du mois Juin 1707, enregistrées sans oppositions, & portant non-seulement la confirmation en général de leur Statuts, mais renouvellant même expressément la défense à toutes personnes d'entreprendre sur la profession des Suppliants ; qu'en vains les Traiteurs argumenteroient de leur propre Statuts de 1663, qui porte, article 27, qu'en conséquence d'un Arrêt du Parlement de Paris de 1614, ils pourront, à l'exclusion de toutes personnes, entreprendre nôces & festins, & fournir à cet effet toutes choses nécessaires, qu'ils prendront ainsi qu'il est dit par cette Arrêt. 1°. Que ces Statuts des Traiteurs ne contiennent point de dérogations à ceux des Pâtissiers. 2°. Que les Lettres-patentes de de confirmation accordées en 1707, à ces derniers, sont postérieures auxdits Statuts des Traiteurs. 3°. Que l'Arrêt de 1614 n'a permis aux Traiteurs que d'entreprendre les nôces & festins, & d'y fournir les choses nécessaires; mais ne leur a point donné la faculté de faire eux-mêmes la pâtisserie, ou que s'il s'est glissé dans cet Arrêt quelques expressions équivoques sur ce point, elle doit être sainement entendue, & ne peut d'ailleurs être opposée aux Pâtissiers, qui n'étoient point partie dans cet Arrêt de 1614, & qui d'ailleurs ont pris la précaution d'y former, en tant que de besoin, leur tierce opposition. 4°. Que ce même Arrêt de 1714 autorise les Traiteurs à larder & apprêter les volailles & gibiers, à la charge de les acheter des Rotisseurs, & que par cette disposition du moins conserve-t-il à ces derniers le droit de vendre seuls la volaille & le gibier, & leur assure-t-il un gain proportionné à leur peine ; que pareillement d'autres Arrêts obligent les Traiteurs de prendre le lard, la chair de porc & les jambons chez les Chaircuiriers ; mais qu'en privant les

Pâtissiers de la pâtisserie, ce seroit les dépouiller de l'objet unique de leur profession ; qu'au fond il est de l'ordre public que chaque état soit fixé de maniere qu'on ne puisse pas empieter sur l'autre : que les Cuisiniers-Traiteurs ont été érigés en Communauté, dans l'objet de faire la cuisine & les apprêts de viande non attribués à d'autres Communautés ; & que se bornant à ce principe de leur établissement, il s'ensuit qu'ayant besoin de pâtisserie dans leurs repas, ils doivent la faire faire par des Pâtissiers, à moins que comme ceux-ci, pour être en droit de faire des nôces & festins, se font recevoir Traiteurs, les Traiteurs de leur côté pour faire de la pâtisserie, ne se fissent recevoir Maîtres Pâtissiers ; qu'après tout la prétention des Traiteurs tend à ruiner entierement le commerce des Supplians : car si la fourniture de la pâtisserie dans les repas commandés aux Traiteurs est interdite aux Pâtissiers, il ne leur reste presque plus rien à faire, puisque c'est précisément dans ces grands repas pour lesquels on s'adresse d'ordinaire aux Traiteurs, que se trouvent les meilleures occasions de travail & de bénéfice pour les Pâtissiers ; qu'au reste ceux-ci ont la possession en leur faveur, nul Traiteur ne pouvant dire qu'il soit dans l'usage habituel de fournir par lui-même de sa propre façon la pâtisserie dans les repas qu'il donne, si ce n'est clandestinement ; que même le droit des Pâtissiers a été formellement reconnu par Armandy & par Nautier, Maîtres de leur Communauté, qui ne peuvent être soupçonnés d'avoir ignoré les bornes & l'étendue de leur profession ; qu'inutilement les Jurés-Traiteurs disent-ils que les déclarations de ces deux membres de leur Communauté n'ont pu porter préjudice à tout le corps ; que ce principe ne peut avoir ici une juste application, parce que les déclarations dont il s'agit ici ont été bien méditées & réfléchies ; qu'il n'est pas même possible que la Communauté n'ait été instruite des saisies faites en 1742 & 1746, sur ces deux Maîtres ; & qu'ayant regardé leur condamnation d'un œil tranquille, elle a reconnu elle-même qu'ils étoient en contravention ; qu'enfin cette contravention, tant d'Armandy que de Nautier, a donné lieu à des Jugemens dont il résulte qu'aux titres des Pâtissiers se réunit l'autorité de la chose jugée, & que les Apels, tant directs qu'incidents, interjettés, soit par les Traiteurs, soit par Nautier, ne sont pas capables d'affoiblir cette autorité, puisque du moins ces Appels ne peuvent-ils jamais frapper sur l'Arrêt du 15 Février 1744. Tels ont été les moyens des Suppliants sur l'objet principal du Procès, qui étoit de sçavoir si les Traiteurs peuvent faire la pâtisserie des repas qu'ils fournissent ; c'étoit la deuxieme question, s'il doit être permis aux Traiteurs d'ouvrir un four, & à cet égard les Jurés-Pâtissiers disoient que le four avoit été de tout tems affecté singulierement aux Pâtissiers & aux Boulangers ; & que quand Sa Majesté avoit établi des droits pour la visite des fours, ces droits avoient été payés par les Pâtissiers ; mais qu'on n'avoit point imaginé de les demander aux Traiteurs ; qu'au reste ceux-ci ne pouvant point exercer l'art de la pâtisserie, il étoit de conséquence qu'on ne devoit point leur permettre d'avoir des fours, parce que ce seroit leur faciliter les contraventions, sans que les Jurés-Pâtissiers pussent les empêcher, ne leur étant pas possible d'être tous les jours occupés à examiner si les Traiteurs ne se serviront point de leur four pour faire la pâtisserie ; que vainement les Jurés-Traiteurs prétendent-ils avoir besoin du four pour plusieurs mets & ragouts, indépendamment même du métier de Pâtissier. Il est d'abord certain dans le fait, que les plus fameux d'entre les Traiteurs n'en ont point, preuve certaine qu'ils peuvent aisément s'en passer ; & que dans le droit tout au plus il doit leur être permis d'avoir des fours portatifs, appellés fours de campagne ; mais que le grand four, le four bâti à demeure doit leur être interdit, pour prévenir les fraudes ; qu'au surplus Armandy & Nautier ont expressément reconnu qu'ils n'avoient pas la faculté d'user de cet espece de four, & que leurs reconnoissances étoient devenues des contrats en Justice, au moyens des Jugemens dans lesquels elles étoient libellées. Les Supplians ont eu le malheur inopiné de voir échouer tous les moyens ; l'Arrêt du 15 Janvier 1753, sans avoir égard à leur tierce opposition à l'Arrêt de 1614, & à d'autres de 1751 qui y étoient conformes, ni à leurs demandes, dont il les a débouté, a ordonné que les Statuts des Traiteurs, & lesdits Arrêts de 1614 & 1751, seront exécutés ; en conséquence a mis les appellations & ce au néant : émandant a déchargé Nautier des condamnations contre lui prononcées, déclaré nulles les saisies sur lui faites ; ordonne la restitution des choses saisies, maintient les

Traiteur

Traiteurs dans le droit & possession d'avoir un four, & d'y faire les pâtisseries & autres choses nécessaires pour les repas qui leur seroient commandés, sans pouvoir vendre de pâtisserie en détail & séparément desdits repas; a fait défenses aux Pâtissiers de les y troubler, & a condamné les Pâtissiers en l'amende de leur tierce opposition, & en tous les dépens des causes principales, d'appel, interventions & demandes envers Nautier & les Jurés Traiteurs, même en ceux de Nautier contre lesdits Traiteurs. C'est contre cet Arrêt que les Supplians implorent la Justice de Sa Majesté. Les moyens de cassation se présentent d'eux-mêmes; le premier est tiré de la contravention aux Statuts des Supplians. Les Lettres-patentes, approbatives & confirmatives des Statuts des Communautés, interessent l'ordre & le bien public, en ce qu'elles tendent à former & regler des états dans la société; & lorsque ces Lettres sont enregistrées, les Statuts qu'elles autorisent deviennent des Loix publiques, dont les Cours ne peuvent s'écarter. Sa Majesté elle-même dans l'article 7, titre 1 de l'Ordonnance de 1667, met en général les Lettres-patentes aux rangs des Ordonnances ès Loix publiques : or les dispositions des Statuts des Supplians ont été ouvertement méprisées par l'Arrêt dont ils se plaignent. L'article 26 de ces Statuts fait défenses à tous Cuisiniers & autres personnes d'entreprendre aucunes nôces, banquets, ni en icelles fournir pâtisseries, volailles, viandes & gibiers, ni rien faire contre & aux préjudice des Pâtissiers, Rotisseurs, Poulaillers. L'article 22 porte, qu'aucunes personnes ne pourront faire ouvrage de pâtisserie ou oublageries, ni user ou mettre en œuvre pâte & office d'œufs ou sucre, s'ils ne sont Maîtres dudit métier; il est évident que l'Arrêt du 15 Janvier 1733, à contrevenu à cette Loi. Il est vrai que postérieurement les Traiteurs ont obtenu des Statuts, dont on a vû ci-dessus la disposition; mais 1°. ces Statuts des Traiteurs ne renvoyent point ceux des Supplians, & l'on ne peut pas dire que la dérogation qui s'y trouve en termes généraux, à toutes Ordonnances & Reglemens contraires, tombe sur les Statuts des Pâtissiers; car une pareille dérogation devient naturellement sans objet, lorsque la Loi antérieure peut se concilier avec la Loi postérieure, & cette conciliation est ici extrêmement facile, en observant que l'article 26 des Statuts des Pâtiss

H h

siers, est révoqué en faveur des Traiteurs, quand à la défense d'entreprendre nôces & festins, & d'y fournir toutes choses nécessaires ; mais qu'il n'est point ajouté que les Traiteurs pourront faire par eux-mêmes tout ce qu'ils fourniront ; dont il résulte par l'article 27 des Statuts des Pastissiers subsiste dans la défense qu'il porte à toutes personnes d'entreprendre sur le métier de Pastissier. Les Supplians, au surplus ont fait voir ci-dessus qu'ils avoient satisfait à toutes les objections que les Traiteurs avoient tiré de l'Arrêt de 1614. 2°. Le feu Roi en donnant des Statuts aux Traiteurs, a eu si peu intention d'anéantir ceux des Supplians, qu'il les a de nouveau confirmé par Lettres-patentes de 1707, dont l'article 6 renouvelle en termes exprès les défenses à tous particuliers d'entreprendre sur la profession de Pastissier ; ces Lettres-patentes duement enregistrées sont postérieures aux Statuts des Traiteurs ; elles forment la derniere Loi qui établit les bornes respectives des deux métiers : le Parlement n'a donc pu sans donner atteinte à cette loi, autoriser les Traiteurs à faire la pastisserie. Un second moyen de cassation résulte de ce que l'Arrêt dont il s'agit, tend manifestement à la ruine de la Communauté des Pastissiers, aux droits de laquelle on devoit néanmoins avoir égard, par deux raisons ; la premiere, que cette Communauté a été établie par l'autorité souveraine, qui seule peut introduire, & qui seule aussi peut réformer & réduire les divers états. La seconde, que la profession des Supplians entrant dans l'économie & l'ordre de la société, l'anéantissement de cette profession entraîne le dérangement de cet ordre : dans le fait, nul doute que le métier des Supplians ne se trouve réduit à rien, si l'Arrêt en question subsiste ; car c'est principalement aux nôces & aux festins que les Pastissiers peuvent trouver les plus favorables occasions d'exercer leur métier, & de se procurer les moyens, soit de faire vivre eux & leur famille, soit de contribuer aux charges publiques ; le surplus de ce qu'ils peuvent faire ne consiste que dans un petit détail qui n'est pas capable de soutenir le quart des Maitres qui composent la Communauté. D'ailleurs, en donnant aux Traiteurs la liberté de faire la pastisserie de tous les repas qu'ils fourniffent, il est aisé de concevoir qu'on leur facilite le moyen d'en pousser l'entreprise plus loin. En vain l'Arrêt leur défend-t-il de vendre de la pastisserie en détail & séparément desdits repas, ils auront toujours quelques repas à supposer lorsqu'ils seront surpris en contravention; mais de plus, que l'on s'attache au principe de l'établissement des deux Communautés, & l'on ne doutera point que l'ordre public ne soit interverti par l'Arrêt du 15 Janvier 1753. Dans l'origine les Rotisseurs & Patissiers étoient les seuls qui pussent entreprendre des nôces & festins; les Cuisiniers n'étoient alors que des gens employés à la journée par les uns & par les autres; on les a érigés en Corps, & leur commerce est un démembrement des professions des Rotisseurs & des Patissiers; mais pour sçavoir jusqu'à quel point chacune de ces deux professions a dû supporter ce démembrement, il faut considérer séparément leur objet. Le commerce des Rotisseurs est double; ils vendent la la volaille & le gibier dans leur nature & sans apprêt, ils peuvent aussi les vendre picqués, bardés & rôtis, cette derniere partie ne consistant que dans un apprêt dont le Traiteur est capable, on la lui a adjugée pour les repas qu'il fournit; mais on a conservé au Rotisseur l'autre partie de son commerce & un gain proportionné à sa peine en cette partie, en obligeant le Traiteur de prendre chez lui la vollaille & le gibier en nature. La position où se trouve le Patissier est bien différente, & c'est assez qu'il ait été privé du droit qu'il avoit d'entreprendre des repas; moyennant cette privation il ne lui reste qu'un objet unique de commerce, qui consiste dans une maniere d'apprêter les viandes, volailles & gibier, & qui lui étant spécialement attribué, ne peut être communiqué en aucune partie aux Traiteurs. On ne verra point en effet d'exemple de Communauté, qui n'ayant qu'un seul attribut, le partage avec d'autres; il est sensible que la concurrence opéreroit sa destruction. Les Cuisiniers-Traiteurs sont donc établis pour y fournir des repas, y faire tout ce qui dépend de la cuisine; mais ils ne peuvent pas entreprendre des apprêts particulierement affect.s à d'autres Communautés, comme l'est la patisserie aux Patissiers; & c'est ici qu'on doit singulierement faire l'application du principe, que chaque profession doit être renfermée dans ses bornes, & que l'une ne doit point s'arroger les droits de l'autre. Ce principe a déterminé le Parlement à rendre le 11 Juillet 1741 un Arrêt, par lequel les Chaircuitiers ont été maintenus dans le droit de vendre

& faire seuls des jambons de pays, & il a été seulement permis aux Traiteurs de les employer dans leurs repas, en les achetant néanmoins des Chaircuitiers : où la raison est la même, la décision doit être la même ; l'apprêt du jambon est du district particulier du Chaircuitier, le Traiteur en conséquence, n'en doit fournir qu'en l'achetant du Chaircuitier ; de même la pâtisserie est l'objet particulier & spécial du Pâtissier, le Traiteur ne doit donc la fournir dans les repas qu'à la charge de la faire faire par le Pâtissier ; en décidant le contraire le Parlement a commis une iniquité évidente, puisque la décision tend à la ruine de la Communauté des Pâtissiers. Une iniquité de cette espece est un moyen suffisant pour faire rétracter l'Arrêt dont il s'agit. Un troisieme moyen de cassation, qui tombe en particulier sur le point de sçavoir si les Traiteurs peuvent avoir un four semblable à celui des Pâtissiers, consiste en ce que le Parlement le permettant aux Traiteurs, semble avoir méconnu un principe de droit public ; sçavoir, que pour éviter qu'une Communauté entreprenne sur l'autre, il s'agit de lui en ôter les moyens & les occasions ; l'esprit d'intérêts l'emporte souvent sur les plus sévères précautions ; mais on lui donne le tort, lorsqu'on lui prépare toutes les circonstances qui le conduisent à le satisfaire, & tel est l'inconvenient qui résulte évidemment de la faculté accordée aux Traiteurs d'avoir un four ; cette faculté les induit en tentation continuelle de faire la pâtisserie. Les Traiteurs à la vérité ont prétendu que le four leur étoit nécessaire, même pour des mets indépendants de la pâtisserie ; mais il a été vérifié au Procès, que leur allégation étoit également fausse dans le fait & dans le droit ; dans le fait, puisque les Traiteurs de Paris les plus occupés, n'ont jamais eu de four ; dans le droit, puisque supposé que quelque mets par hasard, pour être plus finement préparé, demande une apparence de cuisson semblable à celle du four, le four de campagne est suffisant à cette fin. Il est facile, en un mot de sentir combien l'usage du four de la part du Traiteur est capable d'autoriser des contraventions, sans que la plus exacte vigilance des Jurés-Pâtissiers puisse les en mettre à couvert. Le Parlement n'a donc pû permettre aux Traiteurs d'avoir un four, sans violer les Statuts des Pâtissiers, & les Lettres-patentes de 1707, qui ont eu pour objet d'empêcher les Traiteurs & autres de faire la pâtisserie. Enfin, il résulte un quatrieme & dernier moyen de cassation, de ce que le Parlement n'a point eu d'égard à l'autorité de la chose jugée; il avoit décidé par son Arrêt de 1744, contre Armandy, que les Traiteurs n'avoient le droit ni de faire la pâtisserie, ni d'avoir un four; & cet Arrêt avoit été rendu sur les Conclusions du Ministere public, ce qui fait cesser l'objection des Jurés-Traiteurs, qui argumentent de ce qu'ils n'étoient point parties dans cet Arrêt; mais le Ministere public y puisoit leurs intérêts. L'Ordonnance de 1667, titre 35, article 32, porte que les Arrêts & Jugemens en dernier ressort ne pourront être rétractés, sous prétexte de mal jugé au fond, s'il n'y a ouverture de requête civile; cependant le Parlement paroit n'y avoir rétracté son Arrêt de 1744, pour raison du mal jugé au fond, puisqu'il lui a plû de juger formellement le contraire. Il y a plus, l'autorité de cet Arrêt étoit irréfragable, comme ayant la force de chose jugée. Suivant l'article 5, titre 23 de la même Ordonnance, cette chose jugée devoit avoir d'autant plus de poids, qu'elle étoit conforme aux aveu & déclaration de la Partie: foible ressource de la part des Jurés-Traiteurs, & dont on a ci-dessus fait voir l'illusion, de dire que la déclaration d'un membre de leur Communauté n'a pu préjudicier aux droits du Corps. 1°. Il n'est pas à supposer que cette déclaration d'Armandy n'ait point été concertée dans les colloques de sa Communauté. 2°. On apperçoit le vœu commun des Traiteurs, dans la conformité qui se trouve entre la déclaration de Nautier en 1746, & celle d'Armandy en 1742; il n'y a pas lieu de douter que la prétention des Traiteurs, accueillie par ce dernier Arrêt, n'ait été une prétention toute nouvelle, qui devoit par cette raison seule être rejettée. Outre l'Arrêt de 1744, la Sentence même de 1746 auroit dû être regardée comme emportant également l'autorité de la chose jugée, soit parce qu'elle n'étoit que la suite & l'exécution de l'Arrêt de 1744, soit parce qu'elle condamnoit Nautier sur ses propres aveux, soit enfin, parce que dans ces circonstances, l'appel n'en étoit pas recevable; ainsi tout se réunit pour faire anéantir l'Arrêt dont on se plaint. Pour justifier de ce que dessus, les Suppliants joignent à la présente Requête les pieces suivantes: la premiere est un imprimé des Statuts, Lettres-patentes du 28 Juin

1707 ; Sentence & Reglemens de la Communauté des Supplians ; la seconde est copie du dispositif d'un Arrêt du 11 Juillet 1741, rendu entre les Traiteurs & les Charcuitiers ; la troisieme est emploi de l'Arrêt du 15 Février 1744, contre Armandy ; la quatrieme du 29 Janvier 1746, est un Procès-verbal de saisie faite à la requête des Jurés-Pâtissiers, sur le nommé Nautier ; la cinquieme, du 4 Février suivant, est copie signifiée des défenses de Nautier sur ladite saisie ; la sixieme du 5 du même mois, sont les réponses des Jurés-Pâtissiers auxdites défenses ; la septieme est la Sentence de Police du 18 Janvier 1746 ; la huitieme du 10 Février 1751, est le Procès-verbal du Commissaires qui constate la deuxieme contravention de Nautier ; la neuvieme, du 15 du même mois, est une Requête verbale des Jurés-Pâtissiers ; la dixieme, du 10 Avril 1751, est la Sentence qui a condamné Nautier pour cette seconde contravention ; les onze douze, treize & quatorzieme, sont les Mémoires respectifs des Parties dans l'instance sur laquelle est intervenu l'Arrêt du 15 Janvier 1753 ; la quinzieme & derniere, est un imprimé dudit Arrêt du 15 Janvier, & signifié aux Supplians le 20 Février 1753. A CES CAUSES, requéroient les Supplians qu'il plût à Sa Majesté casser, révoquer & annuller lesdits Arrêts du Parlement de Paris, du 15 Janvier 1753, & tout ce qui s'en est ensuivi ; évoquer les demandes & contestations sur lesquelles ledit Arrêt est intervenu, & icelles, circonstances, dépendances, renvoyer en telle Cour qu'il plaira à Sa Majesté, pour y être fait droit aux Parties ainsi qu'il appartiendra ; lui attribuer à cet effet toute Cour, Jurisdiction & connoissance ; icelle interdire à ses autres Cours & Juges : si mieux n'aime Sa Majesté retenir à Elle & à son Conseil la connoissance desdites demandes & contestations ; & en ce cas, ordonner que les Parties écriront & produiront sur le fond desdites demandes & contestations, pour au rapport de tels des sieurs Maîtres des Requêtes qu'il plaira à Sa Majesté commettre, & y être statué ainsi qu'il appartiendra. Ordonner que l'amende consignée par les Supplians leur sera rendue ; à ce faire le Receveur des Amendes contraint : quoi faisant, il en sera bien & valablement déchargé ; condamner les Jurés & Communauté des Traiteurs, & ledit Nautier, aux dépens & au coût de l'Arrêt qui interviendra. Vû ladite Requête signée Georges de la Roche, Avocat des Supplians, & de l'Argentiere, & du plus ancien Avocat, & les pieces y jointes, justificatives d'icelles : Ouï le rapport du sieur Amelot, Chevalier, Conseiller du Roi en ses Conseils, Maître des Requêtes ordinaire de son Hôtel, Commissaire à ce député, qui en a communiqué aux Commissaires députés par le Bureau des Cassations : LE ROI EN SON CONSEIL, a débouté & déboute les Supplians de leurs demandes en cassation de l'Arrêt du Parlement de Paris du quinze Janvier mil sept cent cinquante-trois, & les a condamnés en l'amende. FAIT au Conseil d'Etat privé du Roi, tenu à Versailles le quatre Mars mil sept cent cinquante-quatre. Collationné. *Signé*, COGORDE, avec paraphe.

Cet Arrêt a été recouvré & imprimé à la diligence, par les soins & pendant la Jurande des sieurs Benoist, Breuillard, Devaux & Gien, en 1763.

De l'Imprimerie de LE BRETON, Imprim. ordin. du ROI. 1763.

ARREST
DU CONSEIL D'ETAT DU ROI,

QUI fait défenses aux Marchands de Vin de la Ville & Fauxbourgs de Paris, d'entreprendre sur la profession des Maîtres Traiteurs, & notamment de loger ni tenir Chambres garnies, d'avoir des Cuisiniers, Etalages de Viande, apprêter ni faire apprêter aucuns Ragoûts, faire chez eux les Festins de Nôces & Lendemains, ni d'avoir aucunes Enseignes ni Ecriteaux portant indication à cet effet.

Maintient les Traiteurs dans le droit d'avoir dans leurs caves toutes sortes de Vins nécessaires pour la fourniture des Repas, Nôces, Festins, Banquets & Collations qu'ils entreprendront, soit dans leurs maisons, soit chez les particuliers; condamne DENAN, DEMAY, LEBLANC & Consorts, & LE CORPS ET COMMUNAUTÉ DES MARCHANDS DE VIN, aux dépens.

Du 20 Mars 1764.

Extrait des Registres du Conseil d'Etat.

VU au Conseil d'Etat du Roi la Requête présentée en icelui par les Maîtres & Gardes en Charge du Corps des Marchands de Vin de la ville & fauxbourgs de Paris, par laquelle, pour les causes y énoncées, ils auroient conclu à ce qu'il plût à Sa Majesté, sans avoir égard à l'Arrêt du Parlement de Paris, du dix huit Décembre mil sept cent quarante-cinq, qui seroit cassé & annullé, ainsi que tout ce qui auroit pu s'en être ensuivi,

A

ordonner que les articles II. & XXIV. de leurs Statuts, l'Ordonnance des Aydes du mois de Juin 1680, spécialement les articles IV & VII. du titre 3 des Droits de détail, les Edits, Déclarations, Arrêts & Réglemens rendus en conséquence, les Lettres-patentes du 23 Juin 1745, & les Sentences du Lieutenant-général de Police, des 26 Juillet 1743, & 3 Juillet 1744, seroient exécutés selon leur forme & teneur; en conséquence que les dépens auxquels les Supplians auroient été condamnés par ledit Arrêt du Parlement, si aucuns avoient été payés, leur seroient rendus & restitués, & condamner la Communauté des Traiteurs au coût de l'Arrêt qui interviendroit; sur laquelle Requête seroit intervenu le 7 Mai 1746, Arrêt qui auroit ordonné qu'elle seroit communiquée à la Communauté des Maîtres Traiteurs, pour y répondre dans le délai du Réglement; la signification de ladite Requête faite le seize dudit mois à la Communauté des Maîtres Traiteurs, par de Seignerolle, Huissier au Conseil; l'acte par lequel M° Bontoux, Avocat au Conseil, auroit déclaré à M° Sériny, Avocat des Maîtres & Gardes des Marchands de Vin, qu'il avoit charge d'occuper pour la Communauté des Maîtres Traiteurs; la signification dudit acte, faite le 4 Juin 1746, par le Page, Huissier au Conseil, audit M° Sériny; l'Arrêt du Conseil du 11 Juin 1746, qui, sans avoir égard à l'Arrêt du Parlement du 18 Décembre 1745, que Sa Majesté auroit cassé & annullé, ainsi que tout ce qui auroit pu s'être ensuivi, auroit ordonné que les articles II. & XXIV. des Statuts des Marchands de Vin, l'Ordonnance des Aydes du mois de Juin 1680, spécialement les articles IV. & VII. du titre 3 des Droits de détail, les Edits, Déclarations, Arrêts rendus en conséquence, & les Lettres-patentes du 25 Juin 1745, seroient exécutés selon leur forme & teneur; en conséquence que les Sentences du Lieutenant-général de Police de Paris, des 26 Juillet 1743, & 3 Juillet 1744, seroient pareillement exécutées selon leur forme & teneur; comme aussi que les dépens auxquels les Maîtres & Gardes du Corps des Marchands de Vin auroient été condamnés par ledit Arrêt du Parlement, si aucuns avoient été payés, leur seroient rendus & restitués, & auroit condamné la Communauté des Traiteurs au coût & levée du présent Arrêt: la signification dudit Arrêt faite par Brisset, Huissier au Conseil, le 18 Juin 1746, à la Communauté des Traiteurs, & à M° Bontoux, leur

Avocat : la Requête des Doyen, Jurés & Communauté des Maîtres Traiteurs de la ville & fauxbourgs de Paris, par laquelle ils auroient exposé, que s'étant présentés le 4 Juin, c'est-à-dire, cinq jours avant l'échéance des délais prescrits par les Réglemens du Conseil, ils auroient conclu à ce que l'Arrêt du 11 Juin 1746, fût déclaré nul, & que la Communauté des Marchands de Vin fût condamnée en 200 livres de dommages-intérêts, & aux dépens ; la signification de ladite Requête faite le 20 Juin 1746, par Camusat, Huissier au Conseil, à Me de Sériny, Avocat du Corps des Marchands de Vin : la Requête des Maîtres & Gardes du Corps des Marchands de Vin de la ville & fauxbourgs de Paris, par laquelle après être convenu que leur Défenseur leur avoit donné avis de l'acte de présentation des Traiteurs, ils auroient conclu à ce que les Traiteurs fussent déboutés de leur demande ; la signification de ladite Requête, faite à Me Bontoux, Avocat au Conseil, & de ladite Communauté des Traiteurs, le 22 Juin 1746 : la Requête des Doyen-Jurés & Communauté des Traiteurs de la ville & fauxbourgs de Paris, tendante à ce que leurs précédentes conclusions leur fussent adjugées ; la signification de ladite Requête faite le 25 Juin 1746, par Dants, Huissier au Conseil, à Me de Sériny, Avocat du Corps des Marchands de Vin : autre Requête desdits Doyen, Jurés & Communauté des Traiteurs, par laquelle, pour les causes y contenues, ils auroient conclu à ce qu'ils fussent reçus opposans à l'Arrêt du 11 Juin 1746, sinon déclarer les Maîtres & Gardes du Corps des Marchands de Vin, non-recevables dans leur demande, ou en tout cas les en débouter ; les condamner en 3000 liv. de dommages-intérêts, & en tous les dépens, sans préjudice de plus amples conclusions, même de prendre contre les Lettres-patentes surprises au mois de Mai 1745, par la Communauté des Marchands de Vin, ainsi qu'ils aviseroient ; la signification de ladite Requête, faite le 27 Octobre 1746, par de Romigny, Huissier au Conseil, à Me de Sériny, Avocat du Corps des Marchands de Vin : l'Arrêt du Conseil du 27 Décembre 1746, qui sans avoir égard à la demande en nullité de l'Arrêt du Conseil d'Etat du 11 Juin 1746, formée par la Communauté des Maîtres Traiteurs, dont Sa Majesté les auroit débouté & déboute, auroit ordonné que ledit Arrêt du Conseil seroit exécuté selon sa forme & teneur ; la signification dudit Arrêt faite le 13 Janvier 1747, à la Com-

A ij

munauté des Traiteurs, à Mᵉ Bontoux & à Tisserand, leurs Avocat & Procureur: l'acte signifié du 18 dudit mois de Janvier, d'opposition des Maîtres Traiteurs de Paris, à l'exécution de l'Arrêt du 11 Juin 1746: l'Edit du mois de Mars 1577, qui auroit ordonné que ceux qui voudroient tenir Hôteleries, Tavernes & Cabarets, prendroient des Lettres de permission du Roi, & qui leur auroit enjoint de mettre à leurs maisons, l'inscription, Hôtelerie, Cabaret ou Taverne : l'Arrêt du Parlement du 30 Avril 1579, par lequel il auroit été fait défenses aux Hôteliers & Cabaretiers, de recevoir chez eux des domiciliés pour boire, manger & loger, mais seulement des étrangers passans : l'Edit du 3 Décembre 1581, par lequel il auroit été ordonné, qu'à l'exemple des Hôteliers & Cabaretiers, les Marchands de Vin en gros seroient tenus de prendre des permissions du Roi pour vendre & trafiquer le vin en gros ; autre l'Edit du mois de Décembre 1585, qui auroit établi en Corps, Confrairie & Communauté, les Marchands de Vin en gros, Hôteliers & Cabaretiers, & qui leur auroit permis de convertir tous leurs vins amers, poussés & étonnés, d'avoir des pressoirs, & faire cendres gravelées, à la charge de prendre dans un an des Lettres de provision du Roi: autre Edit en forme de Statuts du 9 Septembre 1587, l'article premier des Lettres-patentes du mois de Mars 1599 : direction en Communauté des Maîtres Queulx-Cuisiniers, Porte-Chapes de la ville de Paris, par lequel il seroit dit, que les Rotisseurs, Pâtissiers, Chaircuitiers ou autres personnes, de quelques métiers qu'ils fussent, ne pourroient entreprendre sur celui de Maître Queulx, pour faire Nôces, Festins & Banquets, tant en leurs maisons qu'en autres lieux, si ce n'est chacun de leur métier, à peine d'amende. L'Arrêt contradictoire du Parlement du 18 Janvier 1614, qui auroit accordé aux Maîtres Queulx-Cuisiniers-Traiteurs, l'exclusion de tous les Festins de Nôces, Banquets, Collations & autres Repas. L'Arrêt du Conseil d'Etat du 29 Mai 1615, qui auroit confirmé la franchise des Marchands de Vin, tant en gros qu'en détail, Hôteliers & Cabaretiers. L'article IX de la Déclaration du Roi du 20 Février 1644, par lequel il seroit dit, que tous Marchands de Vin qui seront trouvés vendant Vin en détail en leurs maisons, autrement qu'à huit coupé, & peinte renversée, seroient réputés Cabaretiers & vendant vin par assiette. Les Statuts du Corps & Communauté des Marchands de Vin, tant en gros qu'en détail, Hôteliers & Cabaretiers de Paris, du 13 Juillet 1647, qui auroient ordonné par l'article II. qu'ils seroient & demeureroient à l'avenir comme par le passé, unis & incorporés en un seul Corps & Communauté, régis & gouvernés par mêmes Statuts & mêmes Gardes, sans qu'ils puissent être séparés les uns des autres articles: XXII. & XXIII, que nuls Hôteliers, Cabaretiers, ne pourroient vendre ni donner en sa maison aucune viande pendant le Carême & autres jours défendus par l'Eglise, ni pendant le Service divin : article XXIV, que pour distinguer les Hôteliers & Cabaretiers des Marchands de Vin en gros & en détail, nul ne seroit tenu ni reputé Cabaretier ou Hôtelier, s'il ne servoit à table couverte de nappe & assiettes dessus pour mettre de la viande. L'Arrêt du Parlement du 8 Août 1662, qui auroit fait défenses aux Marchands de Vin de se mêler du métier de Cuisinier-Traiteur. Les Statuts des Maîtres Queuls-Cuisiniers-Traiteurs, du 9 Juillet 1663, portant, article XXII, que défenses sont faites à toutes personnes d'entreprendre aucunes Nôces, Festins, Banquets, Collations & autres choses dépendant dudit Art, tenir Salles & Maisons propres à cet effet, exposer écritaux ni plats de gelée, article XXXVII, que lesdits Maîtres Queulx-Cuisiniers-Traiteurs entreprendront exclusivement tous Festins, Nôces, Banquets, Collations & autres repas dépendant de leur Art, dans toutes les Maisons royales, & chez les Particuliers : article XXX, défenses sont faites à tous Marchands de Vin, Taverniers, Cabaretiers & autres, de contrevenir à l'Arrêt du Parlement du 8 Août 1662. Les Lettres-patentes du premier Août 1663, portant confirmation desdits Statuts. L'Arrêt du Parlement du 5 Avril 1672, confirmatif d'une Sentence de Police du 12 Mai précédent, qu'il auroit fait main-levée au nommé le Clerc, Calmar, Landreau, Biffard, Leger, Barbier & Simon, Marchands de Vin, Cabaretiers, de pigeons & veau en ragoût, & de poulets d'Inde à la daube. La Déclaration du Roi du 29 Novembre 1680, qui, sur la signification des Marchands de Vin, Taverniers & autres, autorisés jusqu'alors à vendre du vin à huit coupé & pot renversé, qui sont du Corps de la marchandise de vin de Paris, leur auroit permis de donner à boire dans leurs maisons & caves, & de fournir tables, sièges, nappes, serviettes & viandes à ceux qui prendroient leurs repas en leurs maisons, sans qu'ils puissent avoir de Cuisiniers chez eux, étalages de viande, loger ni tenir Chambres garnies, & sans être reputés Cabaretiers. L'Arrêt du Conseil du 10 Juin 1698, & les Lettres-patentes du premier Juillet suivant, qui auroient ordonné l'exécution de la Déclaration du 29 Novembre 1680. L'Arrêt contradictoire du Parlement du 14 Mars 1701, qui auroit permis au douze & vingt-cinq privilégiés suivant la Cour, de fournir nappes, serviettes & viandes, qu'ils pourroient faire rôtir chez eux sur le gril & en broche, sans qu'ils puissent avoir des Cuisiniers, étalages de Viande, loger ni tenir Chambres garnies, apprêter ni faire apprêter aucun ragoût. Autre Arrêt contradictoire du Parlement, qui auroit fait défenses aux Marchands de Vin & Cabaretiers, de faire chez eux les Festins dans lesquels il entre des ragoûts, & qui auroit ordonné l'exécution de la Déclaration du Roi du 29 Novembre 1680, des Lettres du premier Juillet 1698, & de l'Arrêt du Parlement du 14 Mars 1701. La Déclaration du Roi du 15 Décembre 1704 en forme de Réglement, regiſtrée au Parlement; par l'article VI. de laquelle il auroit été fait défenses à toutes personnes d'entreprendre aucunes Nôces, Feſtins, Banquets, Collations & autres choses dépendantes de l'Art du Traiteur, tenir Salles & Maisons propres à cet effet, même d'en louer, exposer écriteaux ni plats de gelée; par l'article VII que l'Arrêt du Parlement du 4 Mai 1701, seroit exécuté. L'Arrêt contradictoire du Parlement, du premier Août 1705, qui après avoir ordonné l'exécution de la Déclaration du Roi du 29 Novembre 1680, des Lettres-patentes du premier Juillet 1698, & des Arrêts des 14 Mars & 4 Mai 1701, auroit permis auxdits Marchands de Vin, de donner à boire dans leurs maisons à ceux qui y viendroient prendre leurs repas, leur fournir nappes, serviettes & viandes qu'ils pourroient faire rôtir chez eux sur le gril & en broche, sans néanmoins qu'ils puſſent avoir des Cuisiniers, étalages de viande, loger ni tenir Chambres garnies, apprêter ni faire apprêter aucuns ragoûts, faire chez eux les Festins de Nôces, recevoir en leurs maisons les Compagnies de Nôces, ni fournir aucune chose, à peine d'amende & dommages-intérêts. Les Lettres-patentes du 12 Juillet 1707, par lesquelles, conformément à la Déclaration du Roi du 29 Novembre 1680, à l'Arrêt du premier Août 1705, & aux Lettres patentes du premier Juillet 1698, il auroit été permis à tous Marchands de Vin, de donner à boire dans leurs maisons & caves, fournir tables, sieges, nappes, serviettes & viande rôtie sur le gril & à la broche, sans qu'ils pussent avoir des enseignes de Traiteurs, des Cuisiniers, loger ni tenir Chambres garnies, ni pouvoir être réputés Cabaretiers. Autres Lettres-patentes du 29 Mai 1708, qui en confirmant les Statuts des Traiteurs, auroient fait défenses aux Marchands de Vin, de recevoir dans leurs Maisons aucunes Compagnies de Nôces, ni faire Festins, Banquets, Collations & autres choses dépendantes du métier de Traiteurs-Cuisiniers. L'Arrêt du Conseil du 30 Octobre 1708, qui sur les diligences que les Marchands de Vin auroient faites au Conseil contre les Lettres-patentes du 29 Mai 1708, les auroit renvoyés à procéder au Parlement. L'Arrêt contradictoire du Parlement du 19 Décembre 1709, qui auroit débouté les Marchands de Vin de leur opposition à l'enregistrement des Lettres-patentes du 29 Mai 1708, auroit ordonné qu'elles seroient registrées & exécutées, conformément à l'Arrêt du premier Août 1705, & auroit permis aux Cuisiniers-Traiteurs, de faire des visites chez les Marchands de Vin en présence d'un Commissaire au Châtelet. Les Procès-verbaux du 3 Avril, 4 Août 1743, & 4 Février 1744, qui auroient constaté que les nommés Denan, Demay & le Blanc, Marchands de Vin, auroient fait apposer au-dessus des portes de leurs maisons, des écritaux indicatifs de Chambres garnies, & qu'ils recevoient des Compagnies de Nôces. Les Sentences de Police des 26 Juillet 1743, & 3 Juillet 1744, qui auroient débouté les Traiteurs de leurs demandes contre lesdits Denan, Demay & le Blanc. L'appel au Parlement desdites Sentences par la Communauté des Traiteurs. La Requête d'intervention des Gardes & Maîtres-Marchands de Vin, du 15 Décembre 1745. L'Arrêt contradictoire du Parlement du 18 dudit mois de Décembre 1745, qui auroit reçu les Marchands de Vin intervenans, & qui sans s'arrêter à leur intervention, auroit mis l'appellation & ce dont avoit été appellé au néant; émendant, auroit ordonné que l'Arrêt du Parlement du mois d'Août 1705, & autres Réglemens, seroient exécutés; défenses aux Marchands de Vin d'entreprendre sur la profession des Traiteurs, & notamment de tenir ni loger en Chambres garnies, faire Nôces & Festins, même de recevoir aucunes Compagnies de Nôces, ou lendemain de Nôces, & auroit condamné Denan, Demay & le Blanc, en trois livres d'amende en leurs noms, & aux dépens, conjointement avec le Corps des Marchands de Vin. Vu pareillement la Requête présentée au Conseil par les nommés Delaitre, le Comte, Châtelet, Villepoix, Fontaine, Pegat, & les Maîtres & Gardes du Corps des Marchands de Vin, par laquelle, pour les causes y énoncées, ils auroient conclu, à ce qu'il plût à Sa Majesté déclarer commun, à l'égard de l'Arrêt du Parlement de Paris du 17 Mai 1746, celui du Conseil d'Etat du 11 Juin suivant; en conséquence casser & annuller ledit Arrêt du Parlement de Paris, du 17 Mai, & tout ce qui auroit pu s'être ensuivi. Ce faisant, maintenir & conserver les Hôteliers Cabaretiers qui sont du Corps des Marchands de Vin, dans le droit & la faculté de tenir Hôtellerie, Auberge & Cabaret, louer en Chambres garnies, & d'avoir écriteaux portant indication à ce sujet, conformément aux Réglemens; en conséquence les conserver dans le droit de la faculté de donner à manger, tant en gras qu'en maigre, à leurs Hôtes, & autres qui viendroient prendre leurs repas chez eux; & à cet effet d'apprêter leurs viandes comme ils aviseront, d'avoir Cuisiniers & étalages de viande; maintenir les Marchands de Vin & Taverniers dans le droit & faculté qu'ils ont toujours eu de donner à manger à toutes personnes des Viandes cuites en broche & sur le gril, même celles apprêtées chez les Traiteurs, Rôtisseurs, Pâtissiers & Chaircuitiers; leur donner acte de ce qu'ils déclarent ne pas entendre faire les Festins de Nôces & autres, où la profession du Traiteur est employée, avec défenses aux Traiteurs d'entreprendre directement ou indirectement sur le Commerce du Marchand de Vin; de fournir dans leurs Festins aucun Vin qui ne soit pris chez des Marchands de Vin; faire défenses auxdits Traiteurs, & à tous particuliers sans qualité, de tenir Hôtellerie, Auberge, Cabaret pour donner à manger à table d'Hôte, & recevoir les passans & étrangers, qu'ils ne soient reçus Marchands de Vin; condamner les Jurés de la Communauté des Traiteurs, à la restitution des dépens, dommages-intérêts, & amende exigés en vertu de l'Arrêt du Parlement de Paris du 17 Mai 1746, en ceux du coût de l'Arrêt à intervenir, & en ceux faits, tant en la Chambre de Police du Châtelet, qu'au Parlement, sur les différens appels qui y ont été portés, & pour l'indue vexation, condamner lesdits Jurés de la Communauté des Traiteurs en 3000 liv. de dommages-intérêts; sur laquelle Requête

seroit

seroit intervenu le 24 Janvier 1747, un Arrêt qui auroit ordonné qu'elle seroit communiquée à la Communauté des Maîtres Traiteurs, pour y répondre dans le délai du Réglement ; la signification dudit Arrêt faite par l'Huissier de Brie, le 7 Février suivant, à la Communauté des Traiteurs ; la Requête des Jurés & Communauté des Traiteurs en réponse, par laquelle après avoir exposé que le délai, pour se pourvoir contre l'Arrêt du Parlement du 17 Mai 1746, étoit expiré lorsque les Marchands de Vin ont donné leur Requête, ils auroient conclu à ce que les Gardes & Maîtres Marchands de Vin fussent déclarés non-recevables dans leurs demandes, ou en tout cas déboutés & condamnés en 3000 liv. de dommages-intérêts & dépens ; la signification de ladite Requête faite le 25 de Février 1747, par l'Huissier Vassal, à Me de Seriny, Avocat au Conseil & du Corps des Marchands de Vin ; la Requête des Maîtres & Gardes du Corps des Marchands de Vin, en replique, par laquelle, pour les causes y énoncées, ils auroient conclu à ce qu'il leur fût donné acte de ce que pour fins de non-recevoir à l'opposition des Traiteurs à l'Arrêt du Conseil du 11 Juin 1746, ils employent le contenu en leur Requête, faisant droit, & ajoutant aux conclusions qu'ils auroient ci-devant prises, il fût ordonné que l'article premier de leurs Statuts de 1587, l'article II. de ceux de 1647, l'Ordonnance de Police du 21 Juillet 1574, l'Edit de Blois du mois de Mars 1577, la Déclaration du Roi du mois de Juin 1715, les Lettres-patentes du mois de Juillet 1745, l'article premier des Statuts des Traiteurs, du mois de Mars 1599, l'article XXVIII. de ceux de 1663, seroient exécutés selon leur forme & teneur ; en conséquence qu'il fût fait défenses aux Cuisiniers-Traiteurs, d'entreprendre sur le commerce des Marchands de Vin, Hôteliers & Cabaretiers ; que les Cabaretiers & Hôteliers fussent maintenus dans le droit exclusif de tenir Hôtelleries, Cabarets & Auberges pour y loger, tant à pied qu'à cheval ; déclarer l'Ordonnance de Police du 21 Juillet 1564, commune avec la Communauté des Traiteurs ; ordonner qu'ils seroient tenus de se conformer à l'Edit de Blois, les condamner à rendre & restituer, à rendre les sommes qu'ils ont forcé les Hôteliers & Cabaretiers à leur payer, pour jouir de la liberté de faire seulement le commerce d'Hôteliers ou Cabaretiers, que les Marchands de Vin pourront fournir le vin à toutes sortes de Compagnies, avec dé-

B

fenses aux Traiteurs d'en fournir aux Compagnies de Nôce ou autres, s'ils ne l'achetent des Marchands de Vin, & condamner les Traiteurs en tous les dépens; la signification de ladite Requête faite le 15 Juin 1747, par l'Huissier le Blôcteur, à Me Bontoux, Avocat de la Communauté des Traiteurs. La Requête des Jurés & Communauté des Traiteurs en replique, par laquelle, pour les causes y contenues, ils auroient conclu à ce que les Lettres-patentes du 25 Juin 1745, fussent rapportées dans la disposition qui concerne les Aubergistes, & le droit de loger, & dans celle qui a pour objet la perception du droit de quatre livres, attribués aux offices d'Inspecteurs & Controlleurs des Marchands de Vin; en conséquence, qu'il fût déclaré que les Aubergistes ne sont pas du Corps des Marchands de Vin, qu'ils fussent condamnés en 3000 liv. de dommages-intérêts, & aux dépens; la signification de ladite Requête faite par l'Huissier Lourdet, le 23 Décembre 1747, à Me de Seriny, Avocat du Corps des Marchands de Vin. La Requête des Maîtres & Gardes en Charge du Corps des Marchands de Vin, par laquelle ils auroient demandé l'exécution des Lettres-patentes du 25 Juin 1745; la signification de ladite Requête faite par l'Huissier de Brie, le 22 Janvier 1748, à Me Bontoux Avocat de la Communauté des Traiteurs; les Procès verbaux des 3, 27 Avril, premier, 8 Juin 1743, & 31 Janvier 1744, par lesquels il seroit apparu que les nommés Pegat, Fontaine, Delaitre, Villepoix, Châtelet & le Comte, Marchands de Vin, auroient fait apposer des écriteaux devant leurs portes, & fait servir des ragoûts & sausses à différentes assemblées. La Sentence de Police du 30 Avril 1745, qui, sans avoir égard à l'intervention du Corps des Marchands de Vin, ni à l'opposition de le Comte, à une précédente Sentence par défaut, par laquelle il auroit été condamné en 40 livres de dommages intérêts envers la Communauté des Traiteurs, l'auroit condamné en 10 liv. d'amende & aux dépens. Autre Sentence contradictoire du 30 Avril 1745, qui sans avoir égard à l'intervention des Marchands de Vin, dont ils sont déboutés, auroit ordonné que les nommés Pegat, Fontaine, Delaitre, seroient tenus de faire ôter les écriteaux étant à leurs portes, portant indication de Chambres garnies à louer, & les auroit condamnés chacun en 12 livres de dommages-intérêts, en trois liv. d'amende & aux dépens; comme aussi que Villepoix feroit ôter l'inscription étant à sa porte, portant indication de Chambres garnies à louer, & supprimeroit les deux montres de Traiteurs étant chez lui, l'auroit condamné en 12 liv. de dommages-intérêts, en trois liv. d'amende & aux dépens, en ordonnant au surplus l'exécution de l'Arrêt du Parlement du premier Août 1705. Autre Sentence contradictoire du 30 Avril 1745, par laquelle il auroit été fait main-levée de la saisie faite sur le nommé Châtelet, l'auroit condamné en 20 liv. de dommages-intérêts, & aux dépens ; l'acte d'appel au Parlement desdites Sentences ; l'Arrêt contradictoire du Parlement du 17 Mai 1746, qui sans avoir égard aux Requêtes & demandes de le Comte, Châtelet, Pegat, Fontaine, Delaitre & Villepoix, dont ils sont déboutés, auroit mis les appellations au néant, & ordonné que ce dont auroit été appelé, sortiroit son effet, les auroit condamnés, & les Maîtres & Gardes Marchands de Vin en l'amende de douze livres, chacun à leur égard, & en tous les dépens, & pour la récidive de le Comte, l'auroit particulierement condamné en 100 liv. de dommages-intérêts & aux dépens, & sur le surplus des demandes auroit mis les Parties hors de Cour. Vû pareillement le Réglement de Police du 14 Août 1597, portant que toutes personnes pourront se mêler de la marchandise de Vin, en se faisant inscrire au Greffe de l'Hôtel-de-Ville. L'Arrêt du Conseil du 21 Mars 1665, qui auroit ordonné que le précédent Réglement seroit exécuté, avec défenses aux Maîtres & Gardes de la marchandise de Vin, d'y apporter aucun trouble. Le Réglement du mois de Décembre 1672, qui auroit fait défenses aux Cabaretiers, Hôteliers, Aubergistes, & à ceux qui logent en Chambres garnies, d'acheter du Vin ailleurs que sur l'étape. L'Ordonnance des Aydes du mois de Juin 1680, page 81, article IV. du titre 3 des Droits sur la vente des vins en détail, qui fait défense à tous Hôteliers, Taverniers & Cabaretiers, de loger en leurs maisons aucunes personnes à pied & à cheval, sans avoir du vin en perce & en vente ; l'article VI. qui déclare les Traiteurs sujets aux mêmes droits ; l'article VII. qui veut que ceux qui logent en Chambres garnies, soient tenus de se fournir sur l'étape & place publique. La Déclaration du Roi du 12 Juin 1691, portant réunion à la Communauté des Marchands de Vin des offices de Maîtres & Gardes créés en 1691, & qui auroit permis à cette Communauté de lever & percevoir sur chaque boutique & cave de Marchands de Vin en gros, Taverniers, Hôteliers, Cabaretiers, Aubergistes.

B ij

& autres particuliers, exercées par les Commis des Aydes, un sol par chaque semaine. Les Lettres-patentes en forme de Statuts des Marchands de Vin, du 21 Avril 1705, portant article XI. que les Gardes de ce Corps, suivant leur ancienne attribution, & celle qui leur a été accordée par la Déclaration, percevront huit livres douze sols par an sur chaque Maître, Boutique & Cave où les Marchands dudit Corps vendent vin en détail, & sur toutes personnes vendant vin, & qui payent au Bureau des Aydes le droit de détail, & sont exercées par les Commis des Aydes à l'exception des Bourgeois. La Sentence de l'élection du 4 Juin 1701, qui auroit ordonné que le nommé Boitel, Traiteur, payeroit les droits de détail, conformément à l'Ordonnance des Aydes de 1680, en cas de vente de vin de son cru ou en détail. La Déclaration du Roi du 8 Juillet 1710, qui auroit fait défenses aux Traiteurs, sujets à ce droit de détail, de souffrir qu'on boive chez eux d'autre Vin que celui de leurs caves, ni d'en vendre d'autre, à peine de confiscation. L'Arrêt du Parlement du 5 Août 1711, qui auroit ordonné que Charles Neveu, Cuisinier-Traiteur, payeroit aux Jurés-vendeurs & Controlleurs de vin, par muid de vin qu'il vendroit en sa maison, le tiers de 42 sols attribués aux Jurés-vendeurs de vin. La Déclaration du Roi du 2 Avril 1715, par l'article II. de laquelle il est dit, que les Jurés-vendeurs & Controlleurs de Vin seront payés de leurs droits sur tous les vins arrivant, tant par eau que par terre, pour les Cabaretiers, Traiteurs, Hôteliers & gens tenant Chambres garnies, & que les Traiteurs seront déchargés des deux tiers desdits droits. L'Arrêt du Conseil d'État du 10 Octobre 1719, qui auroit réduit les droits sur les boissons en un seul droit d'entrée, qui seroit perçû sur tous vendans Vin, à raison de 23 liv. par muid entrant par eau, & 20 liv. par terre. Autre Arrêt du Conseil du 29 Mars 1721, portant rétablissement du droit annuel de huit livres par chaque muid de vin, tant en gros, qu'en détail, de la ville de Paris, qui continueront d'être payés, conjointement à la Déclaration du mois de Juin 1680. Autre Arrêt du Conseil du 5 Mai 1745, portant réunion à la Communauté des Traiteurs, des offices d'Inspecteurs & Controlleurs créés en 1745. Autre Arrêt du Conseil du 18 Mai 1745, portant réunion à la Communauté des Marchands de Vin de pareils Offices; les Lettres-patentes du 25 Juin 1745, intervenues sur ledit Arrêt, par lesquelles il auroit été ordonné que la somme de quatre liv. à quoi auroit été fixé par l'Edit de Février précédent, le droit attribué aux offices d'Inspecteurs & Controleurs, par chaque marchand de Vin, seroit payé aux Maîtres & Gardes en Charge, non seulement par chacun desdits Marchands de Vin & Taverniers, mais encore par les Cabaretiers, Hôteliers & Aubergistes qui ont droit de loger & tenir Chambres garnies, & qui forment le même corps, suivant leurs anciens Statuts, & en outre par tous ceux qui sont assujettis au payement du droit annuel au Bureau des Aydes. La Sentence de Police du 29 Mars 1746, qui condamne Pietrequin, Aubergiste-Traiteur, à payer à la Communauté des Marchands de Vin, le droit de quatre livres énoncées aux précédentes Lettres-patentes. L'Arrêt du Conseil du 16 Juillet 1748, qui auroit ordonné que tous les Maîtres Traiteurs payeroient à leur Communauté, le droit de trois livres attribué aux offices d'Inspecteurs & Controlleurs qui y auroient été créés, sans qu'ils puissent s'en dispenser, sous prétexte d'un plus fort droit à une Communauté, dont ils pourroient être membres. L'Arrêt contradictoire du Parlement du 5 Août 1761, rendu entre le Corps des Marchands de Vin, & le nommé Aubry, Traiteur, & encore la Communauté des Traiteurs intervenante, qui auroient maintenu les Traiteurs dans le droit & possession d'avoir dans leurs caves les vins nécessaires pour la fourniture des Repas, Nôces, Festins, Banquets qu'ils entreprendroient, soit dans leurs maisons, soit chez les particuliers, & qui auroit fait défenses à tous Maîtres Traiteurs, d'exercer leur profession ailleurs que dans les Maisons, Salles & appartemens qu'ils occupent personnellement, & de travailler de leur profession, ni de fournir chez les Marchands de Vin, Hôteliers Cabaretiers, Aubergistes & autres gens de bouche qui ne sont pas Mrs Traiteurs. Vu aussi le Réglement du Conseil de l'année 1738. Oui le rapport du sieur Delaverdy, Conseiller ordinaire au Conseil Royal, Controlleur-Général des Finances.

LE ROI EN SON CONSEIL, sans s'arrêter aux Arrêts qui y ont été rendus les 11 Juin & 17 Décembre 1746, ni aux différentes demandes des nommés Denan, Demay, Leblanc, le Comte, Delaitre, Châtelet, Villepoix, Fontaine, Pegat, & des Maîtres & Gardes du Corps & Communauté des Marchands de Vin de la Ville & Fauxbourgs de Paris, en caſſation des Arrêts du Parlement des 17 Mai 1746, & 18 Décembre 1747, dont Sa Majeſté les a déboutés & déboute, a ordonné & ordonne que leſdits deux derniers Arrêts ſeront exécutés ſelon leur forme & teneur; en conſéquence leur fait défenſes d'entreprendre ſur la profeſſion des Maîtres Queulx-Cuiſiniers-Traiteurs, & notamment de loger ni tenir Chambres garnies, d'avoir des Cuiſiniers, étalages de Viande, apprêter ni faire apprêter aucuns ragoûts, ni ſous quelque prétexte que ce ſoit, faire chez eux les Feſtins de Nôces, recevoir en leurs maiſons les Compagnies de Nôces & lendemain de Noces, ni leur fournir aucune choſe, d'avoir des enſeignes, des écriteaux ou inſcriptions portant indication à cet effet, à peine de 50 liv. d'amende & des dommages-intérêts des Cuiſiniers-Traiteurs, leur permettant ſeulement de fournir aux perſonnes qui viendront prendre des Repas en leurs maiſons, nappes, ſerviettes & viandes, qu'ils pourront conformément aux Réglemens précédemment rendus, faire rôtir chez eux ſur le gril & en broche. Ordonne Sa Majeſté, que l'Arrêt contradictoire du Parlement du 5 Août 1761, ſera exécuté; en conſéquence, que les Maîtres Queulx-Cuiſiniers-Traiteurs pourront avoir dans leurs caves les vins néceſſaires pour la fourniture des Repas, Nôces, Feſtins, Banquets, Collations qu'ils entreprendront, ſoit dans leurs maiſons, ſoit chez les particuliers. Fait défenſes aux Maîtres & Gardes Marchands de Vin, de percevoir, ſous prétexte des Lettres-patentes du 25 Juin 1745, ſur les Maîtres Queulx-Cuiſiniers-Traiteurs, autres que ceux qui ne ſont pas en même tems Maîtres-Marchands de Vin, le droit de viſite de quatre liv. par Maître, attribué annuellement aux offices d'Inſpecteurs & Controlleurs par leſdites Lettres-patentes, auxquelles Sa Majeſté a dérogé & déroge en tant que de beſoin, quant à ce ſeulement : ſur le ſurplus des demandes reſpectives des Parties, les a miſes hors de Cour. Condamne les nommés Denan, Demay, le Blanc, le Comte, Delaire, Châtelet, Villepoix, Fontaine, Pegat, & les Maîtres & Gardes du Corps & Communauté des Marchands de Vin, en tous les dépens liquidés à 516 liv. 5 ſols, dont les nommés Denan, Demay & Conſorts, ſupporteront un quart, & le Corps & Communauté des Marchands de Vin les trois autres quarts, & en outre en même proportion au coût, Controlle & Signification du présent Arrêt, sur lequel, si besoin est, toutes Lettres patentes nécessaires seront expédiées. Fait au Conseil d'Etat du Roi, tenu à Versailles, le 20 Mars 1764.

Cet Arrêt a été obtenu de la Jurande de Messieurs Gion, Gé, Rahard, & Alliette.

De l'Imprimerie de LE BRETON, prem. Imprim. ordin. du ROI. 1764.

LETTRES PATENTES

PORTANT Réglement pour les Réceptions de Maîtres dans la Communauté des Traiteurs.

Du 16 Février 1767.

LOUIS, par la grace de Dieu, Roi de France & de Navarre: A nos amés & féaux Conseillers les Gens tenans notre Cour de Parlement à Paris, Salut. Par les Statuts & Réglemens intervenus jusqu'à présent dans la Communauté de nos chers & bien amés les Maîtres Queulx-Cuisiniers-Traiteurs de notre bonne Ville & Fauxbourgs de Paris, le prix des différentes réceptions de Maîtres n'ayant pas été fixé, non plus que les honoraires des Doyen, Jurés anciens, modernes & jeunes Maîtres, lors de l'élection des Jurés, lesdits Jurés successivement en exercice dans cette Communauté, sans regles établies à ce sujet, ont des uns aux autres du consentement de la Communauté même suivi des usages plutôt que des principes auxquels leurs Statuts n'ont pas pourvu. De ce défaut de fixation est résulté l'arbitraire dans le prix des réceptions souvent inégalement perçu, & les Apprentifs comme les Maîtres sans qualité, quoique distingués dans les autres métiers, s'étant trouvés rangés dans la même classe, ont payé les mêmes droits de réception. Cette uniformité mal fondée a éloigné de l'apprentissage les particuliers qui se destinoient à la profession de Traiteur, parce qu'en sacrifiant trois années d'apprentissage pour apprendre le métier, ils n'avoient aucune préférence sur les Maîtres sans qualité; delà plus d'Apprentifs dans cette classe d'Artisans, quelques dispositions qu'aient eues plusieurs des Jurés & anciens de corriger ces abus, les intérêts particuliers des autres y apportoient des difficultés qu'ils fondoient sur le défaut de Réglemens. L'intérêt de la Communauté étoit le seul compromis, parce que les Jurés ne versoient dans son coffre que les sommes qu'ils jugeoient à propos d'y déposer; de sorte qu'elle se trouve la victime du silence

A

qui regne depuis plus d'un siecle sur l'usage qui a été suivi par les Jurés successivement en exercice jusqu'à présent à l'égard du prix des réceptions, sans qu'il paroisse facile d'avoir aucun recours contre les Jurés qui ont administré la Communauté depuis l'origine de ces abus. Sur le compte qui nous en a été rendu, nous croions ne devoir différer pas plus long-tems de rétablir l'ordre nécessaire dans cette Communauté, & de faire un nombre suffisant de classes de réception & de fixation de prix, afin d'éviter toutes difficultés à l'avenir. A CES CAUSES & autres à ce nous mouvans, de l'avis de notre Conseil, & de notre certaine science, pleine puissance & autorité Royale, nous avons ordonné, & par ces Présentes signées de notre main ordonnons, voulons & nous plaît ce qui suit.

ARTICLE PREMIER.

Les fils de Jurés & anciens Maîtres, lors de leur réception à la Maîtrise de Cuisinier-Traiteur, payeront chacun au coffre de ladite Communauté la somme de cent vingt livres, y compris le droit royal & celui d'ouverture de boutique, trente sols au Doyen, trois livres à chacun des quatre Jurés en exercice, quinze sols à chacun des anciens Maîtres, & vingt sols au Clerc de la Communauté, sans être tenus de faire aucun chef-d'œuvre ni expérience, pourvu toutefois qu'ils aient servi leur pere ou l'un desdits Maîtres pendant l'espace de deux années seulement, ce dont ils seront tenus de justifier par un certificat en bonne forme.

II.

Les Particuliers épousant filles ou veuves de Jurés & anciens Maîtres, encore qu'ils n'aient fait leur apprentissage en la Ville & Fauxbourgs de Paris, payeront chacun au coffre de la Communauté lors de leur réception, la somme de cent cinquante livres, y compris le droit royal & celui d'ouverture de boutique, trente sols au Doyen, trois livres à chacun des quatre Jurés, quinze sols à chacun des anciens Maîtres, vingt sols au Clerc, à la charge par eux de faire le chef-d'œuvre en chair & en poisson suivant les saisons, auquel il ne pourra être employé au-delà de la somme de douze livres, & de justifier de leur brevet d'apprentissage à Paris ou dans la Province, ou qu'étant fils de Maîtres de Province, ils ont servi leur pere ou un autre Maître pendant le même tems.

III.

Les fils de Jurés & anciens, nés avant la réception de leur pere à la Maîtrise, payeront chacun au coffre, lors de leur réception, la somme de cent cinquante livres, y compris le droit royal, celui d'ouverture de boutique, trente sols au Doyen, trois livres à chacun des quatre Jurés, quinze sols à chacun des anciens Maîtres, & vingt sols au Clerc, à la charge par eux de faire le chef-d'œuvre en chair & en poisson suivant les saisons, auquel il ne pourra être dépensé au-delà de la somme de douze livres, pourvu toutefois qu'ils aient servi leur pere ou l'un des Maîtres pendant l'espace de deux ans seulement; ce dont ils seront tenus de justifier par un certificat en bonne forme.

IV.

Les Particuliers qui auront épousé des filles de Jurés & anciens, nées avant la réception de leur pere à la Maîtrise, encore qu'ils n'aient fait leur apprentissage en la Ville & Fauxbourgs de Paris, payeront chacun au coffre de la Communauté la somme de cent soixante livres, y compris le droit royal & celui d'ouverture de boutique, trente sols au Doyen, trois livres à chacun des quatre Jurés, quinze sols à chacun des anciens Maîtres, & vingt sols au Clerc, à la charge par eux de faire chef-d'œuvre en chair & en poisson suivant les saisons, auquel il ne pourra être dépensé au-delà de la somme de douze livres, & de justifier de leur apprentissage, soit dans la Province, soit à Paris, pendant trois années, ou qu'étant fils de Maîtres de Province, ils ont servi leur pere ou un Maître pendant le même tems.

V.

Les fils de Maîtres qui n'ont pas passé les Charges, payeront chacun au coffre de la Communauté la somme de cent cinquante livres, y compris le droit royal & celui d'ouverture de boutique, trente sols au Doyen, trois livres à chacun des Jurés, quinze sols à chacun des anciens Maîtres, & vingt sols au Clerc, sans être tenus de faire aucun chef-d'œuvre ni expérience, à condition cependant par eux de justifier par un certificat en bonne forme qu'ils ont servi leur pere ou l'un des Maîtres pendant l'espace de deux ans seulement.

VI.

Les Particuliers qui épouseront des filles ou veuves de Maîtres qui n'ont point passé les Charges, quoique n'ayant point fait leur apprentissage à Paris, payeront chacun au coffre de la Communauté la somme de cent quatre-vingt livres, y compris le droit royal & celui d'ouverture de boutique, trente sols au Doyen, trois livres à chacun des quatre Jurés, quinze sols à chacun des anciens Maîtres, & vingt sols au Clerc, à la charge par eux de faire le chef-d'œuvre en chair & en poisson suivant les saisons, auquel il ne pourra être dépensé au-delà de la somme de vingt-quatre livres, & de justifier de leur brevet d'apprentissage, soit à Paris, soit dans la Province, pendant trois années, ou qu'étant fils de Maîtres de Province, ils ont servi leur pere ou un autre Maître pendant le même tems.

VII.

Les fils de Maîtres qui n'ont pas passé les Charges, nés avant la réception de leur pere à la Maîtrise, payeront chacun au coffre de la Communauté, lors de leur réception, la somme de cent quatre-vingt livres, y compris le droit royal & celui d'ouverture de boutique, trente sols au Doyen, trois livres à chacun des quatre Jurés, quinze sols à chacun des anciens Maîtres, & vingt sols au Clerc, à la charge par eux de faire le chef-d'œuvre en chair & en poisson suivant les saisons, auquel il ne pourra être dépensé au-delà de la somme de vingt-quatre livres, pourvu toutefois qu'ils aient servi leur pere ou l'un des Maîtres pendant l'espace de deux ans seulement, ce dont ils seront tenus de justifier par un certificat en bonne forme.

VIII.

Les Particuliers épousant des filles de Maîtres qui n'ont pas passé les Charges, nées avant la réception de leur pere à la Maîtrise, encore bien qu'ils n'aient fait leur apprentissage en la Ville de Paris, payeront au coffre de la Communauté, lors de leur réception, la somme de cent quatre-vingt-dix livres, y compris le droit royal & celui d'ouverture de boutique, trente sols au Doyen, trois livres à chacun des quatre Jurés, quinze sols à chacun des anciens, & vingt sols au Clerc, à la charge par eux de faire le chef-d'œuvre en chair & poisson suivant les saisons, auquel il ne pourra être dépensé au-delà de la somme de vingt-quatre livres, & de justifier de leur brevet d'apprentissage, soit à Paris, soit dans la Province, pendant trois années, ou qu'étant fils de Maîtres de Province, ils ont servi leur pere ou l'un des Maîtres pendant le même tems.

IX.

Les Apprentifs de Ville payeront chacun au coffre de la Communauté, lors de leur réception, la somme de trois cent livres, y compris le droit royal & d'ouverture de boutique, trois livres au Doyen, six livres à chacun des quatre Jurés, trente sols à chacun des anciens Maîtres, & trois livres au Clerc, à la charge par eux de faire le chef-d'œuvre en chair & en poisson suivant les saisons, auquel il ne pourra être employé au-delà de la somme de quarante-huit livres, & de justifier par un brevet en bonne forme qu'ils ont fait trois années d'apprentissage chez un des Maîtres Traiteurs de la Ville & Fauxbourgs de Paris.

X.

Conformément à l'Article 8 des Statuts de Mars 1599, & à l'Article 31 de ceux du 9 Juillet 1663, les Ecuyers de cuisine, Potagers, Hateurs & Enfans de notre cuisine, de la Reine, des Princes & Princesses de notre Sang, seront reçus à la Maîtrise de Traiteur, lorsqu'ils s'y présenteront, sans faire aucun chef-d'œuvre ni expérience, en payant par chacun d'eux au coffre de la Communauté la somme de trois cens livres, y compris le droit royal & celui d'ouverture de boutique, trois liv. au Doyen, six livres à chacun des quatre Jurés, trente sols à chacun des anciens Maîtres, & trois livres au Clerc, à la charge aussi par eux de représenter leurs lettres & certificats en bonne forme de leur emploi pendant trois ans dans lesdites maisons.

XI.

En conformité de l'Article 9 & 32 desdits Statuts, les Ecuyers de cuisine, Queulx, Porte-chapes, Hateurs & Enfans de cuisines des Seigneurs, Présidens, Conseillers au Parlement de Paris, & du Substitut de notre Procureur Général au Châtelet, qui se présenteront à la Maîtrise, y seront pareillement admis, en payant par chacun d'eux au coffre de la Communauté la somme de trois cent livres, y compris le droit royal & celui d'ouverture de boutique, trois livres au Doyen, six livres à chacun des quatre Jurés, trente sols à chacun des anciens, & trois livres au Clerc, à la charge par eux de représenter des certificats en bonne forme de leurs services dans lesdites maisons pendant trois années, & de faire l'expérience qui leur sera prescrite par les Jurés, à laquelle il ne pourra être dépensé au-delà de la somme de quarante-huit livres.

XII.

Ordonnons qu'outre le prix des réceptions fixé par les onze Articles ci-dessus, dont les Jurés rendront compte, à peine d'en répondre en leurs noms, il sera payé par les Récipiendaires les frais de la Lettre de Maîtrise, & les droits de l'Hôpital & du Substitut de notre Procureur Général au Châtelet, devant lequel ils prêteront serment en la maniere accoutumée.

XIII.

Lors de l'élection des deux Jurés, qui se fait au mois d'Octobre de chaque année, il sera distribué par chacun des deux Jurés élus quatre jetons au Doyen, huit jetons à chacun des quatre Jurés, deux jetons à chaque ancien, & un jeton à chacun des cinquante modernes & jeunes, qui, conformément à l'Arrêt du Parlement du 4 Sept. 1752, ont le droit d'assister à cette élection, lesquels jetons seront du poids de 36 au marc.

XIV.

Les Brevets d'apprentissage fixés à trois livres par l'Article 17 des Statuts du 9 Juillet 1763, seront augmentés de trois livres, pour faire la somme totale de six livres, laquelle sera remise en entier au coffre de la Communauté. Ordonnons qu'il sera payé par chacun des Apprentifs, lors de la passation du Brevet, trois livres à chacun des quatre Jurés pour leurs honoraires.

XV.

Dérogeons à tous Réglemens contraires à nos présentes Lettres-Patentes; autorisons les Jurés Traiteurs en exercice de faire les diligences nécessaires pour leur enregistrement en notre Cour de Parlement, dont les frais légitimement faits pour y parvenir, seront passés & alloués dans leurs comptes, en justifiant du paiement d'iceux. Si vous mandons que ces Présentes vous ayez à faire registrer & le contenu en icelles faire garder, observer & exécuter, sans souffrir qu'il y soit contrevenu. Car tel est notre plaisir. Donné à Versailles le seizieme jour du mois de Février l'an de grace mil sept cent soixante-sept, & de notre Regne le cinquante-deuxieme. *Signé* LOUIS. *Et plus bas:* Par le Roi, PHELYPEAUX, *avec paraphe.* Vu au Conseil, DE L'AVERDY.

Registrées, ouï le Procureur Général du Roi, pour jouir par les Impétrans de l'effet & contenu en icelles, & être exécutées selon leur forme & teneur, à la charge que lors de chaque réception dans le cas des huit premiers Articles desdites Lettres-Patentes, il sera payé par le Récipiendaire six livres à chaque Juré, trois livres au Doyen, une livre dix sols à chaque ancien, & trois livres au Clerc, & que les frais d'expérience ou de chef-d'œuvre, dont est question aux Articles 2, 3, 4, 6, 7, 8, 9 & 11 desdites Lettres-Patentes, seront & demeureront fixés à la somme de soixante-douze livres, suivant l'Arrêt de ce jour. A Paris en Parlement le 8 Août 1767.

DUFRANC.

VU par Nous ANTOINE-RAYMOND-JEAN-GUALBERT-GABRIEL DE SARTINE, Chevalier, Conseiller du Roi en tous ses Conseils, Maître des Requêtes ordinaire de son Hôtel, & Lieutenant Général de Police de la Ville, Prevôté & Vicomté de Paris.

Et CLAUDE-FRANÇOIS-BERNARD MOREAU, Chevalier, Conseiller du Roi en ses Conseils, Procureur de Sa Majesté au Châtelet & Siege Présidial de Paris, Juge-Conservateur des droits & privileges des Arts & Métiers de la Ville & Fauxbourgs de Paris, les Lettres-Patentes portant Réglement pour les réceptions des Maîtres dans la Communauté des Maîtres Queulx-Cuisiniers-Traiteurs de la Ville & Fauxbourgs de Paris, données à Versailles le seizieme jour du mois de Février dernier, signées Louis, & plus bas par le Roi, Philypeaux, vu au Conseil, de l'Averdy, scellées du grand sceau de cire jaune.

Copie de la Délibération faite en l'Assemblée tenue par les Jurés, Doyen, Anciens & Communauté desdits Maîtres Cuisiniers-Traiteurs de cette Ville, convoquée en leur Bureau par mandats en la maniere ordinaire le premier Juin dernier, ladite copie collationnée par Raince & Maupas, Notaires au Châtelet, le 10 du même mois. La Requête des Jurés de la Communauté des Maîtres Cuisiniers-Traiteurs du 16 Juin dernier.

L'Arrêt de la Cour du Parlement du 20 dudit mois, collationné, Berthelot, signé, Dufranc, portant qu'avant faire droit, lesdites Lettres-Patentes du 16 Février dernier, ensemble la Réquête des Impétrans du 16 Juin, seront communiquées au Lieutenant Général de Police, & au Substitut du Procureur Général du Roi au Châtelet de Paris, pour donner leur avis sur le contenu en icelles, lesquelles seront pareillement communiquées aux Doyen, Jurés tant anciens qu'en exercice, & autres Maîtres de ladite Communauté convoquée & assemblée en la maniere accoutumée. Et tout vu.

NOUS, pour satisfaire à l'Arrêt de la Cour du 20 Juin dernier susénoncé, avons l'honneur d'observer à la Cour qu'aucuns Statuts ni Réglemens n'avoient jusqu'à l'époque desdites Lettres-Patentes, fixé les droits de réception dans cette Communauté, non plus que ceux des Jurés & anciens lors de l'élection annuelle des nouveaux Jurés ; qu'un usage fort ancien y avoit établi un arbitraire dans le prix de ces réceptions, en ce que les Jurés ne rapportoient dans leurs comptes qu'une foible partie des sommes par eux reçues des Récipiendaires qu'ils admettoient à la Maîtrise sans aucun apprentissage, & se distribuoient le surplus en honoraires.

Dans cet état, les Jurés actuellement en exercice, informés qu'on alloit prendre des mesures pour réformer ces abus, ont eux-mêmes fait les démarches nécessaires pour avoir un Réglement, à quoi plusieurs anciens Maîtres ont d'abord paru dans le dessein de s'opposer. Cependant ce projet de Réglement ayant été communiqué à l'Assemblée des Maîtres Traiteurs, ils ont remarqué que le prix des différentes réceptions, les frais d'élection des Jurés, & les brevets d'apprentissage, étoient fixés dans une juste proportion, & ils y ont tous accédé, tant par leur délibération du premier du mois dernier, que par leur Requête présentée à la Cour le 20 du même mois, pour obtenir l'enregistrement des susdites Lettres-Patentes du 16 Février ; ils ont seulement observé.

1°. Que les Statuts du 9 Juillet 1763 avoient fixé les droits des Jurés à six livres, celui du Doyen à trois livres, & celui de chaque ancien à trente sols ; que cependant par les huit premiers Articles des Lettres-Patentes du 16 Février 1767, ces droits avoient été réduits à moitié.

2°. Que les anciens Statuts n'ont pas à la vérité fixé la somme qui doit être employée à l'expérience ou chef-d'œuvre, mais que par les Articles 2, 3, 4, 6, 7, 8, 9 & 11 desdites Lettres-Patentes, cette expérience ou chef d'œuvre a été restreint à une si foible somme, qu'il ne seroit pas possible de l'effectuer si le prix n'étoit augmenté.

Cette Communauté a donc conclu par sa délibération & Requête

quête jointe, à l'enregistrement desd. Lettres-Patentes, à condition cependant que les droits des Jurés, Doyen & anciens seront perçus conformément aux anciens Statuts, même dans les cas exprimés par les Articles 1, 2, 3, 4, 5, 6, 7 & 8 des Lettres-Patentes du 16 Février 1767; en conséquence que lors des réceptions des aspirans, il sera payé à chaque Juré en exercice six livres, au Doyen trois livres, à chacun des anciens trente sols, & au Clerc trois livres.

Enfin, que l'expérience ou chef d'œuvre, dont il est question aux Articles 2, 3, 4, 6, 7, 8, 9 & 11 desdites Lettres, sera également fixé à soixante-douze livres.

Il est vrai que les anciens Statuts accordent six livres à chaque Juré, trois livres au Doyen, & trente sols à chacun des anciens, & il paroît de justice de les maintenir dans ces droits.

Quant à l'expérience ou chef-d'œuvre, il est nécessaire, comme l'expose la Communauté des Traiteurs, qu'il convient de la rendre uniforme pour tous les Récipiendaires. Par les Lettres-Patentes dont il s'agit, les fils & les gendres à Jurés & anciens devoient moins dépenser au chef-d'œuvre que les Apprentifs; les Maîtres y trouvoient moins de charges pour l'établissement de leurs enfans; mais ils sacrifient ces avantages particuliers à la nécessité d'une loi égale.

Par ces considérations notre avis est, sous le bon plaisir de la Cour, que les Lettres-Patentes du 16 Février 1767 peuvent être enregistrées conformément à la délibération & à la Requête de la Communauté des Traiteurs, des premier & 20 Juin 1767, en conséquence que lors de chaque réception dans le cas des huit premiers Articles desdites Lettres-Patentes, il sera payé par le Récipiendaire six livres à chaque Juré, trois livres au Doyen, une livre dix sols à chaque ancien, & trois livres au Clerc, & que les frais d'expérience ou chef-d'œuvre, dont est question aux Articles 2, 3, 4, 6, 7, 8, 9 & 11 de ces mêmes Lettres-Patentes, peuvent être uniformément fixés à la somme de soixante-douze livres. Fait le vingt-quatre Juin mil sept cent soixante-sept. Signé en la minute DE SARTINE & MOREAU.

Délivré pour copie conforme à la minute restée ès mains de nous Greffier soussigné, ledit jour 24 Juillet 1767.

SIFFLET DE BERVILLE.

B

EXTRAIT des Regiſtres du Parlement.

VU par les Lettres Patentes du Roi, données à Versailles le seize Février mil sept cent soixante-sept, *signées* LOUIS, & plus bas, par le ROI, PHÉLYPEAUX, scellées du grand Sceau de cire jaune, obtenues par les Maîtres Queulx-Cuisiniers-Traiteurs de la Ville & Fauxbourgs de Paris; par lesquelles pour les causes y contenues, le Seigneur Roi a ordonné, veut & lui plait ce qui suit. Article premier. Que les fils de Jurés & anciens Maîtres de ladite Communauté, lors de leur réception à la Maîtrise de Cuisinier-Traiteur, payeront chacun au coffre de ladite Communauté la somme de cent-vingt livres, y compris le droit royal & celui d'ouverture de boutique; trente sols au Doyen, trois livres à chacun des quatre Jurés en exercice, quinze sols à chacun des anciens Maîtres, & vingt sols au Clerc de la Communauté, sans être tenu de faire aucun chef-d'œuvre ni expérience, pourvu toutefois qu'ils ayent servi leur pere ou l'un desdits Maîtres, pendant l'espace de deux années seulement; ce dont il seront tenus de justifier par un certificat en bonne forme. Article deuxieme. Que les particuliers épousans filles ou veuves de Jurés & anciens Maîtres, encore qu'ils ayent fait leur apprentissage en la Ville & Fauxbourgs de Paris, payeront chacun au coffre de ladite Communauté lors de leur réception, la somme de cent cinquante livres; trente sols au Doyen, trois livres à chacun des quatre Jurés, quinze sols à chacun des anciens Maîtres, vingt sols au Clerc, à la charge par eux de faire le chef-d'œuvre en chair & en poisson suivant les saisons, auquel il ne pourra être employé au-delà de la somme de douze livres, & de justifier de leur Brevet d'apprentissage à Paris ou dans la Province, & qu'étant fils de Maîtres de Province, ils ont servi leur pere ou autre Maître pendant le même tems. Article troisieme. Que les fils de Jurés & anciens, nés avant la réception de leur pere à la Maîtrise, payeront chacun au coffre lors de leur réception, la somme de cent cinquante livres y compris le droit royal & celui d'ouverture de boutique; trente sols au Doyen, trois livres à chacun des quatre Jurés, quinze sols à chacun des anciens Maîtres, & vingt sols au Clerc, à la charge par eux de faire le chef-d'œuvre en chair & en poisson, suivant les saisons, auquel il ne pourra être employé au-delà de la somme de douze livres, pourvu toutefois qu'ils ayent servi leur pere ou l'un des Maîtres, pendant l'espace de deux années seulement, ce dont ils seront tenus de justifier par un certificat en bonne forme. Article quatrieme. Que les Particuliers qui auront épousé des filles de Jurés & anciens Maîtres, nées avant la réception de leur pere à la Maîtrise, encore qu'ils n'ayent fait leur apprentissage en la Ville & Fauxbourgs de Paris, payeront chacun au coffre de la Communauté la somme de cent soixante livres, y compris le droit royal & celui d'ouverture de boutique; trente sols au Doyen, trois livres à chacun des quatre Jurés, quinze sols à chacun des anciens Maîtres, & vingt sols au Clerc, à la charge par eux de faire le chef-d'œuvre en chair & en poisson, suivant les saisons, auquel il ne pourra être dépensé au-delà de la somme de douze livres, & de justifier de leur apprentissage, soit dans la Province, soit à Paris, pendant trois années, ou qu'étant fils de Maîtres de Province, ils ont servi leur pere ou un Maître pendant le même tems. Article cinquieme. Que les fils de Maîtres qui n'ont point passé les charges, payeront chacun au coffre de la Communauté la somme de cent cinquante livres, y compris le droit royal & celui d'ouverture de boutique; trente sols au Doyen, trois livres à chacun des Jurés, quinze sols à chacun des anciens Maîtres, & vingt sols au Clerc, sans être tenus de faire aucun chef-d'œuvre ni expérience, à condition cependant par eux de justifier par un certificat en bonne forme qu'ils ont servi leur pere ou l'un des Maîtres pendant l'espace de deux ans seulement. Article sixieme. Que les Particuliers qui épouseront des filles ou veuves de Maîtres qui n'ont point passé les charges, quoique n'ayant point fait leur apprentissage à Paris, payeront chacun au coffre de la Communauté la somme de cent quatre-vingt livres, y compris le droit royal & celui d'ouverture de boutique; trente sols au Doyen, trois livres à chacun des quatre Jurés, quinze sols à chacun des anciens Maîtres, & vingt sols au Clerc, à la charge par eux de faire le chef-d'œuvre en chair & en poisson, suivant les saisons, auquel il ne pourra être dépensé au-delà de la somme de vingt-quatre livres, & de justifier de leur Brevet d'apprentissage soit à Paris, soit dans la Province, pendant trois années, ou qu'étant fils de Maîtres de Province, ils ont servi leur pere ou un autre Maître pendant le même tems. Article septieme. Que les fils de Maîtres qui n'ont pas passé les charges, nés avant la réception de leur pere à la Maitrise, payeront chacun au coffre de la Communauté lors de leur réception, la somme de cent quatre-vingt livres, y compris le droit royal & celui d'ouverture de boutique; trente sols au Doyen, trois livres à chacun des quatre Jurés, quinze sols à chacun des anciens Maîtres, & vingt sols au Clerc, & à la charge par eux de faire le chef-d'œuvre en chair & en poisson, suivant les saisons, auquel il ne pourra être dépensé au-delà de la somme de vingt-quatre livres, pourvu toutefois qu'ils ayent servi leur pere ou l'un des Maîtres pendant l'espace de deux ans seulement; ce dont ils seront tenus de justifier par un certificat en bonne forme. Article huitieme. Que les Particuliers épousant des filles de Maîtres qui n'ont pas passé les charges, nées avant la réception de leur pere à la Maitrise, encore bien qu'ils n'ayent fait leur apprentissage en la Ville de Paris, payeront au coffre de la Communauté lors de leur réception, la somme de cent quatre-vingt dix livres, y compris le droit royal & celui d'ouverture de boutique, trente sols au Doyen, trois livres à chacun des quatre Jurés, quinze sols à chacun des anciens, & vingt sols au Clerc, à la charge par eux de faire le chef-d'œuvre en chair & en poisson, suivant les saisons, auquel il ne pourra être dépensé au-delà de la somme de vingt-quatre livres, & de justifier de leur Brevet d'apprentissage soit à Paris, soit dans la Province, pendant trois années, ou qu'étant fils de Maîtres de Province, ils ont servi leur pere ou l'un des Maîtres pendant le même tems. Article neuvieme. Que les Apprentifs de Ville payeront chacun au coffre de la Communauté lors de leur réception, la somme de trois cens livres, y compris le droit royal & d'ouverture de boutique, trois livres au Doyen, six livres à chacun des quatre Jurés, trente sols à chacun des anciens Maîtres, & trois livres au

Clerc, pour par eux faire le chef-d'œuvre en chair & en poisson suivant les saisons, auquel il ne pourra être employé au-delà de la somme de quarante-huit livres, & de justifier par un Brevet en bonne forme, qu'ils ont fait trois années d'apprentissage chez un des Maîtres Traiteurs de la Ville & Fauxbourgs de Paris. Article dixieme. Que conformément à l'Article huit, des statuts du mois de Mars quinze cens quatre-vingt dix-neuf, & à l'Article trente-un de ceux du neuf Juillet mil six cens soixante trois, les Ecuyers de cuisine, Potagers, Hateurs & enfans de cuisine dudit Seigneur Roi, de la Reine, des Princes & Princesses du Sang, seront reçus à la Maîtrise de Traiteur, lorsqu'ils s'y présenteront, sans faire aucun chef-d'œuvre ni expérience, en payant par chacun d'eux au coffre de la Communauté la somme de trois cens livres, y compris le droit royal & celui d'ouverture de boutique, trois livres au Doyen, six livres à chacun des quatre Jurés, trente sols à chacun des anciens Maîtres, & trois livres au Clerc, à la charge aussi par eux de représenter leurs Lettres & Certificats en bonne forme de leur emploi pendant trois ans dans lesd. maisons. Article onzieme. Qu'en conformité des Articles neuf & trente deux desdits statuts, les Ecuyers de cuisine, Queulx, Porte-chapes, Hateurs, enfans de cuisine des Seigneurs, Présidens, Conseillers au Parlement de Paris, & du Substitut du Procureur Général du Roi au Châtelet, qui se présenteront à la Maîtrise, y seront pareillement admis en payant par chacun d'eux au coffre de la Communauté la somme de trois cens livres, y compris le droit royal & celui d'ouverture de boutique, trois livres au Doyen, six livres à chacun des quatre Jurés, trente sols à chacun de anciens, & trois livres au Clerc, à la charge par eux de représenter des Certificats en bonne forme de leurs services dans lesdites Maisons pendant trois années, & de faire l'expérience qui sera prescrite par les Jurés, à laquelle il ne pourra être dépensé au-delà de la somme de quarante-huit livres. Article douzieme. Que le prix des réceptions est fixé par les Articles ci-dessus, dont les Jurés rendront compte, à peine d'en répondre en leurs noms. Il sera payé par les récipiendaires les frais de la Lettre de Maîtrise & des droits de l'Hôpital, & du Substitut du Procureur Général du Roi au Châtelet, devant lequel il prêteront serment en la maniere accoutumée. Article treizieme. Que lors de l'élection des deux Jurés qui se fait au mois d'Octobre de chaque année, il sera distribué par chacun des deux Jurés élus quatre jetons au Doyen, huit jetons à chacun des quatre Jurés, deux jetons à chaque ancien, & un jeton à chacun des cinquante modernes & jeunes, qui conformément à l'Arrêt de la Cour du quatre Septembre mil sept cent cinquante deux, ont le droit d'assister aux élections; lesquels jetons seront du poids de trente-six au marc. Article quatorzieme. Que les Brevets d'apprentissage fixés à trois livres par l'Article dix-sept des statuts du neuf Juillet seize cent soixante trois, seront augmentés de trois livres pour faire la somme totale de six livres, laquelle sera remise en entier au coffre de la Communauté, & qu'il sera payé par chacun des Apprentifs, lors de la passation du Brevet, trois livres à chacun des quatre Jurés, pour leurs honoraires. Article quinzieme. A ledit Seigneur Roi dérogé à tous Réglemens contraires auxdites Lettres Patentes, & autorisé les Jurés Traiteur en exercice, à faire les diligences nécessaires pour leur enregistrement en la Cour, dont les frais légitimement faits pour y parvenir, seront passés & alloués dans leurs comptes, en justifiant du payement d'iceux, &c. ainsi qu'il est plus au long contenu esdites Lettres Patentes à la Cour adressantes: vu ensemble la Requête présentée à la Cour par lesdits Impétrans, le seize Juin, mil sept cent soixante-sept, expositive qu'en reconnoissant la nécessité du Réglement porté par lesdites Lettres Patentes, ils croient cependant devoir observer à la Cour, que par les statuts de leur Communauté, les droits des Doyen, Jurés & Anciens, sont fixés pour chaque réception indéfiniment: sçavoir, pour chacun des Jurés six livres, & pour chaque Ancien trente sols; que les nouvelles Lettres Patentes ont adopté cette fixation par les Articles neuf, dix & onze pour les Apprentifs de Ville, Ecuyers de Cuisine, Potagers, Hateurs & enfans de cuisine du Roi, de la Reine, des Princes & Princesses du Sang, & pour les Ecuyers de cuisine, Queulx, Porte-chapes, Hateurs & enfans de cuisine des Seigneurs, Présidens, Conseillers au Parlement de Paris, & du Substitut du Procureur Général du Roi au Châtelet. Mais par les Articles premier, deux, trois, quatre cinq, six, sept & huit; lesdites Lettres Patentes réduisent ces mêmes droits à moitié, pour les fils de Maîtres, Jurés & Anciens, nés soit avant, soit depuis la Maîtrise de leur pere. Secondement, que suivant les statuts de ladite Communauté, le chef-d'œuvre laissé à la disposition des Jurés n'étoit point fixé, que cependant il doit être plus ou moins cher, suivant les tems & saisons : qu'il a plû néanmoins audit Seigneur Roi, par ses nouvelles Lettres Patentes, de le fixer à douze livres, vingt-quatre livres, quarante huit livres, & soixante livres, suivant les qualités des récipiendaires ; que la différence des qualités des récipiendaires ne peut influer sur le plus ou le moins de valeur de chef d'œuvre : que d'ailleurs tous les Anciens devant, aux termes des statuts, être appellés au chef-d'œuvre dont ils sont juges, il n'est guere possible que le chef-d'œuvre ne doive dans tous les cas, monter à une somme de soixante-douze livres ; en conséquence lesdits Impétrans auroient par ladite Requête conclu à ce qu'il plût à notredite Cour ordonner que lesdites Lettres Patentes seroient enregistrées, pour être exécutées selon leur forme & teneur, aux restrictions & modifications, sçavoir : que les droits des Doyen, Jurés & Anciens continueront d'être fixés & perçus suivant les statuts, même dans les cas exprimés par les Articles premier, deuxieme, troisieme, quatrieme, cinquieme, sixieme, septieme & huitieme desdites Lettres Patentes : sçavoir, pour chacun des quatre Jurés six livres, pour le Doyen trois livres, pour chaque Ancien trente sols, & pour le Clerc trois livres ; & que le chef-d'œuvre ou expérience dans tous les cas où le Récipiendaire s'y trouve assujetti, sera & demeurera fixé à la somme de soixante-douze livres, & ne pourra excéder ladite somme ; qu'au surplus l'Arrêt qui interviendra, sera transcrit sur les Registres de la maniere accoutumée ; au bas de laquelle Requête est l'Ordonnance de la Cour du même jour, soit montré au Procureur Général du Roi. L'Arrêt rendu sur les conclusions du Procureur Général du Roi, le vingt Juin mil sept cent soixante sept, par lequel la Cour avant que de procéder à l'enregistrement desdites Lettres Patentes, auroit ordonné que les Lettres Patentes du seize Février mil sept-cent soixante-sept, ensemble la Requête des Impétrans du seize Juin mil sept cent soixante-sept, seroient communiquées au Lieutenant Général de Police, & au Substitut du Procureur Général du Roi au Châtelet de Paris, pour donner leur avis sur le contenu en icelles, lesquelles seroient pareillement communiquées aux Doyen, Jurés tant anciens qu'en exercice, & autres Maitres de la Communauté des Impétrans convoqués & assemblés en la maniere accoutumée, pour donner tous leur consentement à l'enregistrement & exécution desdites Lettres Patentes, ou y dire autrement ce qu'ils aviseront, pour le tout fait, rapporté & communiqué au Procureur Général du Roi, être par lui pris telles conclusions, & par la Cour ordonné ce qu'il appartiendroit. Un extrait collationné le dix Juin mil septcent soixante-sept, par Raince & Maupas, Notaires au Châtelet, des Registres de la Communauté des Impétrans, par lequel appert que les Doyen, Jurés tant anciens qu'en exercice, & autres Maitres de ladite Communauté, assemblés le premier dudit mois, après avoir pris communication desdites Lettres Patentes, auroient chargé les Jurés en charge d'en poursuivre l'enregistrement, & déclaré s'en rapporter sur les objets de représentations, dont plusieurs sont susceptibles, aux lumieres du Lieutenant Général de Police, & à ce qu'il jugera à propos de régler à cet égard, lorsque la Cour lui aura fait donner communication desdites Lettres Patentes : un acte en forme d'avis, donné par le Lieutenant Général de Police, & le Substitut du Procureur Général du Roi au Châtelet de Paris, le vingt-quatre Juillet mil sept-cent soixante sept, par lequel appert que lesdits Officiers, après avoir en exécution dudit Arrêt de la Cour, pris communication desdites Lettres Patentes, & de la Requête des Inpétrans, du seize Juin mil sept cent soixante-sept, ont observé à la Cour, qu'aucuns statuts ni Réglemens n'avoient jusqu'à l'époque desdites Lettres Patentes, fixé les droits de réception dans la Communauté des Impétrans, non plus que ceux des Jurés anciens, lors de l'élection annuelle des nouveaux Jurés ; qu'un usage fort ancien y avoit établi un arbitraire dans le prix de ces réceptions, en ce que les Jurés ne rapportoient dans leurs comptes qu'une foible partie des sommes par eux reçues des Récipiendaires qu'ils admettoient à la Maitrise, sans aucun apprentissage, & se distribuoient le surplus en honoraires ; que dans cet état les Jurés actuellement en exercice, informés qu'on alloit prendre des mesures pour réformer ces abus, ont eux-mêmes fait les démarches nécessaires

pour

pour avoir un Réglement, à quoi plusieurs Maîtres ont d'abord paru dans le dessein de s'opposer; que cependant ce projet de Réglement ayant été communiqué à l'Assemblée des Maîtres Traiteurs, ils ont remarqué que le prix des différentes réceptions, les frais d'élection des Jurés, & les Brevets d'apprentissage étoient fixés dans une juste proportion, qu'ils y ont tous accédé, tant par leur délibération du premier Juin mil sept cent soixante-sept, que par leur Requête présentée à la Cour le seize du même mois, pour obtenir l'enregistrement desdites Lettres Patentes, où ils ont seulement observé, premierement, que les Statuts du neuf Juillet mil sept cent soixante-trois, avoient fixé les droits des Jurés à six livres, celui du Doyen, à trois livres, & celui de chaque ancien, à trente sols ; que cependant par les huit premiers Articles desdites Lettres Patentes, ces droits avoient été réduits à moitié. Secondement, que les anciens Statuts n'ont pas à la vérité fixé la somme qui doit être employée à l'expérience ou chef-d'œuvre, mais que par les Articles deuxieme, troisieme, quatrieme, sixieme, septieme, huitieme, neuvieme, & onzieme desdites Lettres, cette expérience ou chef-d'œuvre a été restrainte à une si foible somme, qu'il ne seroit pas possible de l'effectuer, si le prix n'étoit augmenté; qu'en conséquence cette Communauté a conclu par sa délibération & par sa Requête à l'enregistrement desdites Lettres Patentes, à condition cependant que les droits des Jurés, Doyen & Anciens seront perçus conformément aux anciens Statuts, même dans les cas exprimés par les Articles premier, deuxieme, troisieme, quatrieme, cinquieme, sixieme, septieme & huitieme desdites Lettres Patentes; en conséquence que lors des réceptions des aspirans, il sera payé à chaque Juré en exercice six livres, au Doyen trois livres, à chacun des anciens trente sols, & au Clerc trois livres; enfin que l'expérience ou chef-d'œuvre dont il est question aux Articles deuxieme, troisieme, quatrieme, sixieme, huitieme, neuvieme & onzieme desdites Lettres, sera également fixé à soixante-douze livres; qu'il est vrai que les anciens Statuts accordent six livres à chaque Juré, trois livres au Doyen, trente sols à chacun des anciens, & qu'il paroit de justice de les maintenir dans ces droits; que quant à l'expérience ou chef-d'œuvre, il est nécessaire comme l'expose la Communauté des Impétrans, de les rendre tous uniformes pour les Récipiendaires.

C

Que par lesdites Lettres Patentes, les fils & les gendres à Jurés & anciens devoient moins dépenser au chef-d'œuvre que les Apprentifs, que les Maîtres y trouvoient moins de charges pour l'établissement de leurs enfans; mais qu'ils sacrifient un avantage particulier à la nécessité d'une loi égale; que par ces considérations, l'avis desdits Officiers de Police est, sous le bon plaisir de la Cour, que lesdites Lettres Patentes peuvent être enregistrées conformément à la délibération & à la Requête des Impétrans des premier & vingt Juin mil sept cent soixante-sept, en conséquence que lors de chaque réception dans les cas des huit premiers Articles desdites Lettres Patentes, il sera payé par le Récipiendaire six livres à chaque Juré, trois livres au Doyen, trente sols à chaque ancien, & trois livres au Clerc, & que les frais d'expérience ou chef-d'œuvre dont est question aux Articles deux, trois, quatre, sixieme, septieme, huitieme, neuvieme & onzieme desdites Lettres Patentes, peuvent être uniformément fixés à la somme de soixante-douze livres. Conclusions du Procureur Général du Roi: Oui le rapport de M Claude Tudert, Conseiller, tout considéré.

LA COUR ordonne que lesdites Lettres Patentes seront regiſtrées au Greffe d'icelle, pour jouir par les Impétrans de leur effet & contenu, & être exécutées selon leur forme & teneur, à la charge que lors de chaque réception dans le cas des huit premiers Articles desdites Lettres Patentes, il sera payé par le Récipiendaire six livres à chaque Juré, trois livres au Doyen, une livre dix sols à chaque ancien, & trois livres au Clerc, & que les frais de l'expérience ou chef-d'œuvre dont est question aux Articles deux, trois, quatre, six, sept, huit, neuf & onze desdites Lettres Patentes, seront & demeureront fixés à la somme de soixante-douze livres. Fait en Parlement le huit Août mil sept cent soixante-sept.

YSABEAU.

Enregiſtré à la pourſuite & diligence de CHARLES MATHIEU REGNAULT, JACQUES-FRANÇOIS PAUMIER, *&* FRANÇOIS VANIER, *Jurés en charge de ladite Communauté.*

EXTRAIT DES REGISTRES
DU CONSEIL D'ETAT.

LE ROI étant informé que jusqu'à présent il a été admis dans la Communauté des Cuisiniers-Traiteurs de la ville & fauxbourgs de Paris, nombre de Maîtres sans qualité, sans avoir été relevés du défaut de Brevet d'apprentissage, & sans que les Jurés successivement en exercice y aient été valablement autorisés par des Arrêts de son Conseil; que le prix de ces réceptions y a été arbitrairement fixé, & qu'une partie desdits droits convertie en jettons, a été par un usage abusif, distribuée auxdits Jurés & anciens, au préjudice de la Communauté, sous prétexte qu'aucun réglement n'a fixé la portion qui devoit entrer dans le coffre commun. Vû le Mémoire présenté par les nommé Nicolas Bourgeot & Antoine-Louis Bontemps, par lequel ils auroient demandé à être admis à la Maîtrise comme particuliers sans qualité, en payant la somme qui seroit ordonnée. Vû aussi le Mémoire des Jurés & Communauté des Maîtres Cuisiniers-Traiteurs, par lequel ils auroient consenti à la réception desdits deux particuliers : Voulant Sa Majesté fixer définitivement le prix des réceptions des Aspirans sans qualité qui se présenteront à l'avenir à la Maîtrise de Cuisinier-Traiteur, Elle a jugé nécessaire de ne pas différer de faire connoître ses intentions à ce sujet. Oui le rapport du sieur de l'Averdy, Conseiller ordinaire & au Conseil Royal, Contrôleur Général des Finances; LE ROI EN SON CONSEIL, du consentement de ladite Communauté, a ordonné & ordonne que Nicolas Bourgeot & Antoine-Louis Bontemps, seront reçus à la Maîtrise de Cuisiniers-Traiteurs, nonobstant le défaut de Brevet d'apprentissage, dont Sa Majesté les a par grace dispensés & dispense, en payant par chacun d'eux au coffre de cette Communauté, la somme de cinq cens livres, six livres au Doyen, douze livres à chacun des quatre Jurés, trois livres à chacun des anciens Maîtres, trois livres au Clerc, les frais de la Lettre de Maîtrise, les droits de l'Hôpital, & ceux ordinaires du Substitut du Procureur Général de Sa Majesté au Châtelet, devant lequel ils prêteront le serment en la maniere accoutumée ; à la charge par eux de faire en chair & en poisson, suivant les saisons, le chef-d'œuvre qui leur sera prescrit par les Jurés en exercice, auquel il ne pourra être dépensé au-delà de la somme de soixante livres, & de payer le coût du présent Arrêt, Ordonne qu'à l'avenir le prix des réceptions des particuliers sans qualité, demeurera fixé comme il est dit ci-dessus, sans cependant que les Jurés puissent en admettre aucun dans la Communauté, sans y être autorisés par des Arrêts particuliers du Conseil. Enjoint aux Jurés Cuisiniers-Traiteurs de faire recette dans leur compte de la somme de mille livres, qui proviendra de la réception desdits deux particuliers, à peine d'en répondre en leurs propres & privés noms. Et sera le présent Arrêt transcrit sur les registres de la Communauté des Cuisiniers-Traiteurs par le premier Huissier aux Conseils à ce requis, & exécuté nonobstant tous empêchemens, pour lesquels ne sera différé. Fait au Conseil d'État du Roi, tenu à Versailles le dix-sept Février mil sept cent soixante-sept. *Collationné.*

Signé BERGERET.

De la Jurande des Sieurs REGNAULT, PAUMIER & VANIER, *Jurés en charge.*

www.ingramcontent.com/pod-product-compliance
Lightning Source LLC
Chambersburg PA
CBHW071422150426
43191CB00008B/1011